Ulrike Halbe-Bauer · Paracelsus

Ulrike Halbe-Bauer

Paracelsus

verachtet – gefeiert – gejagt

Historischer Roman

Stieglitz Verlag
Mühlacker · Irdning/Steiermark

Umschlagentwurf: Ulrich Kolb, Leutenbach
Titelbild: Porträt des Paracelsus

ISBN 3-7987-0308-6

1992

Gesamtherstellung: Wiener Verlag, Himberg bei Wien

Für Jana, Elena und Britta

„Der Himmel über uns ist nicht
gegen uns, sondern mit uns.
Wenn wir ihn vergiften, schüttet
er das Gift über uns aus.
Der Anfang ist in uns, alle
falsche Tücke und Laster."

Inhalt

Kindheit in Einsiedeln

Mitten im Lauf hielt er inne. „Es hat ja doch keinen Zweck", dachte er, „einmal werden sie mich fangen." Aber dann stellte er fest, daß es hinter ihm ruhig geworden war. Die Bürger der Stadt hatten die Verfolgung offensichtlich aufgegeben. Seltsame Leute – erst prügelten sie jemanden fast zu Tode, jagten ihn zur Stadt hinaus, warfen mit Steinen nach ihm, und kaum hatte er ihr Gebiet verlassen, vergaßen sie ihren Zorn und gingen heim. Wahrscheinlich saßen sie schon im „Löwen" vor einem Viertele und brüsteten sich mit ihren Heldentaten.

Er konnte sich die runden, glatten Gesichter der ortsansässigen Bürger genau vorstellen: Gesichter voller Zufriedenheit mit sich und dem eigenen Leben. Kein Problem, kein Zweifel an der eigenen Person hatte seinen Abdruck darin hinterlassen. Für sie war die Welt in Ordnung, wenigstens ihre eigene Welt, und die reichte nicht weiter als vom Martinstor bis zum Schwabentor, oft nicht einmal über die eigene Türschwelle hinaus.

Wenn dann einer wie er kam, wurden ihre Gesichter rot vor Wut und Angst. Ja, Angst mußte es wohl sein, die sie trieb, gegen jeden Fremden vorzugehen, die Angst davor, die runde Glätte ihrer Gesichter zu verlieren.

Er mußte lachen, als er an sich herunterschaute, denn was es da zu sehen gab, schien wahrlich nicht beängstigend: über einem gedrungenen Leib eine sackleinene Kutte, oft geflickt und wieder zerrissen; darunter zwei stämmige Beine und breite Füße, die in Ledersandalen steckten, zerkratzt von Büschen und bedeckt mit Straßenstaub. Nicht mal sein Bündel hatte er dabei, auch seinen Degen nicht, die wichtigen Bücher und Geräte waren in der Stadt geblieben. Hoffentlich konnte er jemanden finden, der die Sachen unauffällig für ihn abholte.

Bis jetzt war er querfeldein gelaufen, durch Strauchwerk und Felder, um seinen Verfolgern die Jagd zu erschweren, jetzt suchte er einen Wildpfad, um aus dem Dickicht zu finden. Er hörte Wasser plätschern, ein Bach mußte in der Nähe sein. Nach wenigen Schritten erreichte er ein schmales Rinnsal. Er zog die Schuhe aus und lief barfuß durch das Bachbett in der Hoffnung auf eine tiefere Stelle, wo er ein Bad nehmen könnte. Endlich verbreiterte sich der Bach, und bald reichte ihm das Wasser bis über die Knie. Hier mußten Biber eine Staustufe angelegt haben. Er watete zum Ufer, legte Schuhe und Kutte auf einen Stein und ließ sich ins Wasser gleiten. Das tat gut. Das kalte, klare Wasser spülte seine Bedrücktheit ab. Ein paarmal sprang er hoch in die warme Sonne, bevor er ganz untertauchte. Zum Trocknen setzte er sich auf den warmen Stein und blickte in das träge dahinziehende Wasser. Ein Gesicht, sein Gesicht, sah zu ihm hinauf. Da wurde ihm zum ersten Mal klar, warum die Bürger jemanden wie ihn nicht in ihren Häusern dulden konnten. Zwei dunkle Augen schauten ihn an, voller Fragen, voller Zweifel und Ungewißheit, aber auch voller Verachtung. Er mußte lachen, wenn er sich den Hauptchirurgus Iselin unter dem Blick dieser Augen vorstellte, während der mit seinen plumpen Händen eine eiternde Wunde ausdrückte, indem er sich mit aller Kraft und aufgeblasenen Backen daraufstemmte. Seelenloser Grobian!

Er schaute auf seine eigenen Hände. Die plumpen Bauernhände waren rauh, ohne Schönheit, doch machten sie eine seltsame Wandlung durch, wenn er sie wie zwei Spinnen leicht über den Körper eines Patienten huschen ließ, fast ohne ihn zu berühren. So erspürte er Verspannungen, Schmerz, fand er die Punkte, an denen ein leichter Druck genügte, um eine Wunde zu reinigen.

Wieder blickte er auf sein Gesicht. Der Ausdruck hatte sich verändert. Es war gut zu wissen, daß in diesen Augen auch noch Freude am Leben und an den Menschen wohnte, trotz aller bitterer Erfahrung. Er starrte weiter auf das Bild, das in den Kreisen einer Welle zerfloß ..., doch dann wieder Gestalt annahm. Es war das gleiche Gesicht wie vorher, aber jetzt sehr viel jünger und fröhlicher: das Spiegelbild eines kräftigen, vergnügten Jungen, der erwartungsvoll ins Wasser sieht, bevor er hineinspringt. Dieser Junge war er einmal gewesen, und er hatte mit seiner großen Schwester am Bach gespielt.

„Los, Kata, komm du auch. Es ist nicht besonders kalt", japste er, als er wieder auftauchte.

„Man hört ja deine Zähne bis hierher klappern. Ich bleibe lieber auf dem Stein in der Sonne."

Der Junge zuckte die Schultern. Er war noch ziemlich klein, höchstens fünf oder sechs Jahre alt. Eine Gänsehaut überzog seine Arme bis zu den Fingern. Er hob die Arme, ließ die Hände auf die Wasseroberfläche klatschen und tauchte mit dem ganzen Körper unter. Das wiederholte er mehrmals, bis er spürte, wie in seinen Körper langsam die Wärme zurückkehrte. Nun konnte er es wagen, sich ruhig auf die Wasserfläche zu legen, sich ein Stück weit tragen zu lassen. Nur ganz leicht machte er mit den Armen rudernde Bewegungen. Plötzlich stockte ihm der Atem: neben ihm schwamm ein kleiner Lurch, ein Salamander, dessen schwarze Färbung im Wasser schillerte. Langsam schob er seine Hand unter ihn und griff dann blitzartig zu.

„Kata", rief er triumphierend. „Schau, was ich gefangen habe." Gemeinsam betrachteten sie den kleinen Kerl. „Den nehm' ich mit nach Hause und zeig' ihn der Mutter", beschloß der Junge.

Kata schaute skeptisch. „Ob die sich über ein solches Untier freut?" meinte sie.

Philipp hörte in ihrer Stimme den Spott der „erwachsenen" siebenjährigen Schwester gegenüber dem kleinen Bruder. Doch er ließ sich davon nicht beirren. Seiner Mutter würde das Tierchen gefallen, da war er sich ganz sicher. Nur ob sie zu Hause sein würde?

Vorsichtig trug Philipp seinen Salamander in den Händen. Aber dem gefiel das offensichtlich nicht. Er glitschte zwischen den kleinen Fingern hindurch auf den Boden und war sofort zwischen den Büschen verschwunden. Einen Augenblick starrte Philipp entgeistert dem Tier nach. Dann brüllte er laut los, aber der Salamander ließ sich nicht mehr blicken. Kata lachte den Buben aus: „Wenn du weiter so schreist, werden die Vögel ihren Gesang einstellen."

Das wirkte. Genauso plötzlich, wie es angefangen hatte, verstummte das Gebrüll wieder. Nur noch ein paar Tränen kullerten dem Jungen über die Wangen. Aber auch die versiegten bald.

Als die Kinder die dunklen Schindeln ihres Hauses zwischen dem grünen Laub der Bäume ausmachten, begannen sie zu hüpfen. Der Wald lichtete sich etwas und gab genug Platz für ein kleines Haus.

Auf der Bank neben dem Eingang saß die alte Loisia, die sich vom Betteln ernährte. Ihr Gesicht war voller Runzeln und Falten, vorn im Mund hatte sie nur noch einen gelben Zahn. Ihren dünnen Körper umschlotterte ein viel zu großes Kleid, das ihr eine recht beleibte Bauersfrau geschenkt hatte. Philipp lief auf sie zu, setzte sich neben sie und lehnte den Kopf an ihre Schulter.

Er griff nach dem Stock der alten Frau, ließ die Finger über die eingeritzten Zeichen und Bilder gleiten, schloß erwartungsvoll die Augen. Jetzt würde er eine Geschichte erzählt bekommen.

„Ach, Philipp", die alte Frau strich ihm über den Kopf. „Du bist unersättlich. All meine Geschichten hast du aus mir herausgesogen. Nun bin ich alt und leer. Ich werde bald sterben. Laß mich in Ruhe hier sitzen." Sie sprach zögernd und leise, so als müsse sie sich mit jedem Wort abmühen.

Kata war sofort ins Haus gegangen, um einen Teller Suppe zu holen. In der Tür blieb sie blinzelnd stehen. Vom Herd stieg Rauch auf, der den ganzen Raum mit Qualm füllte. Der gemauerte Herd stand in der Mitte des Raumes, darüber hingen Würste, die der Rauch würzen sollte. Kata versuchte die Augen an das Dunkel zu gewöhnen. Die kleinen, mit Schweinsblasen bezogenen Fenster ließen kaum Licht herein, die rußgeschwärzten Wände dunkelten das Zimmer zusätzlich ab. Sie nahm einen Topf, der an der Wand hing, füllte ihn mit Milch und stellte ihn auf den Herd. Dann schnitt sie eine Scheibe Brot ab, füllte die warme Milch in einen irdenen Becher und brachte beides hinaus. Nun hatten ihre Augen Schwierigkeiten mit dem hellen Licht. Kein Wunder, daß Loisia kaum mehr sehen konnte! Auch ihr, Kata, taten jetzt die Augen weh. Wie gut, daß der Vater sie immer wieder mit Augentrost behandelte.

Nachdem Loisia gegessen hatte, begann sie seufzend zu erzählen: „Lange ist es her, aber auch eine alte, fast blinde Vettel war einmal jung und schön. Dicke schwarze Zöpfe hab' ich gehabt. Die Burschen haben hinter mir hergeschaut."

„Warst du so schön wie die Lisa?" fragte Kata dazwischen.

Die Alte lachte wehmütig: „Ja, Kata, so schön bin ich gewesen, und auch die Nase habe ich so hoch in die Luft gestreckt wie die Lisa. Ein mutwilliges und vorwitziges Ding war ich. Sogar mit dem Teufel hab' ich mich eingelassen, auch wenn du es nicht glaubst. Es fing alles ganz harmlos an. Eines Morgens auf dem Weg zum Brunnen treffe ich die Nachbarin. Die flüstert mir zu, sie habe ein Schmer, wolle heut Nacht ausfahren und ich solle mitkommen. Ich habe mich ein bißchen geziert, aber was war schon dabei, und so hat die Neugierde gesiegt. Wir haben uns in der Nacht in der Gasse getroffen. Jede hat eine Ofengabel mitgebracht. Die Nachbarin hat die Spitzen der Gabel mit der Salbe bestrichen, dann haben wir uns rittlings draufgesetzt und beide gerufen: ‚Fahr in aller Teufel Namen – oben an und nirgends aus‘, und hui ging es los. Zuerst bekam ich einen tüchtigen Schreck, ich hatte Angst, von der Gabel zu fallen. Die Nachbarin aber lachte und rief mir zu, ich solle mich nur recht festhalten. Mit wehenden Haaren und Röcken stiegen wir hoch, weit über die Dächer der Häuser, über die Stadtmauer. Weit, weit konnten wir sehen, über den Wald hinaus, und der Wind zauste mir das Haar. An einem Hof am Waldrand landeten wir direkt vor der Kellertür. Kein Hund schlug an, lautlos öffnete sich die Tür, wir schlüpften hinein. In einer Ecke stand ein großes Weinfaß, auf langen Regalen Gläser mit Süßem. Sie lockten rot, gelb und grün. An einer Stange hingen pralle Würste, die kräftig die Luft würzten. Da konnte ich nicht widerstehen: ich öffnete ein paar Gläser, schleckte am Holundermus, an den Stachel- und Himbeeren, biß in eine Wurst. Dann hielt mir die Nachbarin ein Glas Wein hin. Der Duft zog mir in die Nase, im Glas funkelte es. Ich trank. Nach dem ersten Glas fühlte ich mich leicht. Ich trank ein zweites und ein drittes. Dann machten wir uns auf den Heimweg. Jetzt hatte ich keine Sorge mehr, vom Gabelstiel zu fallen.

Am nächsten Morgen hielt ich alles nur noch für

einen schönen Traum. Aber als ich dreimal ins heimliche Gemach gelaufen war und die Nachbarin mir beim Wasserholen am Brunnen zublinzelte, wußte ich, daß es wirklich geschehen war. Und wir würden wieder ausfahren!

Schon zwei Wochen später ging es wieder los. Diesmal wagten wir einen weiteren Ausflug, hoch hinauf in die Berge, zum Kandel. Alle Angst war verflogen, ich schrie und jauchzte, wir jagten über die still unter uns liegenden Wälder dahin, kreisten über einer Lichtung, schraubten uns höher und höher bis zum Gipfel des Berges. Dort züngelten schon Flammen auf, ein Feuer zuckte durch die Nacht, die Luft war voller Rauschen, denn von allen Seiten flogen die Hexen heran.

Und dann sahen wir ihn: Luzifer, den Herrn aller Teufel. Sein schwarzer Thron stand mitten im Feuer, gelber Qualm stieg auf, Schwefelgeruch erfüllte die Luft. Krachend ließ er höllisch stinkende Fürze fahren. An seinem Gewand funkelten tausend Steine im Feuerschein, während sein Gesicht im Dunkeln verborgen blieb.

Über dem Feuer hingen Töpfe, in denen es geheimnisvoll blubberte. Jeder mußte sich mit seiner Gabel etwas herausfischen: gekochte Kröten gab es, Frösche, Raben, Krähen und Pferdestücke. Nur einen winzigen Augenblick zögerte ich, dann biß ich in einen Froschschenkel hinein. Das weiße Fleisch zerging mir fast auf der Zunge. Die Knochen knackten ein wenig, ließen sich aber gut zerkauen.

Wir waren noch mit dem Essen beschäftigt, als plötzlich hinter uns eine gräßliche Musik zum Tanz

16

Der Legende nach
das Geburtshaus des Paracelsus an der Teufelsbrücke
über die Sill in Maria Einsiedeln, Kanton Schwyz

aufzuspielen begann. Die Musikanten waren nicht zu sehen, aber krachend, geifernd und girrend toste der Lärm über den Festplatz. Wir begannen unwillkürlich zu tanzen, bildeten einen Kreis. Wir wiegten uns vor und zurück. Einen Schritt vor, zwei zurück, einen Schritt vor und zwei zurück, erst langsam, dann schneller und immer schneller, stundenlang im Kreis herum. Die Musik tobte in meinem Blut. Ich fühlte mich gefesselt und erlöst. In mir war nur noch dieser Rhythmus: eins vor, zwei zurück. Endlich sank ich erschöpft in Schlaf.

Ich erwachte in meinem Bett, wußte nicht mehr, wie ich nach Hause gekommen war, fühlte mich leer, aber voller Sehnsucht, wieder auszufliegen." Loisia verstummte und wiegte bedauernd den Kopf. „Vorbei, vorbei. Aber schön war es."

Unvermittelt stand sie auf und schlurfte langsam davon. Zurück blieben die beiden Kinder, die sich an den Händen hielten und ängstlich um sich schauten, ob nicht irgendwo ein Teufel aus dem Wald gesprungen käme.

Als der Vater endlich das Haus betrat, staunte er über die still in der Küche sitzenden Kinder. „Nanu, was ist denn mit euch los, ihr seid ja ganz blaß um die Nase? Ihr werdet doch nicht krank werden?"

Aber die beiden schüttelten die Köpfe, sprudelten die unglaubliche Geschichte heraus. Der Vater hörte zu, schimpfte dann los: „Die Alte soll euch mit ihren Grillen in Ruhe lassen. Hexenflüge, Hexentänze, das ist Altweibergeschwätz."

Die Kinder staunten. Sie kannten Hexen, seit sie auf der Welt waren. Die alte Loisia war eine, die Heb-

18

amme aus Biberbrugg auch, ebenso die Müllerin an der Sihl. Die Leute beim Kloster tuschelten sogar, daß ihre eigene Mutter eine sei. Der Vater wies ihre Einwände zurück, doch sei es schon wahr, daß diese Frauen mehr wüßten als andere, manche würden es Hexerei nennen. Er habe eine Menge von der Loisia gelernt. Sie wisse über Kräuter besser Bescheid als jeder Arzt, und auch die Mutter könne ihm bei der Krankenpflege oft Ratschläge geben. Diesem Geschwätz aber sollten sie nicht glauben, manchmal verdrehten sich der Alten die Dinge, dann wüßte sie ihre Hirngespinste nicht zu unterscheiden von dem, was sich im wirklichen Leben zugetragen habe. So sei das manchmal bei alten Frauen.

Dann redete der Vater in verändertem Ton weiter. Wieder war von Feuern die Rede, aber diesmal von Feuern, in denen Frauen verbrannt wurden; von Menschen, die johlend dabeistanden; von Amtsleuten, die die Frauen zu Hause abholten und in den Turm brachten. „Zum Glück gibt es das bei uns nicht", beendete der Vater seine Erzählung. „Trotzdem sollte Loisia solche Geschichten nicht erzählen. Das könnte eines Tages gefährlich werden. Und nun marsch ins Bett mit euch. Es ist schon viel zu spät."

Alles Bitten und Betteln half nichts, sie mußten hinauf in die Schlafstube. Über die Treppe, die an der Hinterseite der Küche hochführte, stolperte Philipp nach oben. Er zog das Hemd über den Kopf, ließ es fallen, fiel fast darüber, als er ins Bett stieg. Kata schimpfte beim Ausziehen vor sich hin, legte ihr Kleid ordentlich gefaltet auf einen Schemel, hob dann Philipps Sachen auf und breitete sie daneben aus.

„Langsam bist du alt genug, um selbst auf deine Kleider zu achten", dozierte sie, ganz die große Schwester. „Weiber", knurrte Philipp und bemühte sich, seiner Stimme die verächtliche Färbung zu geben, die er des öfteren bei seinem Freund Bertold gehört hatte. Doch dann rutschte er bereitwillig zur Seite, damit Kata neben ihn ins Bett kriechen konnte. Kata knurrte noch ein bißchen vor sich hin, dann schliefen beide ein.

Als Philipp am nächsten Morgen aufwachte, schien die Sonne hell ins Zimmer. Das warme Licht ließ ihn die Beklemmungen der Nacht schnell vergessen. Er sprang mit einem Satz aus dem Bett, packte mit einem Griff sein Hemd, stürzte die Treppe hinunter, vors Haus an den Brunnen. Der Wasserstrahl schillerte in allen Regenbogenfarben. Philipp hielt die Hand hinein, nun spritzte das Wasser nach allen Seiten, Dutzende von kleinen, funkelnden Kugeln schossen durch die Luft. Sie landeten im Brunnentrog und bildeten sich ausweitende Kreise im Wasser. Er hielt sein Gesicht in den Strahl, dann seinen Mund und schlürfte das erfrischend kalte Naß. Das Wasser rann ihm am Hals hinunter bis auf den Bauch. Der Junge zuckte zusammen, als die Kälte auf die Haut traf, schauderte. Doch was gab es Schöneres als Wasser?

Endlich trat er ins Haus. Auf dem Tisch stand ein Hafen mit Brei, daneben lag ein Holzlöffel. „Wenn du willst, kannst du heute mit ins Spital", sagte der Vater. „Kata ist mit der Mutter gegangen. Die ist spät in der Nacht gekommen und mußte in aller Frühe wieder los. Hast du gehört, wie sie Kata geweckt hat?"

Philipp schüttelte den Kopf und schlang hastig seinen Brei hinunter. Kurze Zeit darauf hüpfte er an der Hand des Vaters durch den Wald, der so riesige Schritte machte, daß das Kind außer Atem kam.

So früh am Morgen waren nur wenige Pilger auf der Straße nach Einsiedeln unterwegs. Sie überholten einen alten Mann, der nur schleppend vorwärts kam, da er das rechte Bein nachzog; kurz darauf mehrere Frauen, die laut sangen und eine Fahne vor sich hertrugen.

„Wir müssen uns beeilen", erklärte der Vater und zog den Buben rasch an den Frauen vorbei. „Es sind sehr viele Menschen krank, viele liegen im Spital und hoffen darauf, daß ich ihnen helfe."

Philipp schaute hoch. Tiefe Falten durchzogen das Kinn des Vaters. Doch die Augen blickten liebevoll auf den Jungen hinunter. „Du mußt freundlich zu den Kranken sein. Es ist schlimm, von einer Krankheit befallen zu sein. Viele von ihnen haben nicht mehr lange zu leben, weil ihre Krankheit den Körper zerfrißt. Das Leben hat sie umgetrieben, bis das Siechtum sie erreicht hat. Jetzt sind sie eingesperrt und warten auf den Tod, falls ihnen die Schwarze Madonna nicht doch noch hilft."

Der Junge sog unwillkürlich die würzige Waldluft tief in sich ein. Der Vater drückte seine Hand. „Ja, atme nur, genieße das Leben, Philipp. Wir leben aus der Natur, aus dem Wasser, aus der Luft und der Erde. Das Leben ist schön und voller Wunder. Gott hat die Natur gemacht, er hat den Tag gemacht und die

Nacht, den Sommer, in dem das Leben wächst und reift, und den Winter, in dem das Leben stirbt. Wenn der Mensch diese Ordnung zerstört, wenn er es ewige Nacht sein läßt, dann zerstört er das Leben und wird krank. Merk dir das, Philipp, und wenn du einmal Arzt bist, vergiß nie, daß du nicht heilen kannst, wenn du die Ordnung der Natur zerstörst."

Der Junge verstand nicht ganz, was sein Vater ihm sagte, aber ihm wurde feierlich zumute, weil er so ernst mit ihm sprach. Den Rest des Weges legten die beiden schweigend zurück, jeder war mit seinen eigenen Gedanken beschäftigt. Ganz genau wollte der Junge im Spital die Kranken anschauen. Warum mußten viele sterben? Konnte der Vater sie nicht heilen? Konnte er das Fieber nicht vertreiben? Philipp nahm sich vor, alles zu beobachten, was der Vater tat, dann würde er eines Tages ein Arzt sein wie er.

Das Spital lag an der Klostermauer von Einsiedeln. Schon an der Tür schlug ihnen muffig-feuchte Luft entgegen. Philipp verzog das Gesicht. Die Waldluft hatte sehr viel besser gerochen. Der Vater öffnete eine Tür und trat mit dem Kind in einen großen Saal. Der Junge blieb benommen am Eingang stehen. In einer langen Reihe lag ein Kranker neben dem anderen, immer zwei oder drei in einem Bett. Viele stöhnten, manche schluchzten, andere schienen zu schlafen. Ein Mann reckte seine Hände den beiden entgegen. Er öffnete den Mund, formte ein Wort, quälte es heraus, aber Philipp hörte nur ein rasselndes Geräusch. Da ließ der Mann die Hände sinken, sein Körper fiel auf den Strohsack zurück. Tränen liefen ihm übers Gesicht. Philipp sprang auf den Mann zu, er wollte das Gesicht streicheln, doch der Vater hielt ihn fest. „Faß ihn nicht an", flüsterte er dem Jungen ins Ohr. Er selbst ging auf den Mann zu und fragte ihn etwas, rührte dann ein weißes Pulver in ein Glas mit Wasser, das er Philipp am Brunnen holen ließ, und flößte ihm das Getränk vorsichtig ein.

Der Kranke im nächsten Bett schüttelte Kopf und Beine, zuckte mit dem ganzen Körper. Große Augen stierten Philipp an; seine Unterlippe hing herab, Speichel tropfte ihm aus dem Mund. Der Mann klammerte sich an den Arzt, der mußte sich gewaltsam losreißen.

Ein Mann nach dem anderen wurde behandelt. Philipp trug die Tasche des Vaters die lange Reihe entlang, sah zu, wie eiternde Wunden mit Salbe bestrichen und neu verbunden wurden, wie Blutegel sich vollsogen.

Einige Körper waren ganz mit Salbe bedeckt, wie Maden erschienen Philipp die unförmigen, starren Gestalten.

Als sie endlich wieder an die frische Lust hinaustraten, wurde Philipp schwindlig. Die Sonne begann sich vor seinen Augen zu drehen. Er mußte sich an die Wand lehnen. Der Vater streichelte wortlos seinen Kopf. Dann gingen sie zum Brunnen und wuschen sich in dem fließenden Strahl.

Den Rest des Tages verbrachte der Vater mit Krankenbesuchen in der Stadt. Philipp erinnerte sich später nur an eine Unzahl von Gassen, von Treppen, Türen und dumpf riechenden Zimmern. Erst am späten Abend waren sie wieder zu Hause. Der Junge schlief überm Essen ein, sein Kopf fiel einfach vornüber auf den Tisch. Er merkte nicht einmal mehr, wie der Vater ihn die Stiege hoch in die Schlafkammer trug.

Eines Morgens fand Philipp beim Aufwachen niemanden im Hause vor. Er lief ums Haus, schaute auch in den Ziegenstall; aber nichts, keine Spur von dem Vater, der Mutter oder Kata. Philipp kaute rasch einen Brotkanten und trank einen Becher Ziegenmilch. Dann holte er die Ziege aus dem Stall, um sie vorm Haus weiden zu lassen. So fühlte er sich etwas weniger allein. Offensichtlich hatte sie am frühen Morgen noch jemand gemolken. Er holte sich einen Stock und sein Schnitzmesser und ritzte ein paar Ringe in den Stamm. Aber die rechte Lust wollte sich nicht einstellen.

Plötzlich durchschnitt der schrille Ton einer Flöte die Luft. Kurz darauf rannte die Geißenherde mekkernd über die Wiese auf Philipp zu. Was für ein Glück! Nun konnte er mit Hans und Bertold ziehen.

Die beiden Hütebuben waren gut einen Kopf größer als Philipp und kräftiger. Hans war schon mehrere Jahre Geißhirt bei einem Bauern. Er schlief den ganzen Sommer über im Heu und war immer zerstochen und zerkratzt. Er lachte gern und viel und spielte auf einer verfleckten Flöte Melodien, die Philipp wie Himmelsmusik erschienen. Die Flöte hatte Hänsel von seinem Bruder Stefan geschenkt bekommen, ein Abschiedsgeschenk. Hans war noch keine sechs Jahre alt gewesen, als der Bruder ihn beim Büeler Bauern abgeliefert hatte. Von seiner Familie wußte Hans kaum mehr etwas, hier gefiel es ihm, die Bauersleute versorgten ihn gut, auch heute hatte er wieder einen Korb mit Roggenbrot und Käse dabei; Milch gaben die Geißen ja genug.

Hans hatte ein rundes Gesicht, in seinem breiten Mund fehlten vorn zwei Zähne, seine dunklen Augen standen etwas glotzend vor, immer schaute er gutmütig und ein bißchen erstaunt drein. Ein seltsames Gemisch von Heu und verfilzten Haaren umstand majestätisch seinen Kopf. Am Körper trug er etwas Graues, das mit einem Strick zusammengehalten wurde. Philipp konnte nie herausfinden, ob es einst ein Hemd gewesen war oder nur ein Fetzen Stoff. Schuhe hatte Hans keine, selten waren seine Zehen alle heil, Schrunden bedeckten oft die Füße.

Aber das schien ihn nicht zu stören, er kratzte sich halt ausgiebig und pfiff dazu. Den kleinen Philipp behandelte er freundlich, aber wenn Kata aus dem Haus trat, begann er zu strahlen, und die Töne seiner Flöte wurden schrill. Kata wußte diese Ehre nicht zu schätzen, sondern blickte hochmütig über Hans hinweg, runzelte höchstens die Brauen über seine Katzenmusik.

Über Bertolds Herkunft wußte Philipp kaum etwas, denn der redete wenig. Sobald sie irgendwo haltmachten, umschlang er seinen Schäferstock und versank – sich auf den Stock stützend – mit offenem Mund in die Betrachtung des Himmels. Manchmal mußten sie ihn schütteln, damit er nicht an einem Orte stehenblieb, wenn die Herde weiterzog.

Den ganzen Tag über durchstreifte Philipp im Gefolge der beiden Geißenhirten die Gegend. Die Nester der Krähen hatten es Hans besonders angetan. Sein scharfes Auge wußte sie in jedem Baum auszumachen. Frische Vogeleier auszuschlürfen war ein Genuß, der ihm nur selten zuteil wurde. Philipp zog es mehr zu den Walderdbeeren und zum Bach. Hans fing ein paar Forellen mit der bloßen Hand, Bertold nahm die Fische aus, und dann brieten sie sie an einem Feuer, für das Philipp die Zweige zusammengesucht hatte.

Erst am späten Nachmittag, als sie sich auf den Heimweg machten, beschlich Philipp wieder ein beklemmendes Gefühl. Ob die Eltern und Kata jetzt wieder zu Hause waren? Ob sie ihn einfach vergessen hatten? Sie weckten ihn doch immer, wenn sie plötzlich wegmußten, oder Kata blieb bei ihm.

Je mehr sie sich dem Haus näherten, um so stiller wurden die drei Buben. Philipps Beklemmung legte sich auch den anderen auf die Seele. Aus dem Schornstein stieg kein Rauch. Die Eltern waren nicht da, nur die alte Loisia saß vorm Haus. Die Hütebuben zogen weiter, denn ihre Ziegen ließen sich nicht mehr aufhalten, zu sehr drückte die Milch im Euter.

Philipp setzte sich stumm neben Loisia. Ihm war nicht nach Reden zumute, und die Alte schwieg auch, seufzte nur manchmal auf. Eine Zeitlang hörten sie den Gesang von Pilgern von der Straße nach Einsiedeln herüberschallen, zuerst ganz leise aus der Ferne, dann anschwellend und wieder verebbend. Erst als die Dämmerung klamme Schwaden über die beiden ausbreitete, traten zwei Schatten aus dem Wald, der Vater und Kata, ohne die Mutter. Das Gesicht des Vaters schien zu Stein erstarrt. Er trat auf Philipp zu und legte ihm die Hand auf die Schulter. „Du mußt jetzt tapfer sein, Philipp", sagte er. „Die Mutter ist sehr krank. Sie hat sich im Spital angesteckt. Wir mußten sie dort lassen. Sie wird das Fieber wohl nicht überleben." Nur mit Mühe brachte er diese Erklärung über die Lippen. Dann wandte er sich ab und stieg mit schweren Schritten in die Schlafstube hoch. Kata und Philipp folgten ihm leise. Philipp verstand nicht, was da um ihn herum vorging; er wußte nur, daß etwas ganz Schreckliches im Dunkeln lauerte. Er sah die Mutter so selten. Immer war sie fort, im Kloster. Und wenn sie nach Hause kam, wollte sie ins Bett. Fast nie saß sie mit dem Vater und den Kindern am Tisch. Ihre grauen, tiefliegenden Augen schauten oft stumpf, nur manchmal begannen sie zu leuchten, wenn sie Philipp sah. Ein seltsames, namenloses Gefühl stieg in Philipp hoch, drückte ihn in der Brust, so daß er kaum noch atmen konnte. Er wälzte sich neben Kata im Bett herum, schwitzte, keuchte, bis er endlich in unruhigen Schlaf fiel.

Nicht einmal eine Totenfeier gab es für die Mutter. Die an der Seuche Verstorbenen wurden wegen der Ansteckungsgefahr auf dem Klosterfriedhof zusammen eingesegnet. Philipp und Kata durften auch dort nicht hin, weil der Vater neuerliche Ansteckung für sie fürchtete. Zu Hause beteten sie lange für die Seele der Toten. Doch Philipp war tief verletzt. Für ihn war die Mutter ohne Abschied fortgegangen, hatte ihn verlassen, ohne auch nur ein einziges Wort oder einen Blick.

Den Vater verstand Philipp erst recht nicht mehr. Der saß jetzt meistens grübelnd am Tisch, blickte stumm in sich hinein oder flüsterte: „Warum das mir? Warum mir?" Scheu strichen die Kinder um ihn herum. Doch er beachtete sie kaum, sah, wenn sie ihn etwas fragten, durch sie hindurch und antwortete zerstreut oder auch gar nicht. In dieser Zeit weinten sich die Kinder häufig in den Schlaf. Philipp schluchzte so heftig, daß es ihn schüttelte. Dann drückte Kata ihn fest an sich. Ihre salzigen Tränen mischten sich mit seinen, und ein bißchen getröstet schlief er endlich ein.

So blieb es eine lange Zeit. Zwar nahm der Vater Philipp jetzt häufig als seinen Lehrling mit ins Spital und zu Krankenbesuchen oder ließ die beiden Kinder Besorgungen für sich machen. Aber er blieb in sich gekehrt und besprach nur das Nötigste mit ihnen.

Eines Abends endlich sahen die Kinder ihren Vater mit raschen Schritten auf ihr Haus zukommen. Philipp und Kata liefen ihm entgegen. Eine seltsame Veränderung war in dem Vater vorgegangen: Er blickte wieder mit den forschenden Augen in die Welt, die sie von früher kannten, sein Gang war nicht mehr so langsam, schleppend, wie in den letzten Wochen und Monaten. Die Kinder hüpften vergnügt neben ihm her, wagten aber nicht nach dem Grund der Veränderung zu fragen. Den erfuhren sie allerdings bald. Der Vater hatte eine neue Anstellung bekommen, weit weg in einer Stadt, auf der anderen Seite der Berge. In ein paar Wochen würden sie aufbrechen.

Am Tag vor der großen Reise nahm der Vater die Kinder mit nach Einsiedeln. Dort führte er sie auf den Friedhof zum Grab der Mutter. Zum ersten Mal sah Philipp seinen Vater weinen. Angstvoll faßte er nach seiner Hand. Der Vater hob den Jungen hoch, drückte ihn an sich und flüsterte: „Vergeßt eure Mutter nie, auch wenn sie nur selten bei uns war. Sie wäre so gern immer bei uns gewesen, aber sie durfte es nicht, das Gesetz verbot es. Sie war eine Gotteshausfrau, dem Kloster zugehörig. Wir mußten froh sein, daß wir überhaupt heiraten durften, denn auch darüber hatte das Kloster zu bestimmen. Aber sie war eine wunderbare Frau, sie verstand von der Heilung der Kranken mehr als mancher Arzt, und ich bin froh, daß ich sie trotz allem geheiratet habe." Fast unhörbar fuhr er fort: „Vergib mir, daß ich dich jetzt verlasse, aber ich halte es an diesem Ort nicht mehr aus. Ich muß fort. Wenn ich das Kloster sehe . . ." Er brach ab, blickte die Kinder an und sagte dann laut: „Vergeßt niemals, daß ihr die Kinder einer verachteten Eigenfrau seid. Das ist zwar nichts Schlechtes, denn sie war es nur durch Menschenrecht, nicht vor Gott. Doch wird euch dieses Wissen davor bewahren, hochmütig zu werden." Als sie den Friedhof verließen, schaute er starr vor sich hin, die Hände der Kinder fest in seinen pressend.

Ihre Bündel waren schnell gepackt. Die Hühner schenkten sie der Loisia, die in lautes Schluchzen ausbrach, als sie von der Reise erfuhr. Die Geiß wollten sie mitnehmen und in Lachen auf dem Markt verkaufen.

Auch Hans und Bertold stiegen die Tränen in die Augen, als Philipp und Kata ihnen Lebewohl sagten. Hans spielte zum Abschied alle seine Melodien für Kata, keine einzige ließ er aus.

Endlich ging es los. Jeder trug einen großen Schnappsack auf dem Rücken, der Vater zog außerdem noch einen Handkarren, an den die Geiß gebunden war. Betreten blickten sie ein letztes Mal auf ihr Haus zurück. Wer würde jetzt dort einziehen und in ihrer Kammer schlafen? Der Vater hatte ihnen erklärt, daß es zum Kloster gehöre und das Kloster bestimme, wer dort wohnen dürfe. Ein letztes Mal standen sie auf der Teufelsbrücke, hörten ein letztes Mal das Rauschen und Donnern der Sihl; dann wanderten sie auf der Straße dahin, auf der sie so viele Pilger hatten kommen und gehen sehen, über den Etzelpaß der großen weiten Welt zu.

Doch die zeigte sich erst mal nicht von ihrer besten Seite. Es begann zu regnen, graue Fäden zogen sich aus einem grauen Himmel auf die Erde herab. Tropfen fielen Philipp von seiner Kappe in den Nacken; sie prasselten auf sein Hemd, durchnäßten ihn vollständig. Der Weg weichte mehr und mehr auf. Kalter Dreck spritzte an den Beinen hoch bis zu den nackten Knien. Philipp sah nur die Straße vor sich, alles andere um ihn herum versank im Regen. Endlos schlängelte der Weg sich vor ihnen her. Philipp fror, er wurde müde und hungrig, aber weiter ging es, immer weiter. Eine kurze Mittagsrast unter einer großen Linde, jeder kaute einen Kanten Brot, und wieder zog sich der Pfad vor ihnen her. Der Junge zitterte am ganzen Körper, trotzdem wurden seine Glieder immer starrer. Er heulte vor sich hin, stolperte und wurde zu allem Unglück dafür auch noch ausgeschimpft.

Endlich hatte der Vater ein Einsehen. Sie betraten ein großes altes Haus am Wegesrand, welches sich durch ein Schild als Herberge auswies. Durch ein Tor gelangten sie in den Hof. Der Vater öffnete die Tür der Gaststube und schob die Kinder hinein. Dichter

Rauch füllte den Raum, und Dutzende von Gerüchen hatten sich darin vermengt: die Ausdünstungen vieler Menschen, von Feuer, Knoblauch, Schweiß, Suppe, Pferden, Leder.

Benommen ließ Philipp sich in eine Ecke schieben und plumpste auf ein winziges freies Plätzchen auf einer Holzbank. Zuerst spürte er nur ein Kribbeln in den Zehen, nach und nach kehrte in Arme und Beine das Gefühl zurück. Nun bemerkte er auch, was um ihn herum vorging. Die Gaststube war bis auf den letzten Platz gefüllt. An seinem Tisch saßen die Menschen eng zusammengerückt. Einige knurrten, besonders ein kleiner, runder Mann, der ihm gegenübersaß. Sein Gesicht war voller Pockennarben und puterrot. Der Mann schimpfte immer lauter. Der Junge begann sich zu fürchten. Plötzlich räusperte der Kerl sich mit ziemlichem Getöse, dann spuckte er aus. Ein Teil des Schleimes blieb an der Tischkante hängen und tropfte langsam hinunter. Philipp schüttelte sich. Als nun sein Nachbar seine kotbespritzten Stiefel auf den Tisch stellte und begann, sie mit einem Lappen abzuwienern, schritt der Vater ein. Er bat den Mann freundlich, die Stiefel vom Tisch zu nehmen, sie auf dem Boden zu säubern. In der Nähe des Feuers sei es hell genug. Der Mann blickte erstaunt hoch, rollte die Augen, murmelte etwas wie: „Erst quetscht man sich dazwischen, und dann spielt man den feinen Herrn", verschwand jedoch mit den Schuhen vom Tisch. Philipp versuchte, ihm mit den Augen zu folgen, aber die Talglichter auf dem Tisch leuchteten nur wenig. Hin und wieder sah er den Feuerschein durch den Raum zucken, die meiste Zeit war der Kamin allerdings durch Kleidungsstücke verdeckt, die an langen Leinen darum herum hingen und vor Nässe dampften.

Eine Schüssel mit Wasser wurde am Tisch weitergereicht. Jeder tauchte kurz seine Hände hinein. Als die Reihe an Philipp kam, schob sein Vater das Gefäß weiter. Die Schüssel starrte vor Dreck. „Ich glaube, es dient mehr der Sauberkeit, wenn du dich darin nicht wäschst", flüsterte er ihm zu. Philipp schaute verwirrt umher. Täuschte er sich, oder blitzte es feindselig in den Augen des Pockennarbigen? Der Junge senkte den Blick.

Endlich erschien die Wirtin mit einer Fleischplatte und einem Krug Wein. Sie legte jedem eine Scheibe Brot dazu, dann kreiste der Weinkrug, und man nahm sich Fleisch.

Philipp wischte sich seinen Mund am Ärmel ab, bevor er aus dem Weinkrug trank. So hatte der Vater es ihn gelehrt. Die abgenagten Knochen warf er ordentlich unter den Tisch.

Als die Wirtin die zweite Platte mit Fleisch brachte, war Philipp von der Hitze der vielen Körper und dem Wein benebelt. Die Frau betrachtete ihn kopfschüttelnd. „Der Bub muß ins Bett. Ich nehme ihn mit hinauf in die Schlafstube." Sofort stand Philipp auf. Auf der kalten Treppe begann er zu zittern, konnte vor Müdigkeit kaum noch laufen. „Was müssen auch so kleine Buben auf den Landstraßen herumziehen, und das noch bei diesem Sauwetter", schimpfte die Wirtin. Gutmütig stupfte sie den Jungen zur Stubentür hinein. „Leg dich in dies Bett. Dein Vater und deine Schwester kommen sicher auch bald.

Und stör dich nicht an dem Trunkenbold da in der Ecke. Der ist voll bis obenhin und schläft wie ein Stein."

Trotz dieser beruhigenden Worte blickte Philipp ängstlich zu dem rasselnd schnarchenden Mann hinüber. Aber dann fiel er ins Bett, zog sich die Decke gerade noch über die Nase, bevor alles um ihn versank. Er hörte auch nicht, als sich sein Vater und Kata kurze Zeit darauf durchs dunkle Zimmer zu ihm ins Bett tasteten.

Villach

Noch mehrere Wochen dauerte die Wanderung; sie mußten die Alpen fast in ihrer gesamten Breite überqueren. Ihr Weg führte durch Täler, in denen jetzt im Frühjahr die Bäume in voller Blüte standen, über Pässe, auf denen sie eisige Nebelwolken umhüllten, oft sogar Schnee lag, über Landes- und Sprachgrenzen. In manchen Tälern hörten sie sich rasch in den Sprachlaut ein, in anderen verstanden sie fast nichts; nur der Vater fischte hin und wieder ein lateinisches Wort heraus; manchmal fand sich ein Wort, das Ähnlichkeit mit der eigenen Sprache zu haben schien; aber das meiste wollte in Philipps Ohren keinen Sinn ergeben. Er schnappte hier und da ein paar Brocken auf, lernte auf viele Arten zu grüßen und Lebewohl zu sagen.

Mit der Zeit brannte die Sonne immer heißer, oben auf den Paßstraßen fraß sie sich tief in die Haut, der Schnappsack drückte jeden Tag mehr auf dem Rükken, und an den Füßen, die in Stiefeln steckten, die der Vater ihm zu Anfang der Reise hatte machen lassen, quollen immer wieder Blasen auf, die abends mit Salbe bestrichen werden mußten. Häufig maulte der Junge vor sich hin, quälte den Vater mit den immer gleichen Fragen, wann denn nun das Ziel ihrer Reise endlich erreicht sei. Verlangend wanderten seine Blicke des öfteren zu dem Handkarren. Doch der Vater blieb hart. Philipp mußte laufen, mußte beim Schieben des Karrens sogar oft mit zugreifen.

Doch es gab auch gute Momente auf dieser Reise: die Pracht der Bergmatten, die eine Farbenfülle entfalteten, daß die Augen schmerzten, und die Schönheit der einzelnen Blumen, die der Vater mit den Kindern zusammen betrachtete; die Gemsen, die leichtfüßig über die Felsabhänge sprangen, und besonders die Murmeltiere, die sich auf den warnenden Pfiff Philipps hin sofort wachsam in Positur setzten. Wenn sich jedoch auf einer Paßhöhe der Blick über den nächsten Bergriesen hinaus öffnete, sich eine schier unendliche Landschaft in greller Weiße blendender Gipfel unter einem strahlend blauen Himmel auftat, dann spürte Philipp etwas Neues in sich, das er bisher noch nicht gekannt hatte. Dann standen sie alle drei, stumm und andächtig, und es dauerte lange, bis sie sich von diesem Anblick losreißen konnten und schweigend, benommen, wieder zu Tal stiegen.

Zuletzt erklärte der Vater doch noch, daß ihre Reise bald ein Ende haben werde; dies sei die letzte Höhe; in dem vor ihnen sich erstreckenden Tale liege die Stadt, die nun ihre neue Heimat werden solle. Nun starrte Philipp gebannt nach vorn, hätte die Stadt am liebsten mit den Augen herbeigezogen. Seine Geduld wurde noch einmal auf eine harte Probe gestellt. Doch schließlich ragten die prächtigen Türme einer Stadt vor ihnen auf, über die sich ein schlanker Kirchenturm weit erhob. Der Weg wurde breiter und voller, Karren und vollbepackte Wagen rumpelten durch ausgefahrene Spuren. Sie begegneten Bauern mit Tragen auf den Rücken, mancher hielt auch eine Kuh am Strick oder zog eine Ziege hinter sich her. Am Ende erreichten sie einen Fluß. Philipp blinzelte. Vor ihm glänzte das Flußwasser in der Sonne, Ruderkähne glitten vorüber, und auf der anderen Flußseite ragte eine mächtige Stadtmauer hoch.

An der Brücke hielt sie der Torwächter auf. „Ich bin Wilhelmus von Hohenheim und mit meinen Kindern den weiten Weg von Einsiedeln hierhergekommen, weil ich hier als Stadtarzt bestellt bin", erklärte der Vater dem Mann, der daraufhin die Augen weit aufriß.

„Auf Euch warten wir seit Wochen. Aber, daß Ihr zu Fuß kommt . . . so weit . . . Seid Ihr es ganz sicher?" Er zögerte etwas. „Wenn Ihr mir den Brief zeigen könntet, den man Euch geschickt hat, könnte ich Euch zu Eurer Wohnung bringen." Der Vater runzelte leicht die Brauen, suchte jedoch bereitwillig das Schriftstück hervor und hielt es dem Torwächter unter die Nase. Ob dieser es lesen konnte, blieb zweifelhaft, aber beim Anblick des Stadtsiegels seufzte er erleichtert auf, rief nach einem Wachposten, der ihn vertreten sollte, und führte die drei durch das Tor in die Stadt hinein. So betrat Philippus Aureolus Theophrastus Bombastus von Hohenheim im Jahre 1502 an der Hand seines Vaters die Stadt Villach in Kärnten.

Mit großen Augen schaute Philipp sich um. Breite Straßen, prächtige Häuser. Groß und mächtig lag die Stadt im Drautal. Menschen, Pferde und Wagen bildeten ein aufregendes Gewühl. In Einsiedeln hatte es auch viele Menschen gegeben, Pilgerzüge, die den Ort plötzlich füllten, aber ebenso plötzlich auch wieder leerten und sich gegen die Fuhr- und Handelsleute hier recht ärmlich ausgemacht hatten. Der Wächter bahnte den dreien einen Weg, führte sie in ein Gewirr von schmalen Gassen, in denen sich hoch aufragende Häuser aneinanderpreßten. Dämmrig war es dadurch jetzt, am hellichten Tag, und Philipp mußte den Kopf fest in den Nacken legen, um direkt über sich einen schmalen Streifen Himmel zu erspähen. Dazu stank es unerträglich von all dem Unrat, der sich auf dem Boden sammelte. Hier war es eng, so beengend, daß Philipp keine Luft mehr zu bekommen glaubte. Doch die Wohnung war groß, hatte viele Zimmer, so daß der Vater dort auch Sprechstunde halten konnte.

Am Abend breitete der Vater seine Pläne vor den Kindern aus. Philipp sei nun fast neun Jahre alt, und es werde Zeit, daß er eine ordentliche Schule besuche, um endlich Latein zu lernen.

Philipp blickte erschrocken hoch. Über die Schule hatte er Schlimmes gehört. Dort würden die Kinder an einen Pfahl gebunden und mit Stöcken verprügelt, bis ihnen das Blut am Rücken hinunterliefe. Langweilig sollte es sein, stillsitzen müßte man, und Spaß sollten die Lehrer auch nicht verstehen. „Kann ich nicht weiter bei dir lernen?" fragte er kleinlaut.

Der Vater erwiderte scherzend: „Du wirst es schon überstehen, wie alle anderen vor dir. Außerdem habe ich nicht vor, dich in eine der berüchtigten Winkelschulen zu schicken, in denen der Stock das Regiment führt. Du sollst ja in die Lateinschule.

Glaub mir, so gewöhnst du dich am leichtesten hier ein. Du wirst andere Jungen kennenlernen, und es wird wirklich Zeit. Als Arzt will ich dich alles lehren, was ich weiß, aber das erspart dir die Schule nicht."

Die Worte des Vaters zeitigten jedoch nicht die gewünschte Wirkung. „Warum konnten wir nicht in Einsiedeln bleiben?" seufzte Philipp und blickte den Vater störrisch an. Der wurde nun ernst. „Hör zu, Philipp. Du warst bis jetzt ein gelehriger Schüler, ein sehr gelehriger. Ich habe dich nur selten gelobt. Aber heute möchte ich dir das sagen: aus dir wird ein großer Arzt werden. Doch dazu genügt es nicht, die Rezepte des eigenen Vaters zu studieren, ein bißchen rechnen und lesen zu können. Dazu bedarf es größerer Geister. Und wenn du an einer Universität studieren willst, mußt du Latein können und ein paar Dinge mehr, die ich dir nicht alle beibringen kann. Und", fügte er tröstend hinzu, „wenn du zur Lateinschule gehst, heißt das ja nicht, daß ich am Abend nicht noch Zeit finde, mit dir über meine Kranken zu sprechen. Morgen melde ich dich auf der Schule an, und bis der Unterricht beginnt, schaust du dich in der Stadt um und kümmerst dich mit Kata darum, daß wir unsere Einrichtung vervollständigen und vielleicht eine Magd finden, mit deren Hilfe Kata den Haushalt führen kann."

Kata schien sich sehr schnell in Villach einzuleben. Sie hatte sofort Besitz von der hellen großen Küche ergriffen, hantierte mit den neuen Töpfen, die sie zusammen auf dem Markt erstanden hatten, auf dem Herd herum; ging mit anderen Frauen zum Waschen an den Fluß; trug den Brotteig zum Bäcker in den

Ofen; sie schlachtete Hühner, rupfte und kochte sie und setzte sich des Abends noch häufig ans Spinnrad. Philipp begleitete sie zum Markt, holte Wasser, hackte Holz, fegte wohl auch die Treppe, doch fühlte er sich neben der Herrin der Küche trotzdem recht unnütz und stromerte deshalb lieber durch die Stadt oder erkundete das Land außerhalb der Mauern. So wanderte er einmal in seine Gedanken versunken ein Stück den Flußpfad entlang, als ihn lautes Rufen aufschreckte.

Er spähte über die Wasseroberfläche, die sich vor seinen Augen ständig veränderte, mal wie eine glatte Fläche aussah, sich dann an Steinen brach, so daß das Wasser zur Seite ausweichen mußte, manchmal Strudel bildete oder sich zu Wellen bündelte und diese ein paar Meter später wieder auflöste. Mitten in diesem Tanz ragten zwei Köpfe aus dem Wasser; er hörte Stimmen, die ihm etwas zuriefen; Hände winkten fröhlich. Dann waren sie vorbei.

Bevor der Gedanke ihn ganz erfaßt hatte, hatte er sich schon die Kleider vom Leib gerissen und war ins Wasser hineingelaufen. Ein paar Schritte nur, schon hatte er den Halt unter den Füßen verloren, war unsanft auf dem Rücken aufgeschlagen, hatte sich gedreht, so daß Arme und Beine über Kiesel und Geröll schabten. Dann war das Wasser plötzlich zur Ruhe gekommen und er liegengeblieben. Er rappelte sich auf. So ging es also nicht. Er würde besonnener vorgehen müssen. Nun hielt er Ausschau nach einer flacheren, ruhigeren Stelle, machte sich vorsichtig mit dem Element vertraut. In einer kleinen Bucht fand er eine Stelle, wo ihm das Wasser bis zum Bauch reichte,

39

sich aber kaum bewegte. Hier plantschte er herum, bis er sich wie ein Eisklumpen fühlte.

In den nächsten Tagen kehrte er täglich zu dieser Stelle zurück, ging immer wieder unter, ließ sich aber nicht abschrecken. Endlich beherrschte er Schwimmbewegungen und fühlte sich dem Wasser gewachsen. Nun konnte er es mit dem Fluß aufnehmen. Aber sein Triumph dauerte nur Sekunden. Dann erfaßte ihn die Strömung, seine Schwimmstöße wurden nutzlos, das Wasser zerrte ihn in seinen Sog, spielte mit ihm. Entsetzen breitete sich in Philipp aus. Jeder Widerstand schien sinnlos. Das Element hatte ihn in seinem Griff. Und genau in dem Augenblick, als er aufgeben wollte, spürte er, daß das Wasser ihn trug. Nicht gegen die Wasserkraft mußte er kämpfen, sondern sich ihr überlassen, mit vorsichtigen Bewegungen seine Richtung lenken, untergehen und wieder auftauchen.

Als er mit bleischweren Gliedern, hustend und spuckend ans Land kroch, brauchte er lange, bis er die Kraft gesammelt hatte, zu seinen Kleidern zurückzukehren. Auf dem Heimweg kehrte das Triumphgefühl zurück, doch war es ein völlig anderes als noch vor ein paar Stunden. Zum ersten Mal in seinem Leben hatte er etwas ganz allein zustande gebracht. Es war schwer gewesen, es hatte Rückschläge gegeben, dennoch war er der Sieger geblieben: Sieger über das Element, dessen Kraft er sich zu eigen gemacht hatte.

Am nächsten Tag schon zog Philipp im langen Scholarenmantel in die Schule ein. Ein bißchen flau

Villach

war ihm im Magen, aber als er erst mal in einer der hinteren Bänke saß, fühlte er sich schon wohler.

Verstohlen sah er sich um: ein hoher, dunkler Raum, groß genug für mehrere Schülergruppen. Der Schulmeister saß vor der Reihe seiner Gruppe auf dem Podest. Seine Stimme hallte durch den Raum. Er las gerade aus dem Donat, der lateinischen Grammatik. Hin und wieder rief er einen Schüler auf und ließ ihn eine lateinische Wörterreihe aufsagen. Er nannte das deklinieren. Manchmal leierte die Klasse im Chor solche Wörterreihen herunter, oder man hörte den Chor der Gruppen.

Philipp war in seiner Gruppe einer der Jüngsten, die ältesten Schüler mochten bald zwanzig Jahre alt sein. Trotzdem hatte der Lehrer ihn auf eine der hinteren Bänke verwiesen, nachdem er Philipp gezeigt hatte, wo er sein Brennholzstück ablegen sollte. Näher hatte er sich für den Neuen nicht interessiert. Das war dem nur recht. So konnte er sich erst mal in aller Ruhe seinen Banknachbarn anschauen. Der Bursche sah dem Geißenhirt Hans vertrauenerweckend ähnlich: die gleiche verfilzte Mähne, ein zerschlissener Mantel, nackte Füße. Aber statt der fröhlich blitzenden Augen von Hans sah er hier nur Hunger aus dem Gesicht schauen. Philipp griff in seine Tasche und schob dem unbekannten Jungen wortlos sein Brot hin. Der starrte ihn erstaunt an, griff aber blitzschnell zu. Philipp machte große Augen, als er sah, wie der Bursche das Brot zerkrümelte, es hinter vorgehaltener Hand in den Mund schob und ohne Mundbewegung runterschluckte. Der Magister hatte bestimmt nichts bemerkt.

Die Freundschaft der beiden war rasch geschlossen. Konrad erklärte dem Neuen nur zu gerne, was man wissen mußte, um in der Schule zurechtzukommen. Zuerst zeigte er ihm den Lupus, einen Schüler, den der Magister zum Aufpasser bestellt hatte: „Er ist gemein und hintertückisch. Vornherum tut er freundlich, dabei will er dich nur aushorchen." Überhaupt sollte Philipp auf der Hut sein vor den älteren Schülern, den Bacchanten.

Er machte Philipp mit den fahrenden Scholaren bekannt, zu denen er auch gehörte, die hier Schweizer und Schwaben hießen, sofern sie irgendwoher aus dem Westen kamen. Die meisten blieben jedoch nur kurze Zeit in der Stadt, hielten sich mit Singen und Betteln über Wasser und zogen dann weiter. Konrad blieb den ganzen Winter über, denn seitdem Philipp ihm mit Brot aushalf, brauchte er nicht mehr mit den Hunden um die Knochen auf der Straße zu kämpfen, wenn die Mildtätigkeit der Bürger ihn hungern ließ. Jetzt saß er oft mit Philipp zu Hause am Mittagstisch, und über dem Herd der Schülerherberge hatte er einen warmen Platz für die Nacht gefunden.

Der Vater hatte viel zu tun; er eilte wieder wachen Auges durch die Welt, und wenn Philipp ihn von den Krankengängen erzählen hörte, wurmte es ihn arg, daß er die Schulbank drücken mußte. „Weißt du, hier in der Umgegend gibt es seltsame Kranke. Das Gebiet ist von Bergwerken durchzogen, und die Bergleute arbeiten tief unter der Erde. Ganz früh am Morgen fahren sie hinunter, erst spät in der Nacht kommen sie wieder hoch. Dunkel ist es da unten und heiß. Fast nie bekommen sie die helle Sonne zu sehen, selbst das Atmen fällt dort schwer. Es muß schrecklich sein, so gegen die Ordnung Gottes zu leben. Sobald ich etwas Zeit habe, will ich hinausfahren und mir die Bergwerke und die Laboratorien genauer ansehen. Mal sehen, vielleicht kannst du mitkommen."

Das war doch etwas anderes, als den Donat zu pauken! Kein Wunder, daß Philipp die Gedanken an die Schule immer wieder aus dem Kopf zu schieben versuchte und statt dessen lieber dafür sorgte, daß dem Vater genügend getrocknete Kräuter und fertig gemischte Salben zur Verfügung standen.

Morgens trödelte Philipp oft auf dem Weg in die Schule, machte den Umweg über den Hauptplatz, staunte die prächtigen Fassaden der Häuser an, die Erker und Laubenhöfe, blieb auf dem Markt stehen, um beim Abladen blutig-roter Schweinehälften zuzuschauen oder das Gezänk von zwei Marktfrauen in seinen Ohren dröhnen zu hören. Er wollte sich noch einmal vollsaugen mit den Gerüchen der Welt, den Tierausdünstungen, dem Fischgestank, den Blumen- und Gemüsedüften, bevor ihn die dumpf-muffige Schulhalle verschluckte.

Erst beim Läuten der Glocke von St. Jakob begann er zu rennen, um dann atemlos in die Schule zu stürmen. Doch heute verschloß ein Menschenknäuel das Schultor, obwohl es längst geläutet hatte. Er drängte sich an den Haufen, versuchte hineinzugelangen, aber ein fester Ring von Bubenleibern verwehrte jeden Durchlaß. Plötzlich wurde es still.

Eine kläglich wimmernde Stimme tönte aus dem Innern des Knäuels: „Ja, ja, ich hab' nicht alles Brot bei dir abgeliefert. Aua, oh, laß bitte meine Ohren los, bitte, bitte. Ich will ja alles sagen. Eine Seifensiederin hat mir ein Stück Brot und einen Becher mit Milch gegeben, weil ich so klein und mager sei. Ich wollte das Brot bestimmt einstecken, aber sie hat unbedingt gewollt, daß ich es in ihrer Küche esse. Was sollte ich denn tun? Sie wollte mich sogar bei sich behalten, aber ich habe gesagt, daß ich zu dir zurück muß. Au! Au!"

Philipp hörte das Klatschen von Ohrfeigen und die gemeine Stimme des Bacchanten: „Ich werde dir schon austreiben, mich zu betrügen. Und laß dir das gesagt sein, mir entkommst du nicht. Du kannst alten Weibern so viel vorwinseln, wie du willst, ich finde dich schon wieder und hole dich . . ." Die restlichen Worte des Jungen gingen in einem dumpfen Geräusch unter, wie es ein fallender Körper macht.

Dann war da Konrads Stimme: „Feiges Schwein, was quälst du den Winzling? Los, jetzt zeig, was du kannst."

Johlen und Pfeifen der Buben begleitete den Kampf, der erst durch die donnernde Stimme des Schulmeisters unterbunden wurde. Im Nu stoben die Jungen auseinander. Philipp sah das verstörte Gesicht des kleinen Andreas, er griff nach seiner Hand und raste mit ihm davon, in das Gewimmel der Gassen hinein. Hinter sich hörte er Schritte, die ihm beständig folgten. Verdammt, warum konnte der Kleine nicht schneller laufen! Philipp lief im Zickzack durch die dunkelsten Gassen, sein Verfolger blieb ihm dicht auf den Fersen. Endlich rief ihn eine wohlbekannte Stimme an: „Das reicht. Hier findet uns niemand mehr." Es war Konrad. Keuchend blieben sie stehen.

„Du Narr, hättest du dich nicht etwas eher zu erkennen geben können? Wir haben uns fast die Lunge aus dem Leib gepustet, um dich abzuschütteln", japste Philipp.

Andreas saß heulend vor ihnen auf dem Pflaster. „Komm, hör auf", versuchte Konrad zu trösten. „Dein Peiniger ist dem Schulmeister nicht entkommen. Der steht gerade vorn in der Klasse und bekommt die Rute zu spüren." Hatte er geglaubt, diese Nachricht würde den Kleinen aufmuntern, so hatte er sich gewaltig geirrt. Andreas begann an allen Gliedern zu zittern, und die Tränen strömten noch reichlicher. Der kleine Schütze hatte offensichtlich Angst, daß der große Schüler, der ihn für sich betteln ließ, ihn wieder einfangen und Rache nehmen würde.

Konrad und Philipp sahen sich betreten an. „Ich glaube, wir müssen Abschied nehmen", seufzte Konrad. „In die Schule können wir alle drei nicht mehr zurück. Es wird am besten sein, wenn ich mit Andreas die Stadt verlasse."

Nun begann auch Philipp zu zittern. Was würde der Vater sagen, wenn er von den Heldentaten seines Sohnes erfuhr? „Er wird es verstehen können, aber ärgern wird er sich trotzdem", dachte er. „Was soll jetzt werden?"

Sie beratschlagten eine Zeitlang hin und her, dann beschlossen sie, sich vorläufig zu trennen. Philipp sollte von daheim Eßvorräte holen und die Schwester in ihre Pläne einweihen. Die sollte dann dem Vater berichten und ihn besänftigen; ihren Fähigkeiten auf diesem Gebiet traute Philipp etliches zu. Konrad und Andreas wollten ihre Bündel aus der Burse holen. Noch war es ziemlich ungefährlich, weil alle Schüler im Klassenzimmer hockten. Treffpunkt sollte die Draubrücke sein. Andreas und Konrad würden eine andere Schule in einer anderen Stadt suchen. Sie kannten das Umherziehen. Bis zum Abend wollte Philipp sie begleiten. Bis dahin würde die Wut des Vaters verraucht sein.

Sie wanderten nicht über die breite Landstraße, sondern schlugen sich, nachdem sie außer Sichtweite der Torwächter waren, in die Büsche, erreichten die nächsten Dörfer über schmale Pfade, die durch den Wald führten. Gegen Mittag legten sie sich in einer Lichtung unter ein paar Bäume. Sie hatten mit Käse und Brot ihren Hunger gestillt und aus einem Bach klares Wasser getrunken. Jetzt lagen sie wohlig satt auf dem weichen Moos. Jeder träumte im Halbschlaf vor sich hin. Philipp sah in eine Baumkrone hinauf. Wie grüne Pünktchen tanzten die Blätter vor seinen Augen hin und her. Ganz sanft schwangen auch die Äste im Wind. Sein Blick wurde unklarer, er konnte keine Einzelheiten mehr unterscheiden, nun umwogte ihn eine weiche grüne Masse, hüllte ihn ein.

Doch plötzlich sah er wieder scharf und klar. Hochaufgerichtet saß er da und spähte in den Wald. Er hatte deutlich Pferdegetrappel und Menschenstimmen gehört. Und da waren sie auch schon: Drei Männer kamen hoch zu Roß aus dem Dickicht, verwegene, große Kerle, die nicht aussahen, als ob sie es gut mit drei Buben meinten. Sie hatten Armbrüste auf die Kinder angelegt und riefen im Näherkommen: „Legt alles vor euch, was ihr bei euch habt."

Konrad fand als erster die Sprache wieder: „Wir sind fahrende Schüler und haben nichts."

Aber so leicht waren die Männer nicht zufrieden-
zustellen. Drohend traten sie auf die Kinder zu. Der
erste stieg ab, während die übrigen ihre Armbrüste
im Anschlag hielten. Der Kerl tastete die Jungen ab,
dann packte er Philipp, hob ihn hoch, drehte ihn
blitzschnell um, faßte ihn an den Füßen und schüttelte ihn. Konrad und Andreas saßen starr vor Entsetzen.

Wollte der Räuber Philipp aufhängen? Der Kerl
aber brüllte vor Lachen: „Keinen roten Heller, keinen
roten Heller hat das Kerlchen. Es scheint, ihr habt
noch weniger als wir. Verflucht, gibt es denn nur Habenichtse, warum bist du nicht ein Prinz auf Braut-
schau?"

Er ließ Philipp so plötzlich wieder los, wie er ihn
gepackt hatte. Der wäre aufs Gesicht gefallen, wenn
er sich nicht rasch mit den Armen aufgestützt hätte.

„Zu mager, das Hühnchen", knurrte der Mann
und machte Anstalten, sein Pferd wieder zu bestei-
gen. Wortlos zogen die drei ab. Aber kaum hatten
sich die Jungen einigermaßen von ihrem Schrecken
erholt, als die drei Räuber unter großem Geschrei zu-
rückkehrten, jeder einen der Jungen ergriff und vor
sich auf das Pferd setzte. Den Kindern vergingen fast
die Sinne bei dem rasenden Galopp über Stock und
Stein.

Philipps Herz klopfte zum Zerspringen. Was würde jetzt mit ihnen geschehen? Die Geschichten der
Loisia fielen ihm ein. Kinder wurden von Räubern in
die Sklaverei verkauft, weit fort in andere Länder, in
das ferne Afrika. Oder was noch schlimmer war, sie
wurden hier im Lande verkauft, an Zauberer, die für

ihre teuflischen Feiern zerstoßene Kinderhände brauchten. In einem riesigen Topf würden die drei schmoren.

Je länger der Ritt dauerte, desto mehr kam Philipp wieder zur Besinnung. Die Angst hatte ihn närrisch gemacht. Der Vater würde tüchtig mit ihm schimpfen, daß er in diesem Augenblick an solche Geschichten dachte. Bislang hatte ihm der Räuber nichts getan. Gewiß war er ein roher Kerl, seine Stimme hatte zwar heiser vor Wut, aber nicht boshaft geklungen. Wahrscheinlich wollten sich die Kerle nur einen großen Spaß mit ihnen erlauben.

Längst hatten sie den Wald verlassen, näherten sich über Wiesen und Felder einem Dorf. In vollem Galopp ritten sie durch die Dorfstraße, so daß der Schlamm hochspritzte und Hühner und Schweine gackernd und quiekend zur Seite stoben. Vor der Dorfschenke hielten die Männer die Pferde jäh an, warfen die Jungen auf die Straße und stießen sie vor sich her in die Gaststube.

„He, Wirt", rief der Kerl, mit dem Philipp schon so unliebsame Erfahrung gemacht hatte, „aufgetischt, aber ordentlich! Die drei jungen Herren sind hungrig." Die Männer lachten dröhnend, warfen sich auf die Tischbänke und forderten die Jungen auf, dasselbe zu tun.

Still setzten sie sich. Andreas war totenbleich, grün um die Nase, und Philipp vermutete, daß er selber auch nicht viel besser aussah. Der Wirt tischte bald auf. Suppe, fetttriefendes Gänsefleisch, Schwein- und Lammstücke brachte er, dazu Brot und Wein. Da konnten die Buben nicht widerstehen. Sie langten zu,

49

schlangen so viel und so schnell hinunter wie nur irgend möglich.

„Ihr seid aber verfressen“, staunten die Räuber, die auch nicht wenig schluckten. „Könnt es mit jedem ausgewachsenen Landfahrer aufnehmen.“

Philipp begannen die Kinnladen weh zu tun. Eine kleine Pause konnte nicht schaden. Es war noch genug da. So ließ er es sich gefallen, daß die Männer ihm vom Wein ausschenkten und mit ihm anstießen. Langsam floß der Rebensaft die Kehle hinunter, breitete sich im Magen als wohlig-warmes Gefühl aus. Nach dem dritten Glas war Philipps Angst verflogen. Da war etwas wie ein dünner Schleier vor seinen Augen; die Gaststube, die Räuber, alles entfernte sich ein wenig; die Gesichter der Männer sah er nicht mehr genau, aber sie lachten: er lachte auch, alles würde gut werden.

Am späten Nachmittag standen die Räuber auf, schlugen ihren Gästen zum Abschied auf die Schulter und ließen sie mit einer frisch gefüllten Kanne Wein in der Gaststube zurück. Philipp überließ sich seinem Wohlgefühl und setzte den Becher erneut an die Lippen. Zwar zitterte die Hand und ein Teil des Weines lief am Kinn entlang in den Kittel. Als er aufblickte, begann sich die Stube um ihn zu drehen. Kanne, Tisch, Becher, Konrad und Andreas, alle Gestalten flossen ineinander, entwirrten sich nur langsam. Aber dann meldete sich ein Gedanke. Zuerst saß er nur als Punkt im Gehirn, später rollte er durch den Kopf. Philipp wollte ihn festhalten, erwischte ihn nicht. Endlich verdichtete er sich zu einem Wort: Vater. Der Vater! Der saß zu Hause und wartete auf den Sohn,

der weit fort und berauscht in einer fremden Gaststube hockte.

Brüsk sprang er auf. „Ich muß heim", rief er und
wankte auf die Tür zu. Er taumelte die Dorfstraße
entlang, in der kühlen Abendluft wurde der Kopf etwas klarer, trotzdem drehten sich die Häuser schief
an ihm vorüber. Sein Magen begann zu stoßen, er
würgte und schluckte, es schüttelte ihn. Er übergab
sich neben einem Misthaufen. Danach fühlte er sich
besser.

Konrad und Andreas hatten ihn inzwischen eingeholt. Sie versuchten ihn zu überreden, mit ihnen im
Heu des Gastwirtes den Rausch auszuschlafen. Aber
Philipp ließ sich nicht mehr aufhalten. Er umarmte
und küßte die beiden, wobei alle drei Mühe hatten,
auf den Beinen stehen zu bleiben. Dann ließ er seine
Freunde auf der Straße zurück.

Später wußte er nicht mehr anzugeben, wie er im
Dunkeln den Pfad gefunden hatte, wie oft er gestol-
pert war, gefroren und geweint hatte. Als das Stadttor
am Morgen geöffnet wurde, wunderten sich die
Wächter über das durchnäßte und zerschrammte
Bürschchen, das durchs Tor schlüpfte.

Der Vater stand mit übernächtigtem Gesicht in der
Haustür. Er fragte nicht viel, sondern wusch Philipps
Wunden und schickte den Jungen ins Bett. Erst am
Abend verlangte er Auskunft. Stockend berichtete
Philipp, ließ aber nichts aus.

Zuerst schaute der Vater besorgt, dann wurde das
Gesicht immer länger, zuletzt sprühten seine Augen
vor Zorn. „Wer hätte das gedacht, daß ich einen
Hohlkopf zum Sohne habe! Dem Andreas zu helfen,

gut und schön. Aber wenn man schon den Helden spielen will, muß man seinen Kopf nicht fortwerfen. Nachdem du gerade ausgeraubt worden bist, Wein saufen! Du kannst dich freuen, daß eure Räuber solche Gugelfritzen waren, die an euch nur ihren Spaß haben wollten. Und als du vollgesoffen in den Wald liefst, hattest du wohl ganz den Verstand verloren? Wer sollte dich finden, wenn du mit gebrochenen Knochen im Gebüsch lagst? Außerdem hast du deine Freunde übel im Stich gelassen. Was wird aus ihnen, falls die Räuber zurückgekehrt sind oder der Wirt sie nicht ziehen läßt? Vielleicht haben eure Räuber die Zeche geprellt. Verprügeln sollte man dich."

Philipp blickte auf. Jedes Wort des Vaters hatte ihn getroffen. Der Zorn in seinem Gesicht war gerade noch erträglich, aber die Verachtung, die daraus sprach, nicht. Plötzlich wünschte der Junge sehnlichst, daß der Vater ihn prügelte, richtig mit einem Stock auf ihn einschlüge. Es würde weh tun, er könnte sich schämen, heulen, und dann wäre die Sache vorbei. Aber so würde die Scham bleiben.

Der Vater legte ihm die Hand auf den Kopf. „Lassen wir es gut sein. Jeder macht Fehler, wenn auch so etwas nicht passieren darf."

Dann versank der Vater in tiefes Brüten, während Philipp ängstlich auf der Bank hin und her rutschte. Die Stille legte sich wie Blei auf ihn; sie schien eine Ewigkeit zu währen. Der Vater stöhnte ein paarmal sorgenvoll auf: „Ich weiß nicht . . . nun ja."

Endlich wandte er sich Philipp wieder zu. Sein Gesicht zeigte einen Ernst, wie Philipp ihn nur selten darin gesehen hatte. „In diese Schule kannst du wohl

nicht zurück. Sehr viel scheinst du dort auch nicht gelernt zu haben. Es gibt eine andere Möglichkeit, aber
nach den gestrigen Vorkommnissen bin ich mir nicht
mehr sicher, ob das das Richtige ist. Ja, in ein, zwei
Jahren, sicher, aber jetzt schon? Einen Tagesritt von
hier liegt im Lavanttal das Kloster St. Paul. Der Abt
ist als Gelehrter weithin bekannt. Seine Alchimieküche ist berühmt und berüchtigt. Dort kannst du lernen, was ein Arzt wissen muß, und vielleicht noch etwas mehr. Aber hab acht, daß du nicht auf Abwege
gerätst. Und mach mir keine Schande."

Philipp wurde über und über rot. Der Vater vertraute ihm noch. Er schickte ihn sogar zu einem berühmten Lehrmeister. Alles andere verblaßte gegenüber diesem Gedanken. In den nächsten Tagen bestimmte die stolze Erwartung Philipp so sehr, daß er
ganz vergaß, was diese Reise für ihn bedeutete: Abschied zu nehmen von allem, was ihm lieb war.

Erziehung im Kloster

Der Vater ließ ihn in einem Kaufmannszug mitreiten. Er hatte Philipp für die Reise ein Pferd gemietet. Der Junge war schon oft auf einem Pferderücken über abgemähte Äcker gejagt, aber auf diesen mußte ihn der Vater hinaufheben. Als Philipp vom Pferd herab auf die Erde schaute, schien ihm der Abstand beängstigend groß.

Kata weinte, während ihr Bruder als letzter im Zug durch das Stadttor verschwand. Der Vater rief ihm nach, daß sie ihn bald besuchen würden. Philipp konnte sich nicht umschauen, zu sehr mußte er aufpassen, um nicht vom Pferd zu fallen. Bei jedem Schritt des Tieres rutschte er auf dem glatten Sattel von rechts nach links, nach einer Stunde waren Arme und Beine verkrampft, der Hintern wie plattgewalzt. Er glaubte, sich keinen Augenblick länger im Sattel halten zu können. Doch er hielt aus. Als sie spät am Abend vor der Klostermauer anhielten, merkte er das kaum noch. Der Schmerz in den Schenkeln, in Rücken und Schultern füllte sein Denken aus. So blieb er selbst im Klosterhof noch benommen auf seinem Pferd sitzen.

„He, du, steig ab!" fuhr in jemand an. Langsam rutschte er vom Pferd, dann fiel ihm sein Bündel ein.

Er schnallte es vom Sattel los, nahm – wie die anderen
– sein Pferd am Zügel und folgte steifbeinig dem
Gastmeister. Sie führten die Pferde durch einen großen Raum an einer offenen Feuerstelle vorbei. Sein
Pferd wurde unruhig, begann zu schnauben, tänzelte
schließlich auf der Stelle herum. Philipp hängte sich
an den Zügel, aber erst der Zugriff eines Kaufmanns-
knechtes brachte das Pferd leidlich zur Ruhe. Sie
stellten die Tiere im angrenzenden Stall ein. Dann
suchte sich jeder einen Platz möglichst in der Nähe
der Feuerstelle. Eine Suppe wurde gekocht und in
Näpfe ausgeteilt. Schon im Halbschlaf schluckte
Philipp die Suppe, legte den Kopf auf sein Bündel und
rollte sich unter seinem Mantel zusammen.

Er wachte auf, weil ihn jemand schüttelte. „He,
was machst du denn noch hier? Ich denke, das Kloster ist dein Reiseziel? Du hast doch einen Brief für
den Abt dabei." Ein Kaufmannsgehilfe stand fragend
vor ihm. Philipp brauchte einen Augenblick, um sich
zu erinnern. Dann stand er auf, kramte das Schreiben
des Vaters aus seinem Bündel.

Mit einem Nicken, das Bestätigung und Abschied
gleichermaßen ausdrücken sollte, wandte er sich dem
Mann noch mal zu, bevor er sich an den Kaufleuten
vorbei zur Eingangstür schob. Niemand beachtete
ihn. Er blieb unschlüssig stehen. Vor ihm lag die Klo-
sterkirche, direkt neben dem Gästehaus ein großes
Gebäude, aus dem Lärm schallte. Wahrscheinlich die
Schule! Ein Mönch trat aus einem Seitengebäude der
Kirche. Philipp sprach ihn an. Ob er ihn zum Abt
führen könne? Barsch wies der ihm den Weg zum
Abthaus. Dort solle er klopfen. Dann verschwand

der Mönch in dem Schulgebäude. Ob er einer seiner zukünftigen Lehrer war?

Zaghaft klopfte Philipp am Abthaus. Ein junger Mönch öffnete und fragte nach seinem Anliegen. Er ließ den Jungen herein, bat ihn freundlich zu warten und verschwand mit dem Brief. Philipp atmete auf.

Es schien ihm eine Ewigkeit, die er in der dunklen Halle warten mußte. Dann kam der Mönch zurück, um ihn zu holen. Freundschaftlich klopfte er ihm den Staub vom Hemd: „Kopf hoch. Du wirst schon einen guten Eindruck machen."

Der hatte gut reden. Voller Straßenkot, mit steifen Gliedern und wild klopfendem Herzen, wie konnte man da einen guten Eindruck machen? Sie gingen durch einen langen Gang. An seinem Ende öffnete der Mönch eine Tür und forderte ihn auf, einzutreten. Der Junge hörte, wie die Tür leise hinter ihm ins Schloß fiel.

Der Raum, in den er getreten war, war nicht besonders groß, aber vollgestopft mit allem möglichen. Auf dem Boden lagen Bücherstapel, etliche kleine Tische waren bedeckt mit Tiegeln, Töpfen, bauchigen Glasgefäßen, Sieben und Trichtern. An der Wand hingen die unterschiedlichsten Werkzeuge: Hämmer, Spatel, Zangen, Messer verschiedener Größe, Scheren und winzige Pinzetten. Ein Regal war von oben bis unten mit kleinen Flaschen angefüllt. Im Kamin prasselte ein Feuer, das seinen Schein auf eine rötlich schimmernde Platte an der Wand warf. Die Flammen zuckten über viele eingeritzte, kleine Zeichen und Figuren, deren Sinn Philipp nicht kannte. Fasziniert blieb er davor stehen.

Plötzlich ertönte eine Stimme: „Willst du mich nicht begrüßen, wie es Sitte ist?"

Philipp fuhr zusammen. Nun erblickte er den Abt, falls jener Mensch der Abt war. Er saß in einer Ecke des Zimmers hinter einem großen Tisch. Vor ihm auf dem Lesepult lag ein Buch, neben dem Tisch standen noch mehrere hohe Lesepulte mit aufgeschlagenen Büchern. Der Tisch quoll über von Papieren. Die dunkle Kutte des Mannes fiel in dem Durcheinander kaum auf, wohl aber zwei graue Augen, die den Jungen eingehend musterten. Zögernd trat er näher und verbeugte sich. Der Blick des Abtes blieb starr auf ihn gerichtet, hart und streng prüfend. Einen winzigen Augenblick lang blitzte in Philipp Angst auf. „Die Augen eines Zauberers", dachte er. Sie zogen ihn magisch an, hielten ihn gefangen; wenn er auch eine Kraft spürte, die ihn niederzuzwingen versuchte: sein Wunsch, in diese Augen zu schauen, sie zu ergründen, war stärker. Eine Weile verharrten beide, dann verlor der Blick des Abtes plötzlich seine Schärfe und wanderte prüfend über Philipps gedrungene Gestalt. Jetzt erst spürte der Junge, daß er am ganzen Körper zitterte.

Der Abt schüttelte mißbilligend den Kopf: „Du bist reichlich klein für unsere Klosterschule und dazu noch krumm. Aber weil mir dein Vater als guter Arzt bekannt ist, will ich es mit dir versuchen. Eine Abschrift seines Rezeptbuches liegt dort auf dem Tisch. Kennst du die Rezepte?" Philipp nickte. Der Abt fragte nach verschiedenen Krankheiten. So ein Glück! Krankheitsbeschreibungen und die Rezepte seines Vaters boten Philipp keine Schwierigkeiten.

Da wäre es ihm bei Fragen nach der lateinischen Grammatik anders ergangen.

Nach dem Gesicht des Abtes zu urteilen, schien die Prüfung positiv ausgefallen zu sein. Da er nur nach Dingen gefragt worden war, über die er sicher Bescheid wußte, war alle Scheu von ihm gewichen, und er hatte ausführlich geantwortet und erklärt, offen dem Blick des Abtes standgehalten.

„Du kannst jetzt gehen", sagte der schließlich. „Bruder Beatus wird dich in die Schule begleiten. Ich wünsche, daß du mir zeitweilig zur Hand gehst. Rechne also damit, daß ich dich rufen lasse."

Philipp verbeugte sich wieder und dankte, mußte jedoch feststellen, daß der Abt ihm nicht mehr zuhörte, sondern sich wieder seinen Büchern zugewandt hatte. Philipp blieb nichts anderes übrig, als den Raum schweigend zu verlassen. Vor der Tür wartete der Mönch. „Ich bringe dich jetzt ins Schulhaus", erklärte er. Woher wußte er nur, daß Philipp bleiben durfte?

Es zog den Jungen nicht besonders zur Schule. „Kannst du mir nicht zuerst das Kloster zeigen?" bat er. Bruder Beatus war nicht abgeneigt. „Ein bißchen frische Luft wird uns guttun", meinte er und blinzelte ihm zu.

Sie schlenderten also um die Kirche herum, die alle Gebäude weit überragte, am Spital vorbei, am Friedhof, grüßten die Handwerker, die bei dem schönen Wetter vor ihren Werkstätten hämmerten und sägten oder zumindest die Türen offenstehen hatten und freundlich ein Grußwort zurückriefen. Fast alle Ställe waren leer: Kühe, Pferde und Schweine waren auf der

Weide. In der Backstube fragte Bruder Beatus nach einem Stück frischen Brotes. Dem Jungen fiel ein, daß er heute noch nichts gegessen hatte. Das Brot war warm und knusprig. Beim Kauen spürte er, wie trocken sein Gaumen war. Am Brunnen bei der Küche schöpfte er sich Wasser. Im Nebenhaus strömte gelblicher Qualm aus dem Schornstein. Es stank scharf und bitter. „Das ist die Brauerei", erklärte Bruder Beatus. „Das fertige Bier riecht wesentlich besser."

Sie hatten ihren Rundgang jetzt fast beendet, vor ihnen stand offen und leer das Gästehaus. Die Kaufleute waren weitergereist.

Philipp sah unsicher zu dem Mönch hoch. Der lachte, als ob er die stumme Frage verstanden hätte. „Wird schon nicht so schlimm werden. Wenn du erst mal die Deposition hinter dir hast, wird es dir gefallen."

Philipp überstand diese Anfangszeit. Er überhörte die Bemerkungen der älteren, aus vornehmem Haus stammenden Zöglinge über den kleinen Habenichts, biß die Zähne zusammen, als er in der ersten Nacht im Schlafsaal von seiner Matte gerissen, zuerst mit kaltem Wasser übergossen, dann mit einer ekelhaft nach Kot und Urin stinkenden Salbe bestrichen wurde. Was das für ein beißender Saft war, den zwei Burschen in ihn hineinschütteten, während drei größere ihn festhielten, wagte er nicht zu denken. Endlich ließen sie von ihm ab, und er stürzte nach draußen, würgte und keuchte, überschüttete sich am Brunnen mit eiskaltem Wasser. Tränen stiegen in ihm hoch, und so stand er zitternd und heulend an eine Hauswand gelehnt, als ihm von hinten ein warmes Tuch übergeworfen wurde.

„Das machen sie mit allen Anfängern hier. Vergiß es einfach wieder. Ab morgen wirst du dazugehören, als wenn nichts geschehen wäre."

Philipp drehte sich um. Der Junge vor ihm war etwas größer als er. „Ich heiße Kaspar. Komm jetzt." Er legte seinen Arm um Philipp. Gemeinsam gingen sie zurück. Philipp schluchzte noch und zitterte vor Kälte, spürte dankbar, wie von dem Arm auf seiner Schulter Wärme über seinen Rücken rieselte. Im Schlafraum zeigte Kaspar Philipp einen Winkel, in dem ein trockener Strohsack lag. Die übrigen Schüler lagen alle auf ihren Plätzen und schienen fest zu schlafen. Trotz aller Müdigkeit lag Philipp noch lange wach. Was hatte er den Jungen getan, daß sie ihn so quälten? Der Mönch hatte gewußt, was ihn erwartete. Warum hatte niemand etwas dagegen unternommen?

Er stellte sich das Gesicht seines Vaters vor, wenn er so etwas erführe. Er würde es abscheulich finden und dumm, sehr dumm. Er nahm sich vor, sich niemals an einem solchen Anschlag zu beteiligen, auch wenn alle anderen dabei mitmachten. Kaspar hatte ja auch nicht mitgemacht. Zu zweit würden sie einen Neuen vielleicht schon verteidigen können. Sicherlich würden dann noch mehr zu ihnen stoßen. Dieser Gedanke beruhigte Philipp so, daß er endlich einschlief.

Kaspar behielt recht: Am nächsten Morgen schien alles nur noch ein Traum, keiner der Jungen spielte auch nur durch ein Wort auf das Geschehen der letzten Nacht an. Aber sie grinsten verstohlen, als der Bruder, der im Schlafsaal Aufsicht führte, Philipp einen Lappen zuwarf, womit er den Boden neben seiner Schlafstatt reinigen sollte. Philipp fuhr hoch, die Wut stand ihm deutlich im Gesicht geschrieben. Da raunte Kaspar ihm zu. „Laß. Es hat keinen Zweck. Du bekommst nur Ärger."

Philipp folgte zähneknirschend dem Rat. Die hämischen Gesichter der anderen Jungen zeigten ihm, daß das richtig gewesen war.

Wie betäubt saß er in der Schule. Im Wechsel überrollten ihn Wellen von Wut und Angst. Lange brauchte er, bis er überhaupt bemerkte, daß Unterricht gehalten wurde. Während der Rhetorikstunde saßen sich die Schüler in zwei Gruppen gegenüber und disputierten ein Problem, das der Lehrer vorher benannt hatte. Philipp fiel auf, daß die Jungen vor Aufregung rote Ohren bekamen, ihr Tonfall oft scharf wurde, aber verstehen konnte er von der auf Latein geführten Diskussion wenig. Das konnte ja heiter werden! Hier schien er nicht nur der kleinste, sondern auch der einzige Junge zu sein, der nicht lateinisch sprechen konnte. So duckte er sich in sich hinein, damit ja niemand auf den Einfall käme, das Wort an ihn zu richten.

Nach dem Unterricht sprangen die Schüler auf und verließen rasch den Raum. Nur Philipp blieb unschlüssig stehen. Was sollte er jetzt tun? Doch da kam der Junge, der ihm schon nachts geholfen hatte, auf ihn zu. Fragend schaute Philipp ihn an. „Wir haben jetzt praktischen Unterricht. Jeder hat einen Bereich im Kloster, wo er lernt. Ich arbeite zur Zeit im Spital. Wenn du mitkommen willst, läßt sich das bestimmt regeln."

Einen solchen Vorschlag brauchte man Philipp

nicht zweimal zu machen. Er nickte heftig und folgte Kaspar. Er mußte sich beeilen, weil Kaspar ihm mit großen Schritten davoneilte. „Der hat bestimmt doppelt so lange Beine wie ich", knurrte der Kleine in sich hinein.

Das Haus für die Kranken war dem Spital in Einsiedeln sehr ähnlich, aber in jedem Bett lag nur ein Mensch, und die Luft war frisch, weil sie durch große, offene Fenster hereinströmte. „Unser Abt behauptet, daß Sauberkeit das oberste Gebot der Krankenpflege zu sein habe. Deswegen sollen wir die Kranken waschen, aber nach jedem Kranken das Wasser erneuern und die Schüssel am Bach auswaschen. Dabei sollen wir aber nicht vergessen, uns die Kranken genau anzusehen. Der Krankenmeister wird uns nachher danach fragen."

Zusammen machten sie sich an die Arbeit. Der erste in der Reihe war ein bleicher, dünner Mann, der fast nur aus Haut und Knochen bestand. Er sah kaum auf, als die beiden ihn auszogen, stöhnte nur leise vor sich hin. Trotzdem drehten sie ihn um, wuschen ihm den Rücken, das Gesäß, die Beine. Während der Prozedur störte das dickgestopfte Kopfkissen gewaltig. Die Kranken saßen normalerweise gegen diese Kissen gelehnt, mehr als daß sie lagen, und beim Herumdrehen und Waschen war diese Lage hinderlich. Zum Schluß legten die Jungen ein neues Laken unter und eines über den Kranken, hoben den Kopf etwas an und banden ihm das Kopftuch ab. Schütteres graues Haar kam darunter hervor. Ein saurer Geruch breitete sich aus. Rasch knoteten sie ein frisches Tuch am Kopf fest.

62

„Haare müssen draußen gewaschen werden. Das geht hier nicht, denn die Kranken sollen nicht mit nassen Haaren herumliegen. Auf eine Haarwäsche muß er also warten, bis er aufstehen und sich bewegen kann", kommentierte Kaspar sein Tun. Philipp beobachtete Kaspar genau. Der kannte jeden Handgriff und tat ihn sicher und ruhig, obwohl er von hohem Stande war, in seiner Familie sicherlich Diener für niedere Arbeiten zur Verfügung standen. Philipp schaute immer wieder hoch, aber Kaspar verriet mit keiner Regung, ob er sich ekelte. Manche der Kranken fluchten bei der Waschprozedur und wünschten die Jungen zum Teufel, einer spuckte Kaspar sogar an, daraufhin verließ der schweigend den Saal und wusch draußen den Flecken ab.

Der Krankenmeister fragte Kaspar nach getaner Arbeit recht lange aus. Philipp beachtete er kaum, wies ihn zurecht, als er sich zu Wort meldete und von einem Ausschlag erzählte, den Kaspar übersehen hatte. Er solle nur aufpassen und zuhören, die Rede des jungen Herrn nicht unterbrechen.

Das brachte die Wut, die sich seit der Nacht in Philipp angestaut hatte, zum Überlaufen. Eine Blutwelle schoß ihm ins Gesicht. Voller Zorn sprang er auf, schrie los, daß ihm das völlig gleichgültig sei. „Der junge Herr!" schnaubte er. „Dem Kranken ist das herzlich egal, ob ein junger Herr seinen Ausschlag entdeckt oder so ein Bauerntölpel wie ich. Doch er hat ein Recht darauf, daß wir ihn so gut behandeln, wie es uns möglich ist."

Der Mönch antwortete ihm nicht. Aber sein abschätziger Blick und sein spöttisches Lächeln sagten

Philipp genug. Brüsk drehte der Junge sich um und verließ den Raum. Kaspar folgte ihm langsam. Draußen nahm der Ältere den Weg auf das Badehaus zu. Er sagte, als wenn nichts geschehen wäre: „Wir dürfen jetzt ins Bad. Das wird uns guttun."

Im Badehaus herrschte Hochbetrieb. Die Jungen schlüpften in die Abziehstube. Philipp bemerkte, daß der sonst so gelassene Kaspar sich seine Kleider geradezu vom Körper riß und in eine Ecke schleuderte. Verstohlen musterte Philipp die Stücke: teures Tuch, auf Maß geschneidert, auf den ersten Blick von Philipps grobwollenem Kittel, der aus einem alten Rock des Vaters zusammengestückelt war, zu unterscheiden.

Als Philipp sich endlich ausgezogen hatte, saß Kaspar schon in der Badestube auf einem Schemel und ließ sich vom Bruder Bader mit Lauge übergießen. Auf der Schwitzbank klatschte Kaspar den Badewedel immer wieder auf seine Haut, als ob er den Schweiß zwingen wollte, möglichst schnell seinen Körper zu verlassen. Philipp betrachtete ihn unauffällig durch den Dampf hindurch. Er mußte doch jetzt etwas sagen! Daß Philipp sich aus den Worten des Krankenpflegers nichts machen solle, daß er dessen Rede unsinnig finde oder so etwas. Aber Kaspar sagte nichts, und so saß Philipp stumm neben ihm. Ihm war kalt, trotz der behaglichen Wärme, die von den heißen Steinen am Boden hochstieg, und seinem Schweiß, der ihm in breiten Strömen den Rücken hinabbrann.

So saß er da, unschlüssig, voller Unruhe. Oh, wenn der Vater doch da wäre. Was würde der jetzt raten?

Sollte er das Wort an Kaspar richten? Nein, noch nie hatte der Vater von ihm verlangt zu lügen. Wenn er sich jetzt mit Kaspar vertrüge, dann geschähe das nur aus Angst vor dem Alleinsein. Das war nicht recht. Wenn Kaspar seinen Zorn, sein Aufbegehren nicht verstand oder nicht verstehen wollte, so war das bedauerlich, ja schmerzlich, doch unterwerfen würde er sich nicht.

In der Nacht erschien ihm ein Gesicht im Traum, die großen Augen seiner Mutter schauten ihn an, als ob sie etwas fragen wollten. Doch der Mund blieb stumm. Das Gesicht entfernte sich, die Gestalt stieg auf einen Besenstiel und schraubte sich in die Luft. Jetzt winkte sie ihm zu und lachte; schwarze Krähen umgaben sie, torkelten durch die Luft, schossen blitzschnell wieder auf, umkreisten sie mehrmals. Es war ein toller Tanz. Philipp reckte die Hände. Er wollte auch fliegen, flatterte sogar mit den Armen, die plötzlich federglänzende schwarze Flügel waren und sich spannten, doch die Füße blieben wie festgeleimt auf dem Boden. Er fühlte einen Riß durch seinen Körper gehen. Da wachte er auf. Ihm war siedendheiß, doch traute er sich nicht, auch nur einen Arm unter der Decke hervorzustrecken. Dann würde er augenblicklich zerfallen. Stundenlang lag er regungslos, voller Angst.

Schon nach drei Tagen wurde er morgens aus dem Unterricht zum Abt gerufen. Erstaunte und neidische, aber auch mitleidige Augen starrten ihn an, als er den Raum verließ. Der junge Mönch aus dem Abthaus holte ihn ab. Er führte ihn in einen Raum im

Kellergewölbe. Auf dem Weg dahin gab er Philipp einige Anweisungen: „Wichtig ist, daß du bei der Arbeit ruhig bist und keine Fragen stellst. Sonst bricht der Bann, und alles ist umsonst."

„Welcher Bann?" entfuhr es dem Jungen. Der Mönch lachte, als er in Philipps weit aufgerissene Augen blickte.

„Wir mischen Mineralien und Metalle, wollen sie zu Arzneimitteln zusammenfügen. Dazu brauchen wir die verborgenen Kräfte der Himmelskörper, die sich in allen Dingen finden. Man muß sie bloß sichtbar machen, sie beschwören. Das geht nur, wenn der, der sie hervorrufen will, sie in ihren Wirkungen nicht behindert. Denn alle Dinge neigen nur zu ihnen Ähnlichem, fliehen das Entgegenstehende und treiben es von sich. Deshalb müssen wir unseren Willen auf die Kräfte richten, die wir hervorrufen wollen und die in ihrer Vermischung neue Kräfte erzeugen. Ein starker Wille ist dazu nötig."

Ernst setzte er hinzu: „Du mußt bei der Prüfung Einbildungskraft und Willen gezeigt haben, sonst würde der Abt dich nicht kommen lassen."

Sie hatten das Ende des Ganges erreicht, standen vor einer großen Eichentür. So leise wie möglich traten sie ein. Im Kamin brannte ein kräftiges Feuer. Ein Knecht bediente den Blasebalg. Der Abt stand an einem Tisch, vor ihm mehrere Glasgefäße mit verschiedenfarbigen Flüssigkeiten: In einem Glas blinkte es purpurn, im nächsten tiefblau. In einem Mörser zerstampfte der Abt hellgelbe Steinchen, die knirschend unter dem Stößel zerfielen. Vorsichtig maß er mit einem Löffel von dem Pulver ab und rührte es in einen graugrünen Brei ein. Dann schüttete er aus jedem Glas ein paar Tropfen dazu, rührte wieder, trug den dreibeinigen Topf zum Feuer hinüber, stellte ihn hinein, hockte sich davor und rührte mit einem langstieligen Löffel vorsichtig weiter.

Vom Schein des Feuers wurden die Gesichtszüge des Abtes hell beleuchtet. In großer Konzentration hatte er die Lippen fest zusammengekniffen, mißtrauisch prüfend lag die Stirn in Falten. Die Augen blickten erwartungsvoll in den Topf. Seine Lippen öffneten sich, er blies vorsichtig in den Brei, schaute auf ins Feuer und flüsterte: „Alles, was lebt, erhält sein Leben durch das in ihm enthaltene Feuer. Komm, befruchtende Wärme, Leben verleihendes Licht, senke deine Kraft in dieses ein."

Als es im Topf zu brodeln begann und die Masse sich gelblich verfärbte, verzog sich das Gesicht, die Augen schienen fast aus den Höhlen zu treten. Philipp kannte diesen Blick: So hatten die Buben in der Lateinschule ausgesehen, wenn man ihnen ein Stück Brot vor die Nase gehalten hatte.

Mit einer hölzernen Zange hob der Abt den heißen Topf aus dem Feuer und trug in vorsichtig zum Tisch zurück. Als der Mönch herantrat, um sich die Masse anzuschauen, wurde er mit einem Zischen und einer unwilligen Handbewegung zurückgescheucht. „Wir müssen jetzt warten, bis es fest wird. Diesmal könnte es gelungen sein", verkündete der Abt mit leiser Stimme, in der mühsam unterdrückter Triumph schwang.

Plötzlich schlug seine Stimmung um. Er starrte in den Topf, seine Gesichtsfarbe wechselte von aufgeregtem Rot zu einem stumpfen Graublau. Er schrie auf: „Der Teufel soll uns alle holen, es ist wieder nichts geworden. Gold soll es werden, reines Gold. Aber es bleibt eine stinkende, gelbe Brühe. Vermaledeit, ich will der erste sein, der dieses Werk zustande bringt. Dann sollen sie nur kommen, ha, all diese Schanddeckel und Stuffeldoktoren, die sich beim Anblick solcher Experimente in die Hosen scheißen, die den Teufel hinter jeder Ecke lauern sehen, wo ein Feuerchen brennt. Dieses Natterngezücht! Niederfallen sollen sie und die Wissenschaft um Verzeihung bitten, die tausendmal größer ist als alles, was ihre Krüppelhirne fassen."

Mit einer raschen Bewegung schleuderte er die Masse ins Feuer, wo es zischte und die Lohe hoch aufsprang. Dann rannte er aus dem Gewölbe, schlug die schwere Tür hinter sich zu.

Wieder lachte der Mönch in Philipps ängstlich aufgerissene Augen hinein. „Mach dir nichts draus. So ist er eben, unser großer Abt. Die Ungeduld treibt ihn zu solchem Gebaren, aber die Ungeduld treibt ihn auch weiter in der Magie und in der Wissenschaft. Komm, wir machen wieder Ordnung. Beim Wegräumen kann ich dir die einzelnen Substanzen und ihre Wirkungsweisen erklären. Aber zuerst sollten wir die Fenster öffnen. Denn wie Abt Johannes eben gesagt hat, das Feuer verleiht den Stoffen seine Kraft. Wenn die Substanzen verbrennen, können leicht giftige Dämpfe entstehen. Wir sollten diese Kräfte besser meiden."

Philipp wurde immer wieder in die Alchimieküche geholt. Die Kocherei flößte ihm bald keine

Furcht mehr ein, aber manchmal fragte er sich doch, ob Zauberei im Spiele sei, da Bruder Beatus ihn meistens während der Lateinstunden aus der Schule befreite.

Es dauerte nicht lange, bis die Ungeduld des Abtes auch Philipp erfaßt hatte. Zwar suchte er nicht nach Gold, aber ihn faszinierte das Spiel mit den Substanzen, zu sehen, wie Neues entstand. Schon bei seinem zweiten Besuch in der Küche hatte er Abt Johannes unbefangen den Vorschlag gemacht, zwei Substanzen zusammenzufügen, die er aus der Apotheke seines Vaters kannte. Bruder Beatus hatte die Luft angehalten, die Zornesader des Abtes war gefährlich angeschwollen, er hatte etwas wie „naseweiser Gernegroß" gebrüllt, aber dann war sein Wutanfall so schnell verraucht, wie er entstanden war.

„Warum sollen wir es nicht probieren", hatte er gemeint und Philipps Vorschlag ausgeführt. Der Versuch war geglückt, die Salbe, die sie nun regelmäßig herstellten, heilte Wunden gut. Von da an hatte Philipp freien Zugang zum Keller und zur sorgfältig gehüteten Bibliothek. Stundenlang hockte er nun über kostbar bemalten, handgeschriebenen Büchern oder neuen, gedruckten; zog sich den Unwillen des Aufsehers zu, der etwas von Verfall der Ordensregeln und disziplinloser Jugend knurrte, wenn Philipp einen der älteren, gelehrten Mönche bat, ihm eine Textstelle zu übersetzen, und damit das Schweigegebot in der Bibliothek brach. Im Keller maß, wog, mischte, kochte und rührte er, bis ihm Bruder Beatus das Licht ausblies und ihn ins Bett schickte. Schon bald hatte er die Klosterapotheke um ein gutes Dutzend Arzneien bereichert. Der Krankenmeister grüßte ihn jetzt respektvoll, und der Abt besprach fast alle neuen Experimente mit ihm.

In der Schule erging es ihm nicht so gut. Die Schüler verachteten ihn als Einschmeichler oder bewunderten heimlich seine Stellung; alle aber gingen ihm aus dem Weg. Philipp versuchte sich damit abzufinden; es ließ sich aushalten, denn während der kargen Mahlzeiten durfte man nicht reden, sondern mußte dem Vorleser zuhören. Die übrige Zeit verbrachte er bei seiner Arbeit, und wenn doch einmal eine Stunde übrig war, so zog es ihn hinaus in die Natur oder in die Stille der Kirche.

Das Gotteshaus wurde in der nächsten Zeit sein häufigster Zufluchtsort. Immer wenn er einen ruhigen Winkel im geschäftigen Kloster suchte, zog es ihn in sein Gewölbe. In dem riesigen Raum verhallten die Schritte, die festen Mauern wuchsen genauso in den Boden hinein wie in die Luft empor, strebten hoch, schlossen sich in weicher Rundung hoch über seinem Kopf zusammen. Im unteren Teil der Kirche war es dämmrig, das gedämpfte Licht beruhigte die Augen, ließ das Herz ruhig schlagen. Weiter oben drang helles Licht durch die Fenster in den Raum, durchflutete das Gewölbe, einzelne Strahlen tasteten sich bis auf den Boden hinab. Dieses Licht erfüllte Philipp mit tiefer Freude. Es war anders als das blendende Sonnenlicht draußen, das er in seiner Fülle manchmal kaum ertragen konnte. Es mußte abwechseln mit der Nacht und dem Unwetter, sonst wäre es unerträglich. Aber die matte Helligkeit in der Kirche war beständig; auch wenn die Sonne nicht schien, sickerte sanftes Licht durch die Kirchenfenster, gaben Kerzen schwachen Lichtschein, fand die Seele Ruhe. Hier vergingen alle Ängste, aller Haß, die Einsamkeit verließ ihn, es war ein Ort der Kraft, ähnlich wie der Wald daheim.

Manchmal lag er abends im Bett wach und wartete auf eine Hand, die ihn streichelte wie in der ersten Nacht. In solchen Augenblicken sah er Katas liebes Gesicht vor sich, glaubte ihre Haut an seiner zu fühlen. Dann wollte er weinen, aber es schüttelte ihn nur, Tränen fand er nicht.

Hinrichtung und Raub

Wenn Philipp später an die Schulzeit dachte, tauchten zuerst die Bilder aus der Alchimieküche auf. Als zweites drängte ein Ereignis aus seinem Gedächtnis herauf, das sich erst ein paar Jahre später zugetragen hatte:

In Bleiburg sollte eine Hinrichtung stattfinden, die ganze Schule durfte einen Ausflug dorthin machen. Ein paar Tage vorher nahm der Abt Philipp, Bruder Beatus und ein paar Jungen, die ihm gelegentlich zur Hand gingen, beiseite.

„Ich bin mit meinen medizinischen Studien ein gutes Stück vorwärtsgekommen. Was ich dringend brauche, ist eine Möglichkeit, menschliche Körper zu anatomisieren.“

„Ich habe gehört, daß in Italien an den Universitäten Leichen aufgeschnitten werden“, warf Kaspar ein.

Der Abt fixierte ihn prüfend. „Was denkst du darüber?“ fragte er.

Kaspar überlegte. „Es ist streng verboten. Trotzdem ist das Verbot nicht richtig. Was schadet es den toten Leibern, wenn sie zerschnitten werden? Die Seelen wohnen längst nicht mehr darin. Außerdem nimmt man nur die Körper von Verbrechern, die ihre Seligkeit längst verspielt haben, Abschaum sind."

Philipp sprang auf. Bleich vor Zorn fuhr er ihn an: „Was heißt Abschaum? Kennst du das Leben der Armen, die aus Hunger ein Brot stehlen und dafür gerichtet werden? Was weiß ein feiner Herr wie du über die Mühsal des Daseins? Für dich sind die Armen nur Übungsstücke für Mildtätigkeit und Wissenschaft." Seine Stimme wurde heiser vor Verachtung. „Auch für Experimente am eigenen Körper brauchst du sie. Du probierst an den Kranken aus, wie lange du es bei ihnen aushalten kannst, ohne deinen Ekel zu zeigen. Ein feiner Herr kann sich beherrschen, das gehört zum höfischen Ton, macht beliebt bei den Damen. Meinst du, ich merke nicht, wie du dir in der Badestube die Kleider vom Leib reißt, die ein Kranker vielleicht berührt hat? Der aber preist nichtsahnend deine Geduld und Freundlichkeit."

Kaspar sah erstaunt zu Philipp hinüber. „Aber du, du bist ein Beglücker der Menschheit, kennst keinen Ehrgeiz, keine Eitelkeit, keine Eigensucht, willst nur helfen." Ganz ruhig hatte er seine Worte hingeworfen, als wenn er es für selbstverständlich hielte, daß ein Mensch aus eigensüchtigen Motiven handelte. Philipp zuckte wie vom Blitz getroffen zusammen.

Der Abt fuhr dazwischen. „Laßt diese kleinlichen Streitereien. Hier geht es um anderes. Kaspar, du irrst, wenn du glaubst, daß ein Gerichteter nicht selig werden könne. Die heilige Mutter Kirche gibt jedem die Absolution, der seine Sünden bereut, ja sie vermeidet so lange wie möglich, einen Unbußfertigen hinzurichten. Aber es stimmt, daß die Seele den toten

Körper verläßt, durch das Zerschneiden also niemandem Böses zugefügt wird. Deshalb hat die Kirche ihre Meinung geändert und in unserer Zeit, in der die Wissenschaft so große Fortschritte macht, das Zerschneiden von Leichen zum Wohle der Menschheit erlaubt. Papst Sixtus IV. hat in einer Bulle das Verbot ausdrücklich aufgehoben. Aber das hat sich bis zu den Alpen noch nicht herumgesprochen; in Leipzig, einer Stadt im Norden, soll es allerdings schon praktiziert werden. In unserer Gegend hält sich der alte Aberglaube hartnäckig. Keine Stadt würde uns öffentlich eine Leiche überlassen. Es wäre auch nicht gut für uns, die Bauern würden noch mehr darüber tuscheln, hier werde Hexerei betrieben. Wir müssen uns also etwas einfallen lassen, wenn wir unsern Vorsatz durchführen wollen." Er wandte sich zu Philipp: „Hältst du es für richtig, daß tote Körper untersucht werden?"

„Das ist doch keine Frage", gab der bestimmt zurück.

„Würdest du dafür auch etwas riskieren?"

Philipp nickte heftig.

„Du auch, Kaspar?"

Auch Kaspar stimmte zu, ebenso die übrigen.

„Dann sollten wir überlegen, wie wir an eine Leiche kommen."

Jetzt meldete sich der Mönch Beatus zu Wort: „Am einfachsten wird es sein, den Henker in Bleiburg zu bestechen. Er wird ein Zubrot brauchen können. Vielleicht überläßt er uns die Leiche, und wir geben ihm eine Strohpuppe zum Verscharren."

Sie überdachten den Plan genau. Als die ganze

Schule ein paar Tage später aufbrach, wußte Philipp, daß dieser Ausflug für ihn ein riskantes Abenteuer werden würde.

Frühmorgens machten sie sich auf den Weg. Sie mußten mehrere Stunden laufen, bis sie die Stadt erreichten. Philipp war es nicht wohl in seiner Haut. Kaspars Vorhaltung machte ihm seit Tagen zu schaffen. Auf einmal kamen ihm auch Bedenken. Eine Leiche stehlen, um sie aufzuschneiden! Eine schreckliche Sache. Auch wenn sie hofften, dadurch Neues zu lernen, Kranken helfen zu können, es blieb scheußlich. Wie Verbrecher mußten sie ihre Unternehmung heimlich planen und ausführen. Niemand durfte davon erfahren. Was unterschied sie da von den Gerichteten?

Ein leichter Nebelschleier lag über der Wiese vor ihm. Vorsichtig stahlen sich einzelne Sonnenstrahlen hindurch. Es duftete nach Pilzen. Bald würde die Sonne die Wiese trocknen, Bienen würden umhersummen. Ausgerechnet an einem solchen Tag mußte er in die steinerne Stadt zu Hinrichtung und Raub.

Die Straßen hinter dem Stadttor waren schon voller Menschen. Und obwohl die Sonne sie warm beschien, Straßenpflaster und Fenster im Licht blinkten, sah Philipp alles so, als ob sich eine Nebelschicht zwischen Menschen und Sonne geschoben hätte. Grau und bedrückt erschienen ihm die Leute, es wurde nur leise gesprochen, niemand rannte oder sprang fröhlich umher. Die meisten Bergleute trugen ihre Grubenkleidung, enganliegende einfarbige Kittel mit hinten herabhängenden Lederschürzen und großen

Kapuzen, von denen sich die Gesichter kaum abhoben. Ihre Haut war von fahler Blässe gleich dem Staub und dem Berggestein, die meisten Menschen hielten den Blick gesenkt, aber selbst da, wo Philipp in die Augen hineinsehen konnte, schauten sie trübe, ohne Kraft.

Die Menge strömte am Rathaus zusammen, bis ein Trommelwirbel aller Bewegung Einhalt gebot. Ein Mann in einem roten Mantel, der einen Stab in der Hand trug, trat aus dem Haus, blieb aber oben an der Eingangstreppe stehen. „Der Richter will das Urteil sprechen", flüsterte jemand in Philipps Umgebung. Erneuter Trommelwirbel, der Scharfrichter in schwarzer Amtstracht, enger Strumpfhose und Stiefeln führte die Pferdediebe ein paar Stufen hinauf, damit die Menge sie sehen konnte.

Die Stimme des Richters hallte über den Platz. Philipp verstand nichts, der Wind trieb die Worte in die andere Richtung, aber er sah die erbärmliche Gestalt des einen Räubers, der, in ein einfaches Hemd gehüllt, mit Stricken an den Händen gebunden, hilflos nickend, ergeben den Kopf senkte. Wieder Trommelwirbel, wieder verkündete der Richter ein Urteil, doch der zweite Räuber blickte auf, schrie etwas, zerrte an seinen Fesseln, spuckte aus.

Der Stab wurde über beiden zerbrochen, und dann setzte sich der Armesünderzug in Bewegung; neben den Räubern gingen zwei Kapläne, die laut sangen und beteten. Hinter ihnen hatte der Richter ein Pferd bestiegen. In gebührendem Abstand – dafür sorgten die Stadtbüttel – folgten die Zuschauer. Philipp drängte sich immer weiter nach vorn. Man zog vor das Stadttor zur Richtstätte, dem Rabenstein. Sollte der Name daran erinnern, daß die Gerichteten so lange am Galgen hängen gelassen wurden, bis sie von Raben zerhackt waren?

Die Pferdediebe würden geköpft werden. Auf einem Podest waren zwei Stühle aufgestellt. Die Geistlichen segneten die beiden Delinquenten noch einmal, dann führte der Scharfrichter sie zu den Stühlen. Der erste setzte sich willig hin und ließ sich festbinden. Philipp, der sich bis vor das Gerüst geschoben hatte, konnte den Räuber jetzt genau sehen. Das Gesicht war so bleich wie das der meisten Bergleute. Um seinen Mund zuckte es, Tränen liefen ihm übers Gesicht. Der zweite Räuber mußte mit Gewalt auf den Stuhl gezwungen werden. Nun sprach der Henker die beiden an, bat nach altem Brauch, ihm nicht anzulasten, was er an ihnen vollziehen müsse. Er wolle den Streich rasch und genau ausführen.

Plötzlich hörte Philipp hinter sich eine Stimme zischen: „Das geschieht euch recht. Habt euch am Eigentum anderer bereichert, jetzt bekommt ihr euren Lohn."

Philipp zuckte zusammen. Die Stimme hatte schneidend geklungen, scharf von Haß. Vorsichtig drehte er sich um. Aber hinter ihm stand nur ein älterer, bieder und brav aussehender Familienvater, der seinen zehnjährigen Buben an der Hand hielt; zu dem paßte die Stimme nicht.

Sein Nachbar stieß ihn in die Seite. „Laß dieses Geschrei, Simon. Ein freies Leben haben sie gehabt in den Wäldern, und Geld haben sie nur den Reichen gestohlen, während wir so dumm sind, uns tagaus, tagein im dunklen Berg zu schinden, und das Leben kaum kennen."

Über diese Äußerung ereiferte sich sofort ein dritter: „Du bist nicht richtig im Kopf, Matthias. In den Wäldern leben, ohne ein Dach überm Kopf, nie in Ruhe irgendwo sitzen können; wenn du krank bist, ohne Hilfe elend zu verrecken, nennst du das beneidenswert? Wahrscheinlich hat keiner von ihnen sich das gewünscht, aber sie sind in das Elend getrieben worden, haben kein ordentliches Auskommen gefunden. Du weißt so gut wie ich, daß auch viele Städte Leute ausweisen, für die sie keine Arbeit haben, und neue Meister werden nicht zugelassen. Viele, zu viele strömen dann in die Bergwerke, und der Rest bleibt auf der Landstraße."

„Sollen wir alle zulassen und damit alle ruinieren? Es ist schon so hart genug, ein Auskommen zu finden", murrte der angesprochene Matthias.

Ein Stöhnen ging durch die Menge. Philipp drehte sich wieder zur Richtstätte, sah ein Schwert durch die Luft sausen, sah Blut hochspritzen, schrie wie alle anderen laut auf. Die Leiche wurde sofort durch eine Falltür unter das Gerüst geschafft. Später sollte sie hier verscharrt werden.

Während der Prozedur hatte der zweite Räuber mit finsterem Gesicht dagesessen, jetzt fing er an zu schreien und zu toben. Er wehrte sich, als der Scharfrichter ihm ein Tuch vor die Augen band. Aber da er nur den Kopf bewegen konnte, nützte es ihm nichts, auch wenn das Tuch schließlich etwas schief saß. Der Richter machte dem Henker ein Zeichen, nicht länger zu warten; der sah plötzlich unsicher aus, das Schwert zitterte in seiner Hand. Zögernd holte er zum Schlag aus, doch im selben Augenblick duckte sich der Delinquent und zog den Kopf ein, so daß der Scharfrichter sein Ziel verfehlte. Das Schwert streifte nur die Schädeldecke.

Die atemlose Stille wandelte sich jäh in tosenden Lärm. Die Menge brüllte: „Gebt den Gefangenen frei! Gebt den Gefangenen frei!" und „Henker, du hast dein Leben verwirkt!" Erdklumpen und Steine flogen durch die Luft, einer traf den Scharfrichter im Rükken, der zweite an der Schulter. Mehrere Männer schwangen sich aufs Schafott, banden den blutenden Gefangenen los und verschwanden mit ihm in der Menge. Der Scharfrichter lag stöhnend am Boden. Schon war das Blutgerüst von Stadtknechten umstellt. Hellebarden blitzten in der Sonne auf. Philipp sah den Richter mit den Kaplänen in aufgeregtem Gespräch, dann rief er über den Platz: „Gebt Ruhe! Das Urteil ist vollzogen. Der Delinquent ist frei. Geht in eure Häuser und gebt Ruhe." Man konnte ihm ansehen, daß er an diesen Worten fast erstickt wäre.

Die Menge zerstreute sich langsam. Man zog in die Stadt zurück, die Wirtshäuser füllten sich, aber auch in den Gassen standen die Leute und beredeten den Fall. Der begnadigte Räuber tauchte nicht mehr auf. Selten wurden jetzt noch Stimmen laut, die ihn weiterhin schmähten, im Gegenteil, der Räuber glich von Stunde zu Stunde mehr einem edlen Ritter, einem Retter der Armen, während der Henker sich rasch in ein grausames Ungeheuer verwandelte.

Die Klosterschüler fanden sich im Laufe des Nachmittags wieder zusammen. Gegen Abend machte man sich auf den Heimweg. Auch die Gruppe, die in der darauffolgenden Nacht einen Leichnam hatte stehlen wollen, war dabei. Danach stand der Sinn heute niemandem mehr.

Philipp fiel ein Stein von der Seele. An diesem Körper, den er lebendig, in seiner Pein gesehen hatte, hätte er nicht herumschneiden können. Vielleicht war das Verbot, Leichen zu zerschneiden, doch nicht so unsinnig gewesen? Ein Mensch, auch ein toter, war etwas anderes als bloßes Experimentiermaterial. Wenn nun der Forschungsdrang doch nur selbstsüchtige Eitelkeit war? Diese Frage wurde er für lange Zeit nicht mehr los. Die Gesichter der Räuber erschienen ihm noch oft quälend im Traum.

Der Scharfrichter wurde seines Amtes enthoben und aus der Stadt gewiesen. Mit seinem Nachfolger nahmen die Klosterleute nach einiger Zeit vorsichtig Kontakt auf. Philipp und der Mönch Beatus gingen eines Abends zu ihm in sein Haus an der Stadtmauer. Er freute sich sehr über den Besuch. Während sie in der Stube saßen, klopfte es einige Male an der Tür, und jemand verlangte schüchtern eine Salbe oder einen Kräutersaft. „So", schmunzelte der Mann, „mein Amt verachten sie alle, aber meine Arzneien kaufen sie gern."

Sofort fragte Philipp nach der Zusammensetzung und hörte mit Erstaunen, wie gut der Scharfrichter sich auskannte. Sein Vater hatte über den Aberglauben der Henker häufig geschimpft, die Blut der Getöteten in ihre Säfte mischten und heimlich als Zaubermittel verkauften. Aber dieser große, kräftige Mann schien aus einem andern Holz geschnitzt. Er erzählte, daß er als Sohn eines Scharfrichters nur diesen unehrlichen Beruf habe ergreifen können. Ein anstrengendes, gefährliches und schlechtbezahltes Geschäft, so daß er zu Nebenverdiensten gezwungen sei. Heiraten habe ihn auch keine wollen, seine Frau habe er durch sein Eheversprechen von der Hinrichtung als Kindsmörderin freigekauft und dann geheiratet. Seitdem wolle erst recht niemand mehr öffentlich mit ihm zu tun haben. „Das Volk ist dumm", schloß er seine Rede. „Mal wendet es sich gegen den Verurteilten, mal gegen den Scharfrichter. Wie es der Zufall will. Es hält sich immer an den äußeren Schein. Die Urteile spreche doch nicht ich aus, und ich breche ganz sicher nicht den Stab über diese armen Schweine, denen das Leben meist nichts, aber auch gar nichts geboten hat. Ich kann ihnen das Sterben etwas leichter machen, indem ich meine Kunst an ihnen erweise. Es ist eine große Kunst, mit dem Schwert einen glatten Streich zu führen. Ich bin ein Meister meines Faches und führe das Schwert sicher. Der Fehler meines Vorgängers wird mir nicht unterlaufen."

Philipp war der Stolz des Henkers unheimlich. Das entging dem scharfen Auge seines Gegenübers nicht. „Du hast keinen Grund, dich über mich zu erheben. Euer Wunsch nach einer Leiche darf nicht in die falschen Ohren kommen, sonst Gnade euch Gott. Ich gebe euch die Leiche gern. Ihr wird es gleichgültig sein."

Sie wurden schnell handelseinig. Philipp vermied es diesmal, bei der Hinrichtung zuzuschauen. Er wollte das Gesicht nicht kennen, seine Verzweiflung nicht sehen, vergessen, daß die Leiche auch ein Mensch gewesen war.

Sie brauchten den Körper nicht einmal aus der Erde zu buddeln, sondern trugen ihn in der Nacht, ordentlich in einen Sack verschnürt, auf einem Schubkarren von dannen. Der Scharfrichter verdiente nicht nur an dem Handel, er sparte sich auch das Graben, lockerte nur etwas die oberste Bodenschicht unter dem Galgen auf.

Im Kloster ließ der Abt den Mönch Beatus die Leiche nach seinen Anweisungen aufschneiden. Zur Vorbereitung hatte er seine Schüler einige Abbildungen menschlicher Körper betrachten lassen. Auf den Zeichnungen standen die Menschen mit gespreizten Armen und Beinen in einem Kreis oder Quadrat. Die Körper waren mit geometrischen Linien überzogen.

„Der Mensch ist das schönste und vollendetste Werk Gottes", hatte der Abt doziert. „Er ist sein Ebenbild und hat als eine Welt im kleinen einen vollkommeneren, harmonischeren Körperbau als die übrigen Geschöpfe. Er enthält in sich alle Zahlen, Maße, Gewichte, Bewegungen, Elemente, kurz alles, was zu seiner Vollendung gehört, und alles gelangt in ihm als dem erhabensten Meisterwerk zur Vollkommenheit."

Dann hatten sie gemeinsam ein Gebet gesprochen, in dem sie Gott um Kraft und Würdigkeit baten: „Alles, was wir tun, mit Worten oder mit Werken, tun wir im Namen unseres Herrn Jesus, und wir danken Gott und dem Vater dadurch. Amen."

Als sie den Leichnam auf einem Tisch ausgebreitet hatten und ihn für die Sezierung wuschen, kamen Philipp Zweifel an den Worten des Abtes. Ein vollkommener, harmonischer Körperbau ... Vielleicht stimmte das für andere, wohlgenährte Menschen, solche wie auf den Abbildungen. Beim Anblick dieses Geschöpfes den Menschen für ein Ebenbild Gottes zu halten, kam Philipp wie eine Lästerung vor.

Auch der Abt merkte bald, daß es an dieser Hungergestalt nicht viel zu forschen gab: die Muskeln glichen dünnen Häuten, Galle und Leber waren geschrumpft, der Magen zeigte sich als stinkender, verschleimter Sack ohne Inhalt. Sie nähten den Körper rasch wieder zusammen, der Abt las eine Seelenmesse für den Toten, und sie beerdigten ihn auf dem Friedhof an der Klostermauer.

Eines Abends war Philipp zum Abt gerufen worden. Er traf ihn in Gesellschaft eines anderen Mannes an, den seine Kleidung als eine hochstehende geistliche Persönlichkeit auswies. Dieser ließ seinen Blick lange über den Knaben wandern, schätzte ihn von oben bis unten ab und wendete sich dann wieder dem Abt zu: „Nun, Johannes, dies ist also der Schüler, von dem du solche Wunderdinge erzählst. Ansehen tut man es dem kleinen, krummen Kerl ja nicht gerade. Aber Gottes Wege sind wunderbar. Warum sollte er nicht in diesen kleinen Leib und großen Kopf seinen Samen pflanzen? Komm einmal her, näher, ruhig noch näher, ich will dich prüfen."

In Philipp spannten sich alle Muskeln. Nur jetzt nicht herausschreien, nur jetzt nicht zeigen, wie es in ihm loderte. Den Blick senken, die Hände hinter dem Rücken verschränken. Sie wollten herausfinden, wieviel Demut in ihm steckte. Zu oft hatte er seine hochfahrende Art kritisieren hören. Dies war eine Prüfung.

Anfangs brachte er auf die Fragen des Fremden nur mühsam etwas heraus – jetzt würde der ihn auch noch für einen Tölpel halten –, aber dann fand er sich doch ein, die Fragen waren ja nicht schwer zu beantworten, und breitete sein Wissen vor dem Fremden aus. Dessen Gesichtsausdruck wechselte allmählich von freundlicher Herablassung zu Erstaunen, ja schließlich zu freudiger Begeisterung. „In der Tat, du hast mir nicht zu viel versprochen, Johannes, der Knabe ist wirklich ungewöhnlich. Aber wie ich dich kenne, hast du ihn in der ärztlichen und alchimistischen Kunst wohl unterwiesen, der Gottesgelehrtheit dagegen nicht den ihr gebührenden Platz eingeräumt."

Damit hatte er recht. Auf die nun folgenden theologischen und philosophischen Fragen wußte Philipp viel weniger oder manchmal kaum etwas zu antworten. „Nun, mein Freund, hier muß sich schleunigst etwas ändern. Du wirst mir den jungen Mann einmal ausleihen müssen, damit er auch in die göttliche Magie eintaucht und lernt, wie die unedlen Kräfte von den edlen zu scheiden und zu läutern sind."

So kam es, daß Philipp nun des öfteren das Kloster St. Paul verließ und sich in St. Andrä oder anderen Orten aufhielt und die Bibliotheken etlicher Klöster kennenlernte, so daß er später voller Stolz Bischof Erhart von Baumgarten, Bischof Scheit von Settgach, Bischof Mattheus Schacht, Johannes Trithemius, Abt zu Sponheim, und andere Äbte als seine Lehrer bezeichnen konnte.

Abschied vom Vater

Fünf Jahre waren vergangen, als ein Bote aus Villach einen Brief mitbrachte. Der Vater schrieb, Philipp möge die Schule beenden und zur Hochzeit seiner Schwester nach Hause kommen.

„Kata heiratet", staunte Philipp und dachte an das Mädchen, das vor langer Zeit beim Abschied hinter ihm hergeschluchzt hatte. Seit zwei Jahren war er nicht mehr zu Hause gewesen und die Jahre vorher auch nur wenige Male, jeweils für kurze Zeit. Dann war er dem Vater in der Sprechstunde zur Hand gegangen und hatte ihn auf seinen Krankenbesuchen begleitet. Erst in der Dunkelheit waren sie zurückgekehrt, um das Mahl zu sich zu nehmen, das Kata ihnen bereitete. Überhaupt war sie meist in der Küche gewesen, er hatte sich kaum Gedanken über sie gemacht.

Kata. Sie war jetzt eine junge Frau. Philipp versuchte sie sich vorzustellen: die weiche Mundlinie und die dunklen Augen kannte er noch genau, auch an ihre Grübchen und die dichten, fast zusammengewachsenen Augenbrauen konnte er sich gut erinnern; die schmale Nase, der hochgereckte Hals . . . Schon bei der Brust stutzte er. In den vergangenen Jahren hatte er nur selten Frauen gesehen. Vor seinem inneren Auge entstand das Bild von zwei prallen, runden

Kugeln, aber das konnte nicht Kata sein! Er merkte, wie ihm die Röte ins Gesicht stieg. Besser, er ließ solche Narretei und wartete ab, wie sie in Wirklichkeit aussah. Trotzdem ließ ihn das Bild dieser Brüste nicht mehr in Ruhe. Immer wieder sah er sie, sobald er die Augen schloß.

Er benachrichtigte den Abt über seine Abreise und teilte ihm mit, daß er sich zu Fuß auf den Weg machen wollte. Nach so langer Zeit hinter Klostermauern könne er ein paar Tage an der frischen Luft gebrauchen. Abt Johannes nickte. „Ich verliere in dir meinen besten und eifrigsten Schüler. Aber es wird Zeit, daß du in die Welt ziehst. Es warten viele Kranke auf dich. Möge Gott mit dir sein. Und solltest du je Hilfe oder Rat brauchen, die Klostertür steht jederzeit für dich offen." Wieder einmal schaute Philipp in diese Augen, wieder spürte er ihren Bann. Doch heute fühlte er sich nicht dem prüfenden Blick des Abtes ausgesetzt, sondern er sah in den Augen Freundschaft, auch Besorgnis, vor allem aber Zuversicht.

„Als dein Vater dir den Namen Theophrastus, des großen Schülers des Aristoteles, gab, hat er dir eine große Verpflichtung auferlegt. Genüge ihr! Jeder, der wie du die Menschen liebt, wird immer wieder enttäuscht werden, weil sie schwach und oft böse sind. Trotzdem wirst du stark genug sein, standzuhalten. Denke immer daran, dein Leben ist nur ein Lehen, Gott hat es dir gegeben, damit es reiche Früchte trägt. Weihe deine Kraft nie dem Bösen, sondern nutze sie zum Wohle des Lebens. Widerstehe allen Einflüsterungen, die dir ein einfaches und angenehmes Leben versprechen, denn einen kräftigen Geist können wir nur erlangen durch die Reinheit des Lebens. Das ist ein Grundsatz aller Magie, daß der Mensch nur dann wahrhaft gesund sein kann, wenn er sich würdig vorbereitet zu hoher Kraft und Gewalt; wenn Geist, Seele und Körper so verbunden sind, daß ihre Kräfte einander entsprechen. Fliehe also die materiellen Leidenschaften und unmäßigen Begierden. Entfalte die Macht, die dir Gott gegeben hat, denn in uns liegt das Ergreifen und die Beherrschung aller Dinge. Vertraue darauf, daß Gott dir dein Ziel zeigen und dich dorthin führen wird."

Philipp spürte, wie ihn die Feierlichkeit des Augenblicks ergriff. Stumm stand er vor dem Abt, stammelte schließlich einige Worte des Dankes. Wie unendlich schlecht drückten diese Worte aus, wie ihm zumute war. Dann kniete er nieder, Abt Johannes legte ihm die Hände auf; sie ruhten einen Augenblick auf seinem Kopf, und Philipp spürte ihre Kraft. Dann segnete der Abt den Jungen und entließ ihn mit Grüßen an seinen Vater.

Nun war die Kindheit vorbei, die hohen Klostermauern, in denen er sich oft eingeengt gefühlt hatte, würden in Zukunft nicht mehr schützend zwischen ihm und der Welt liegen. Er würde die Worte des Abtes nicht vergessen, sicher würden sie ihm Halt geben, trotzdem würde er allein sein. Er schüttelte den Kopf, um diese wehmütigen Gedanken zu verscheuchen. Daran wollte er jetzt nicht denken. Vor ihm lagen freie Tage, eine Reise, eine Hochzeit . . .

Am Abend packte er seinen Schnappsack; holte sich vom Bruder Küchenmeister Reisevorrat, sagte kurz den Mitschülern und einigen der Mönche Lebewohl und legte sich früh zu Bett. Im Morgengrauen schlich er aus dem Haus. Dunkel zeichneten sich die Umrisse der Klostergebäude gegen den fahlen Himmel ab. Fünf Jahre hatte er hier gelebt! Während er zwischen den Gebäuden hindurch ging, überfielen ihn überall Erinnerungen: beim Gästehaus, der Schule, dem Abthaus, dem Spital, dem Badehaus. Im Gästehaus wieherte ein Pferd, im Spital hörte er jemanden durchs offene Fenster stöhnen, aus der Kirche drang der monotone Frühgesang der Mönche. Der Bruder Pförtner gähnte, als er ihm die Tür aufschloß, und brummte etwas von nachtschlafender Zeit.

Draußen atmete Philipp tief durch. Würzige, feuchte Luft wehte ihm entgegen. Vor ihm streckte sich endlos ein Weg, der an beiden Seiten von Bäumen beschirmt war. Entschlossen schritt er aus, angefeuert von dem Vogelgezwitscher, das von jedem Baum auf ihn herabtönte.

Doch so einfach gab ihn das Kloster nicht frei. Hinter der ersten Wegbiegung verstellten ihm in langer Reihe Karren und Gespanne, die zum Kloster zogen, den Weg. Die Bauern blickten finster, kein Wort wurde zwischen ihnen gewechselt. Philipp trat zur Seite und grüßte höflich. Schweigen antwortete ihm, niemand wandte den Kopf, nur die Ziegen meckerten, und die Schafe blökten, die hinten an den Karren angebunden waren oder von den Bauern an einem Strick hinter sich hergezogen wurden. Die Wagen standen voller Körbe und Säcke. Das wollte so gar nicht mit den mageren Bauern zusammenpassen. Philipp fiel ein, daß heute Zinstag war, die hörigen Bauern des Klosters ihre Abgaben leisten mußten. Sie sahen in ihm einen der Klosterleute. Wenn er an sich herabschaute, konnte er verstehen, daß sie ihn nicht für einen der ihren halten konnten. Feist war er zwar nicht, und obwohl er klein geblieben war und nicht ganz gerade gewachsen, so war ihm anzusehen, daß er keinen Mangel litt; ein heiles Gewand trug er, während die Bauern alle in abgewetzten Rupfen herumliefen und offensichtlich nicht genug zu essen hatten. Vielen fehlten etliche Zähne, obwohl sie noch jung waren. Gekrümmte Rücken sah Philipp und andere Verwachsungen, weit schlimmer als seine. Sie würden sich jetzt am Tor aufstellen, auf den Verwalter des Zinsbuches warten, ihre Körbe und Säcke und Tiere nacheinander abliefern und dann nach Hause zurückkehren. Philipp hatte bei der Übergabe schon manchmal von weitem zugesehen. Einigen der Bauern sah man ihre Wut an, die sie mühsam im Zaum hielten; andere schauten stumpf, manche sogar demütig und ehrfurchtsvoll, wenn der Kämmerer ihre Säcke zählte und die Anzahl in sein Buch eintrug.

Philipp schämte sich plötzlich, aber es war ihm nicht klar, warum. Das Kloster lebte weitgehend von diesen Abgaben, trotz der Werkstätten und des eigenen Anbaus. Die Forschungen des Abtes, die Schule, die vielen Bücher in der Bibliothek, alles kostete, nutzte gleichzeitig vielen Menschen! War es vielleicht Sünde, nicht zu hungern, nur weil so viele Menschen hungern mußten? Er dachte plötzlich an seine Herkunft, seine Mutter hatte es nicht besser gehabt als diese Bauern. Ihrem Sohn aber ging es gut. Er war sogar so hoffärtig, daß er einen jungen Herrn aus vornehmem Geschlecht verachten zu können glaubte.

Er hielt ein . . . Wo war sein eigener Platz in dieser
Welt, oder gab es überhaupt einen Platz, an dem man
nicht hungern und sich auch nicht schämen mußte?
Die Frage machte ihm angst. Zögernd ging er weiter
und blieb den Tag über mit seinen Gedanken beschäftigt.

Er übernachtete in einer Scheune. Am zweiten Tag
langte er in einem Dorf an, in dem gerade eine Kirmes
gefeiert wurde. Schon von weitem hörte er lautes Geschrei und schrille Flötenmusik. Man spielte zum
Tanz auf. Philipp beschleunigte seinen Schritt, um
nichts zu verpassen. Den Platz überragte eine Stange,
an der sich gerade ein Bub hochzog, um eine Wurst
von einem Ring am oberen Ende der Stange abzurei-
ßen. Fast hatte er es geschafft, ließ mit einer Hand los,
griff nach oben, da rutschten seine Füße an der glatten Stange ab, und unter dem Gekreisch und Gejohle
der Umstehenden schoß er dem Erdboden entgegen.

Philipp zog es zu den Buden, an denen Eßbares angeboten wurde. Er erstand von seinem Reisegeld ein
Paar Würste, Käse, einen kleinen Laib Brot, ließ sich
aus einem Faß einen Krug mit Wein vollschenken
und suchte sich einen Platz an einem der im Freien
aufgestellten Tische und Bänke. Seine Nachbarn tafelten offensichtlich schon eine Weile, hatten auch
schon einige Krüge geleert. Einer lag der Länge nach
auf der Bank, brabbelte Unverständliches, ein anderer hielt seinen Schatz fest im Arm und griff mit der
freien Hand abwechselnd nach dem Käse und in den
Ausschnitt seiner Gefährtin. Plötzlich legte sich ein
Arm um Philipps Schulter, Weindunst wehte ihm
entgegen, ein Gesicht tauchte neben seinem auf, der

Mund faselte von Freundschaft. Angewidert wand Philipp sich aus der Umarmung, rückte ein Stück zur Seite. Aber sein Nachbar kam nach, schimpfte jetzt über fahrende Scholaren, die sich für den Kaiser in Person hielten, aber nur Habenichtse seien, die dem lieben Gott den Tag stehlen.

Philipp blieb sitzen und versuchte seinen Ärger hinunterzuschlucken. Für eingebildet wollte er nicht gelten. Aber als der andere immer unverständlicher und heftiger auf ihn einredete, das Gesicht sich immer mehr näherte, er zum zehnten Mal mit dem Kerl anstoßen sollte, hielt es ihn nicht mehr. Er stand auf, schüttelte den Burschen ab, der sich an ihm festhalten wollte, und ging davon. Aus einiger Entfernung drehte er sich noch einmal um, um sich zu vergewissern, daß er nicht verfolgt wurde. Sein Tischnachbar hatte sich aber schon bei einem neuen Opfer eingehängt.

Philipp wandte sich einer Menschenansammlung zu, wo heftig gelacht wurde. Mehrere Schwerter lagen in Abständen hintereinander auf dem Boden, ein Mann bemühte sich, auf die Schwerter zu treten, ohne die Zwischenräume mit seinen Füßen zu berühren. Auf dem Kopf balancierte er einen Krug, mit der Linken fuchtelte er in der Luft herum, um das Gleichgewicht bei seinem Tanz auf den Zehenspitzen zu halten. Eine Frau hielt seine rechte Hand, offenbar um ihn zu stützen. Jetzt geriet der Mann ins Schwanken, er glitt ab, setzte den Fuß neben das Schwert; krachend schlug der Krug auf den Boden und zerschellte.

Ein größeres Stück traf einen hölzernen Kegel, den

einige Männer gerade aufgestellt hatten. Die Kegel-spieler schimpften, der Mann schaute verwundert um sich, die Frau dagegen keifte jetzt los, und bevor der Mann recht begriffen hatte, griff sie nach einem Kegel und schlug damit auf ihn ein.

„Du Tölpel, anstatt daß du etwas gewinnst, zer-schlägst du unsern einzigen Krug. Heilige Maria, warum bin ich mit einem solchen Nichtsnutz von Mann geschlagen, was hab' ich nur getan, daß ich ein solches Kreuz tragen muß?" Die Umstehenden bo-gen sich vor Lachen, einige stachelten die Frau durch Zurufe noch an, aber etliche hielten zu dem Mann. „Los, Hans, laß das nicht auf dir sitzen, zeig ihr, wer der Herr im Hause ist. Eine ordentliche Tracht Prügel wird ihr das freche Maul schon stopfen."

Doch Hans zog es vor, sich aus dem Staub zu ma-chen, die Frau folgte ihm schimpfend, nachdem sie den Kegel wieder ins Spiel geworfen hatte. Die Zu-schauer wandten sich dem nächsten Paar zu.

Philipp schlenderte weiter. Unter einer Linde spielten zwei Musikanten zum Tanz auf. Der eine blies auf einer Schalmei, der andere in eine Sackpfeife. Die Tanzenden hielten sich paarweise an den Hän-den, hüpften zur Musik im Kreise herum, sprangen von Zeit zu Zeit in die Luft. Manchmal stemmten die kräftigeren Burschen ihre Gefährtinnen einen Takt lang in die Höhe.

„Das kann ich auch", dachte Philipp. „Trotz Klo-sterleben!" Er blickte suchend nach einer Tänzerin herum. Nicht weit von ihm stand ein Mädchen, al-lein. Nicht gerade die Hübscheste, sie schielte ein bißchen, aber, na ja, für ein Tänzchen würde es wohl reichen. Philipp ging auf sie zu. Als er vor ihr stand, hörte er seine Herzschläge wie Kanonendonner, fühlte, wie seine Handflächen feucht wurden. Er verbeugte sich und fragte sie, ob sie tanzen wolle. Das Mädchen musterte abschätzend seinen Scholarenmantel, grinste spöttisch und drehte sich wortlos zur Seite. „Dann eben nicht. So schön bist du nun auch wieder nicht, du scheele Kröte", zischte Philipp, bevor er davonstürmte. So eine Schmach!

Ein Bader fesselte seine Aufmerksamkeit aufs neue. Er hatte am Rande der Kirmes einen Tisch aufgestellt und seine Geräte darauf ausgebreitet. Vor ihm auf einem Faß saß ein Mann, den Mund weit geöffnet, mit den Händen hielt er seinen Hut fest vor den Bauch gepreßt. Der Bader hatte ihm eine Zange in den Mund gesteckt, zog mit aller Kraft daran. Der Mann auf dem Stuhl stöhnte und wollte dem Druck ausweichen, indem er sich nach oben reckte. Das wiederum versuchte die Frau des Baders, die hinter dem Kunden stand, zu verhindern. Sie hatte die Hände auf seine Schultern gelegt und drückte fest nach unten. Mit einem Ruck brach der Zahn aus dem Kiefer. Der Bader hielt ihn triumphierend in die Höhe, während der Mann auf dem Faß in sich zusammensank. Mit einer schwungvollen Bewegung schob der Bader seinen Hut in den Nacken und rief über die Leute hin: „Ein verfaulter Zahn, der böses Blut macht – ein paar Tage noch, und dieser Mann wäre gestorben. Meine Kunst hat ihn gerettet."

Eitel drehte er sich nach allen Seiten, verbeugte sich, aber nur so weit, daß sein Hut nicht herunterfiel, und zeigte den blutverschmierten Zahn herum. Dann warf er ihn achtlos in den Dreck. Philipp bückte sich und hob ihn auf, wischte Dreck und Blut ab: es war ein makelloser Zahn.

Der Patient war inzwischen aufgestanden, hielt sich die Backe und machte Anstalten, auf seinen wackeligen Beinen wieder Halt zu suchen.

Philipp rannte auf ihn zu: „Der Mann ist ein Betrüger. Dein Zahn ist gesund. Er hat nicht dein Leben gerettet – geschwächt hat er dich, verstümmelt. Geh zum Marktrichter, er muß dir dein Geld wiedergeben und den Schaden ersetzen."

Aus den Augen des Baders sprühte Haß. „Seht euch diesen Wurm an", schrie er. „Ein Scholar, ein Bettler, der rechtschaffene Leute verleumdet, um sich eine Wassersuppe einzuhandeln. Bürschchen, was willst du von Zähnen verstehen? Deine Tricks ziehen hier nicht, Halunken wie dich gibt es zuhauf, darauf fällt niemand herein."

Philipp spürte unbändigen Zorn in sich hochkochen. Was bildete dieser Betrüger sich ein? Er wollte auf ihn losstürmen, aber mehrere Hände griffen nach ihm. Plötzlich stand vor ihm der Mann, dem der Zahn gezogen worden war. „Ich lasse mich von dir nicht zum Narren machen", stieß er hervor, obwohl ihm dabei Blut am Kinn herunterfloß. Er schluckte schwer. „Dieser Mann hat mein Leben gerettet. Du wirst ihn nicht beleidigen."

„Aber . . .", setzte Philipp an. Da schlug ihm ein anderer über den Mund.

„Du hältst jetzt das Maul. Siehst du nicht, wie schlecht es dem Berghofbauern noch geht? Hast du denn kein bißchen Ehre im Leib, du Hund, daß du nicht davor zurückschreckst, einen Kranken zu betrügen?"

Philipp brüllte wieder los. Diesmal wurde er kräftig ins Gesicht geschlagen. Etliche prügelten nun auf ihn ein, zerrten ihn über den Platz, jagten ihn mit Fußtritten aus dem Dorf, warfen noch Steine hinter ihm her. Erst als er den Wald erreicht hatte, ließen sie ihn in Ruhe. Mühsam schleppte er sich weiter. Den Zahn hatte er in dem Getümmel verloren.

Als die Türme seiner Vaterstadt vor ihm auftauchten, begann sein Herz heftig zu klopfen. Ohne es zu merken, beschleunigte er seinen Schritt. Doch vor dem Stadttor zögerte er. Ob man ihn noch kannte?

Die Torwächter ließen den fremden jungen Mann passieren. Jetzt hatte er nicht mehr weit zu gehen, gleich am Hauptplatz lag das Haus seines Vaters. Er klopfte. Stille. Dann Schritte auf dem Steinboden, ein Riegel wurde zurückgeschoben, die Tür öffnete sich. Vor ihm stand eine junge Frau. Ihren Kopf bedeckte eine graue Haube, darunter wölbte sich eine hohe Stirn, eine spitze lange Nase durchlief das Gesicht. Die schmalen Lippen waren fest zusammengepreßt. Im Dämmerlicht der Gasse wirkte die Haut der Frau grau, schien über den Backenknochen zu spannen. Die Person schaute ihn fragend an. Er erwiderte verlegen diesen Blick, wußte nichts zu sagen, bis er plötzlich in ihren Augen einen Funken entdeckte, den er kannte.

„Kata, ich bin's!" rief er. „Philipp."

Die Lippen zogen sich ganz leicht zu einem Lächeln auseinander. „Mein Gott, ich hätte dich nicht erkannt. Du bist groß geworden, richtig erwachsen." Als sie ihn küßte, wehte ihn muffiger Küchendunst an.

Er folgte ihr in die Stube. Auf der Bank vor dem Kachelofen saß der Vater. Er drückte Philipp fest an sich, seine Augen füllten sich dabei mit Tränen. Sie tropften auf Philipps Hals. Er machte sich los, er spürte, daß auch seine Augen feucht wurden. In den letzten Jahren schien der Vater alt geworden zu sein. Das Haar des Vaters war zwar noch nicht weiß, der Händedruck fest, und trotzdem fühlte Philipp von diesem Körper Müdigkeit ausgehen. Oder täuschte ihn seine Erinnerung? War der Vater nie so kraftvoll gewesen, wie er ihn in Erinnerung hatte?

Sie setzten sich an den Tisch. Aber ein Gespräch wollte nicht so recht entstehen. Immer wieder hob Philipp den Becher mit Holundersaft an den Mund und trank in winzigen Schlucken oder drehte das Gefäß in den Händen herum. Zwischendurch blickte er auf und lächelte die beiden verlegen an.

Zum Glück begannen der Vater und Kata Fragen zu stellen: nach dem Kloster, dem Abt, der Schule, Freunden. Philipp antwortete breit. Irgend etwas trieb ihn dazu, weiterzureden, ließ ihn vermeiden, nach dem Wohlergehen von Vater und Schwester zu fragen. Dann fiel ihm auf, daß Kata unruhig auf der Bank herumzurutschen begann. Hin und wieder huschte ihr Blick zum Vater hinüber. Kaum wahrnehmbar hob der die Schultern. Plötzlich stand Kata entschlossen auf, holte tief Luft und stieß hervor: „Geh jetzt bitte nach oben in die Kammer, wasch dich und zieh das saubere Hemd an, das ich für dich bereitgelegt habe, und vergiß vor allem nicht, dich zu kämmen."

Philipp blieb der Mund offenstehen. „Was ist denn nun los? Bin ich dir auf einmal nicht fein genug? Sehe ich so heruntergekommen aus?"

Kata schüttelte den Kopf. Zaghaft erklärte sie: „Mein Verlobter wird gleich kommen. Er ist ein sehr ordentlicher Mensch und hält viel auf anständiges Aussehen."

„Aber er weiß doch sicher, daß ich gerade von einer Reise komme. Da wird er mich nicht im Festtagsstaat erwarten." Ungläubig starrte er in Katas Gesicht, aus dem die Unruhe nicht verschwand. „Was quält dich?" fragte er leise. Und dann, schlagartig begreifend: „Sag mal, wen heiratest du eigentlich, daß er euch so in Aufregung versetzen kann?"

„Den Tuchhändler Pfister."

„Ich wußte gar nicht, daß der einen Sohn hat."

„Er hat auch keinen Sohn, und jetzt frag nicht weiter so dumm, sondern geh nach oben und tu, was deine Schwester dir gesagt hat", antwortete der Vater. Der Ärger war deutlich aus seiner Stimme herauszuhören.

Einen Augenblick fehlten Philipp die Worte, bevor er losschrie: „Das kann nicht wahr sein! Du wirst nicht ernsthaft behaupten, Vater, daß du deine Tochter diesem alten Geizkragen an den Hals wirfst. Dem ist schon eine Frau gestorben, und damals tuschelten die Leute, daß sie an der Freudlosigkeit ihres Daseins zugrunde gegangen sei. Neben solchem Griesgram kann es doch keiner aushalten! Soll das das Schicksal deiner Tochter werden?"

„Halt den Mund", erwiderte der Vater mit eisiger Stimme. „Und damit du es weißt, inzwischen ist ihm auch die zweite Frau gestorben."

„Was weißt du schon von unseren Sorgen", fiel Kata ein. „Bitte, geh endlich. Ich will ihn heiraten. Bitte, verdirb mir nicht alles", setzte sie flüsternd hinzu.

Wortlos stand Philipp auf und verließ den Raum. Nachdem er sich mechanisch gewaschen und umgezogen hatte, ließ er sich auf seinem Bett nieder und wartete. Er hörte es unten an die Tür klopfen, hörte Schritte und Stimmen. Hoffentlich ging der Kerl wieder, ohne nach ihm zu fragen. Er wußte nicht, was geschehen würde, wenn man ihn herunterriefe. Er konnte diesen Mann nicht als seinen Schwager begrüßen und über Alltäglichkeiten mit ihm plaudern. Was war nur in Kata und seinen Vater gefahren?

Lange saß er grübelnd. Endlich brach der Besucher auf. Später hörte er Kata in ihrem Zimmer nebenan leise schluchzen. Er legte sich auch ins Bett, fand aber in dieser Nacht kaum Schlaf, hörte jeden Schlag der Turmuhr. Das hier war viel schlimmer als das Aufnahmeritual in der Schule. Hier ging es um mehr.

Im Morgengrauen hörte er Kata aufstehen. Da kleidete er sich auch sorgfältig an und folgte ihr nach unten. Ein erstaunter Blick traf ihn. Stumm stand er neben Kata am Herd, während sie den Haferbrei rührte. Stockend begann sie zu erklären: wie sie jahrelang um das Haushaltsgeld habe bangen müssen, weil der Vater sich darum überhaupt nicht gekümmert habe. Nein, arm seien sie nicht gewesen, aber der Vater habe sein Geld sorglos an Arme verteilt, viele behandelt, ohne sein Entgelt zu verlangen. Über ihre Sorgen habe er nur gelacht und sich geweigert, sich wenigstens an den Reichen schadlos zu halten. Das sei nicht seine Aufgabe. Zurückgelegt habe er sicher auch nichts. Außerdem sei da der Makel ihrer Geburt, sie müsse froh sein, wenn sie ein angesehener Bürger überhaupt nähme. Nun erwarte sie ein gesichertes Leben. Ihr Verlobter sei zwar recht alt und streng, aber auch verläßlich, ein Mann mit Grundsätzen. „Was macht es, wenn er nie lacht, Tag und Nacht arbeitet und das Tanzen verabscheut? Er wird immer für mich sorgen und mich nicht prügeln. Das ist auch etwas wert." Sie seufzte und stocherte heftiger in dem Brei herum.

Eine Weile war es bedrückend still in der Küche. „Ja, aber . . .", begann Philipp.

Kata legte ihre Hand auf seinen Arm. „Kein Aber, Philipp. Du bist ein Mann, hast andere Erwartungen an das Leben. Schau, das war schon so, als wir Kinder waren. Weißt du noch, wie wir hierhergekommen sind und du jeden Tag durch die Stadt gestromert bist, heimlich im Fluß schwimmen gelernt hast? Wie habe ich dich beneidet! Ich habe den Fluß höchstens beim Wäschewaschen gesehen und sogar dabei nur in den wenigen Augenblicken, in denen ich von der Arbeit aufgeschaut habe. Du hast dich über die strenge Schule geärgert, aber hast du dich je gefragt, was ich darüber gedacht habe?"

Ihre Stimme wurde bitter. „Ich habe dich beneidet, du lerntest schreiben, Latein, kanntest all die gelehrten Wörter des Vaters. Und dann – als Strafe für dein schlechtes Benehmen – wurdest du in die weite Welt, zu dem berühmten Abt geschickt. Ich durfte nur ein Jahr lang zu den Beginen in die Schule gehen, bis ich einigermaßen lesen und schreiben konnte. Es war schon schwer genug, das dem Vater abzutrotzen. Nein, es nützt alles nichts. Ein Mädchen hat nicht mehr zu erwarten, selbst wenn es einen jungen hübschen Mann findet."

Plötzlich drehte sie sich Philipp zu und lächelte: „Und wenn es gar nicht auszuhalten ist, kann ich mir immer noch ein Schmer besorgen und zum Hexentanz ausfahren."

„Bist du wohl still", unterbrach sie der Vater, der unbemerkt in die Küche getreten war. „Hüte deine Zunge, Kata. Ein rasch dahingesagtes Wort hat schon manchen auf den Scheiterhaufen gebracht. Seit Jahren treiben Hexenjäger ihr Unwesen in diesem Land, und leider werden sie schon lange nicht mehr überall ausgelacht. Erinnert euch, bereits als ihr mir das Gespinne der Loisia erzählt habt, habe ich euch gewarnt. Zu der Zeit war es gerade gut zehn Jahre her, daß in Konstanz siebenundvierzig Frauen als Hexen verbrannt worden waren. Natürlich hat man das damals für einen Einzelfall gehalten, bedauerlich, das Werk weniger Fanatiker. Dann erschien jedoch ein Buch, der ‚malleus maleficarum'. Darin stellen zwei Hexenjäger jeden, der nicht an die Existenz von Hexen glaubt, als Ketzer hin. Ludwig Pfister erzählt von seinen Reisen, daß diese Schrift inzwischen fast überall bekannt ist und große Wirkung hat, vor allem, da die beiden vom Papst ermächtigt sind, Inquisitionsprozesse gegen angebliche Hexen zu führen. Es ist also kaum angebracht, über das Hexenwesen leichtfertig zu reden."

Langsam dämmerte es Philipp, wie sehr die Klostermauern ihn von der Welt abgeschirmt hatten. „Es ist zu eng hier, Vater", fuhr es aus ihm heraus. „Ich muß fort. Ich möchte nach Italien, nach Ferrara gehen und dort studieren."

Der Vater wurde blaß, ließ sich langsam auf die Bank nieder. „Ich habe andere Pläne mit dir. Du sollst zuerst einmal in Schwaben studieren, der Heimat unserer Vorfahren. In Kärchingen kannst du bei einem Futteralmacher, dem ich einmal das Bein geheilt habe, wohnen. Er hat mir geschrieben, daß er zwar nicht wohlhabend sei, dich trotzdem als Hausgast gerne aufnehme. Es ist mit ihm ausgemacht, daß du im Herbst bei ihm einziehst."

„Aber . . ." – „Kein Aber. So ist es beschlossen, und du wirst gehorchen." Noch gab Philipp nicht auf: „Früher haben wir alles beredet, nie hast du etwas angeordnet, Vater, ohne es mit mir besprochen zu haben." Der Vater seufzte tief auf: „Ja, das habe ich früher so gemacht, und ich halte es auch heute noch so, obwohl ich nicht mehr weiß, ob es richtig ist. Ich habe zu lange und zu viel gekämpft, mußte heimatlos umherirren, habe am eigenen Leib erfahren, was es heißt, verachtet zu sein."

„Deshalb wohl hast du deine Tochter an diesen alten Griesgram verschachert", schrie es plötzlich aus Philipp heraus. Der Vater senkte den Kopf und sagte leise: „Nein, das habe ich nicht, Philipp, aber ich habe mich ihrem Wunsch auch nicht widersetzt. Und es spricht nun wirklich einiges für diese Heirat."

„Ja, zum Beispiel das Geld eines geilen, lüsternen Bocks." Herausfordernd schleuderte Philipp den Fehdehandschuh seinem Vater hin, hoch aufgereckt, mit rotem Kopf und glühenden Augen.

In der Stimme des Vaters war plötzlich eine Festigkeit, die Philipp ihm nicht mehr zugetraut hatte: „Schluß jetzt. Hüte deine Worte, sie könnten dich später gereuen. Der alte Feuerteufel lebt offensichtlich immer noch in dir. Es wird Zeit, daß du endlich anfängst, ihn zu bezähmen. Die Sache ist erledigt; du wirst lernen, dich mit dem Unabänderlichen abzufinden. Ich möchte, daß du ein überall geachteter Arzt wirst, den die Bürger in ihren Mauern dulden. Und deswegen wirst du Gehorsam lernen."

Der Zorn in Philipp war verraucht, er zwang sich, dem Vater aufmersam zuzuhören, gab aber noch nicht auf. „Ich will doch ein guter Arzt werden, Vater", setzte er noch einmal mit beherrschter Stimme an. „Der Titel ist mir gleichgültig. Und die neue Wissenschaft, die wird nur in Italien gelehrt, in Ferrara und anderswo, wo ein neues Zeitalter begonnen hat. Du hast dich doch selbst oft genug über den Aberglauben der Leute beschwert und die Dummheit der Ärzte, die immer wieder die alten Rezepte zusammenschmieren, ohne sich den Patienten überhaupt anzusehen. Purgieren, abführen, abführen, bis der Kranke an Schwäche stirbt. Nun heißt es halt, Gottes Wege sind unergründlich, und der Physikus kassiert. Soll ich so einer werden? Willst du das?"

„Natürlich nicht, Philipp, aber einem Arzt, der all diese Neuerungen aus Italien mitbringt, wird bei uns immer der Geruch des Ketzers anhaften. Du wirst

lernen, deinen Überschwang zu zügeln und maßzu-
halten."

„Aber das Maß", schrie Philipp erneut auffahrend.
„Das Maß der Menschen stimmt nicht. Glaubst du
vielleicht, die Hexenjäger und die, die ihnen folgen,
haben das richtige Maß?"

„Mein Entschluß steht fest. Du gehst nach Kärchingen."

Der Vater schwieg. In Philipp brodelte es. Er hatte
verstanden, daß der Vater es gut meinte. Aber in ihm
saß so viel der Enge der Stadt, sein Gesicht sah so müde aus. Hieß das, sich zufriedenzugeben? Er wollte
seinem Vater nicht weh tun, aber alles in ihm sperrte
sich gegen seine Wünsche.

Philipp drehte sich um und rannte aus dem Haus,
durch die Gassen, das Tor, vor die Stadt. So sehr hatte
er sich auf die Heimkehr gefreut, und jetzt war ihm
alles fremd. Lange wanderte er durch die Felder und
Wiesen, bis sich seine Sinne etwas beruhigt hatten.
Als er gegen Mittag zurückkehrte, hatte er sich entschieden, nachzugeben. Es würde schwer werden,
aber noch weniger wollte er mit dem Vater und Kata
brechen und ganz allein in der Welt stehen.

Zu Hause saß Ludwig Pfister in der Stube. So sieht
also ein wohlhabender Tuchhändler aus, der es sich
leisten kann, die Tochter einer Gotteshausfrau zu
heiraten, weil er nicht an die Zunftgesetze gebunden
ist, dachte Philipp.

Sein Haar war schütter, oberhalb der Stirn hatte es
sich gelichtet. Mitten im Gesicht prangte eine Knol-
lennase, die in etlichen Querfalten auf der Höhe der
Augen auslief. Unter den nach oben gezogenen Brau-

en saßen leicht vorquellende Augen, die streng um-herblickten. Von den Lippen sah man nur einen schmalen Streifen, als wenn sie nach innen gezogen und zwischen den Zähnen eingeklemmt wären. Diesen Eindruck verstärkten die angespannten, kräftigen Backenmuskeln. Der Mann trug einfache, schmuck-lose Kleidung. Nur an der Tuchqualität – und an dem fleischigen Doppelkinn – war zu sehen, daß man es mit einem wohlhabenden Mann zu tun hatte. Streng, ernst, doch nicht einmal unsympathisch, fand Philipp. Allerdings wenn er sich Kata mit diesem alten Herrn im Ehebett vorstellte, schüttelte es ihn. Kaum gelang es ihm, auf Pfisters höfliche Fragen nach seiner Schulzeit zu antworten; er sagte meistens nur ja oder nein.

Philipp blieb zur Hochzeit. Trotzdem war er nicht wirklich dabei, wie auf einer Bühne rollte das Geschehen vor ihm ab, ohne daß es ihn etwas anging: das Zusammensprechen der Brautleute vor der Kirche, ihre Segnung in der Kirche, die Festgäste in ihren bunten Roben aus Seidenstoffen, besetzt mit Pelzen seltener Tiere und golddurchwirkten Spitzen. Sie vertilgten und tranken ungeheure Mengen, bis sie sich nicht mehr aufrecht halten konnten. Es wurde getuschelt, daß die vornehmsten Familien der Stadt der Feier ferngeblieben seien. Die Gekommenen nutzten um so mehr die Gelegenheit, sich mit Braten, Entenvögeln, Schmalzpasteten und gesottenem Karpfen in Zuckerbrühe anzufüllen.

Am nächsten Morgen – das Fest dauerte noch an – war Philipp wieder auf der Landstraße.

Mit dem Vater hatte er noch einmal geredet, und

sie waren übereingekommen, daß er den Sommer über ein Hüttenwerk in Tirol aufsuchen konnte. Er trug ein Empfehlungsschreiben des Abtes an Sigmund Füger mit sich, der in Schwaz Silber- und Kupfergruben besaß. „Dort kannst du den Geheimnissen der Natur nachspüren und siehst, wie die Stoffe durch magische Kraft geläutert werden, bevor du im Grundstudium in Kärchingen die eigene Seele läuterst", hatte der Vater scherzend erklärt. Zusammen hatten sie darüber gelacht, und damit war das Eis zwischen ihnen ein Stück weit wieder gebrochen.

So war er durchs Gebirge gezogen. Überall hatte er die Spuren des Bergbaus gefunden. Weit oben im Hochgebirge hatte er die Eingänge von Stollen gesehen, die wie geometrische Muster ganze Berghänge bedeckten; auf den einsamen Wegen waren ihm Bergleute begegnet, die Fördergut zu Tal brachten, eine halsbrecherische Tätigkeit, bei der das gebrochene Gestein in Säcken verschnürt, wie zu einer Spinne zusammengebunden, von einem Menschen die Hänge hinabgezogen wurde. Am flacheren Hang mußten sie unmenschliche Kraft aufbringen, um diese Last zu ziehen, an steilen jedoch rennen, dabei dennoch ständig Gefahr laufend, von ihrer Ladung eingeholt und erschlagen zu werden. Weithin konnte man die Rufe dieser Männer hören, das Poltern der Säcke und das Donnern der Steine, die, von ihnen gelöst, zu Tal rasten. Ganz oben, am Ausgang eines Gletschers, war Philipp dann auf Goldwäscher getroffen, die im eiskalten Schmelzwasser standen und mit klammen Fingern ein mit Eisendrähten überspanntes Schaufelbrett in den Flußsand stießen, später das Geröll auf den eigenen Körper zu über das Brett ablaufen ließen, sich selbst mit dem Eiswasser dabei überschüttend. Was zwischen den Drähten hängenblieb, brachten sie ans Ufer und leerten es in einen Trog, den sie dann ruckartig schüttelten. Doch als Philipp hinzutreten wollte, um zu sehen, was sie da aus dem Sand herauswuschen, wurde er barsch zurückgewiesen. Plötzlich standen, wie aus dem Boden gewachsen, etliche stämmige Kerle und Frauen vor ihm, eine undurchdringliche, drohende Mauer. Er wußte auch so, was Italiener und Deutsche hier herauf in die Einöde zog: Es waren Goldwäscher, die aus Not oder Gier nach Gold unterwegs waren, auch wenn sie Leben oder Gesundheit dabei einbüßten.

In Schwaz staunte er über die riesigen Laboratorien, gegen die die Klosterküche für Zwerge gemacht schien. In gewaltigen Öfen glühten Tag und Nacht Feuer. Schmelzen, Reinigen, Destillieren, Scheiden, Kristallisieren und Probieren gehörten zum alltäglichen Handwerk der Laboranten, das kaum Geheimnisvolles oder Magisches an sich zu bergen schien, sondern nach festgelegten Verfahren durchzuführen war. Nein, so erklärte man ihm, wir können die Stoffe nicht ändern, ihre Qualitäten schlummern unsichtbar in ihnen, wir können sie nur herauslösen, voneinander scheiden. Ein Stein konnte offensichtlich nicht nur zerteilt werden, sondern in verschiedene Elemente zerlegt, die wiederum verschiedene Eigenschaften hatten. Diese Eigenschaften waren jedoch dem Stein äußerlich nicht anzusehen. Das Feuer schien das Element zu sein, in dem sie sich bewähren

mußten; manche Stoffe gingen darin auf, verbrannten, aber andere wurden im Feuer gefestigt, veredelt;
das Feuer brachte ihre Qualität zum Vorschein. Philipp sah, staunte und fragte. Er lernte das Scheiden der
Metalle, kannte bald alle Rezepte für das Scheidewas-
ser und vieles mehr.

So verging der Sommer wie im Fluge, und so mußte er viel zu früh wieder Abschied nehmen, weiterziehen, mit bedrücktem Herzen, durch die Alpen auf
die kleine Universitätsstadt Kärchingen zu.

Studium in Schwaben

In Kärchingen wurde Philipp freundlich aufgenommen. Der junge Mann bezog ein winziges Zimmer unterm Dach, wurde bekocht und bewirtet. Einige Tage lang gefiel ihm das recht gut, es war ja sehr
ungewohnt für ihn. Doch nach kurzer Zeit fand er
diese Art der Gastfreundschaft bedrückend. Ständig
forderte ihn die Hausfrau beim Essen auf, noch nach-
zunehmen, häufig mußte er ihre Wohltaten zurück-
weisen, weil es einfach zu viel wurde. – Die Stadt war
ein schmutziges Kaff, dunkel, eng, die Straßen voller
Ackererde, die von den Bauernkarren ständig herein-
geschleppt wurde.

Die Einschreibungsfeier an der Universität ließ
erst recht Zweifel in ihm aufkommen, ob er es hier
lange würde aushalten können. In einer Stunden an-
dauernden albernen Prozedur wurden die als Bestien
verkleideten neuen Studenten in Menschen verwandelt. Ihnen wurden die Hörner abgeschnitten, riesige
Zähne ausgerupft und die Bärte gestutzt.

Auch die Vorlesungen forderten seinen Geist
nicht. Zwar bereitete das Lateinische ihm längst keine
Schwierigkeiten mehr, aber die Fragen, über die im
Grundstudium an der artistischen Fakultät in Rheto-

rik und Dialektik erbittert gestritten wurde, lagen ihm fern. Auch in den medizinischen Vorlesungen, die er heimlich nebenbei besuchte, lernte er nichts Neues. Unablässig wurden die Aussagen der antiken Autoritäten wiederholt. Die vielen Fragen, die sich darüber hinaus in Philipp gebildet hatten, blieben unbeantwortet; Sätze des Celsus, Galenus oder Hippokrates prasselten auf die Studenten herab und deckten jeden Wissensdurst zu. Wer ein gutes Gedächtnis hatte, konnte an anderer Stelle mit Zitaten glänzen. Leichenöffnungen gab es alle drei bis vier Jahre eine, und Philipp hörte, daß auch dabei der festliche Begleitakt im überfüllten Saal die Hauptsache sein sollte.

Überhaupt schienen am Schulbetrieb das wichtigste die Gelage zu sein, die wegen allem und jedem stattfanden: Nach jeder Prüfung gab es Umzüge der Universitätsangehörigen, bei denen streng darauf geachtet wurde, daß man in der gebührenden Reihenfolge aufmarschierte; Musik, feierliche Reden, und dann tafelten die Herren Professoren bis in die Nacht hinein.

Philipp fing an, die Vorlesungen zu schwänzen. Sein schlechtes Gewissen betäubte er in den Schenken beim Wein. Manchmal kannte er sich selbst nicht mehr: immer war ihm das Lernen eine Lust gewesen, hatte er vor Einfallsreichtum gesprüht, sich auf jeden neuen Tag gefreut. Und jetzt? Träge schleppte er sich dahin, alles bereitete ihm Mühe, selbst das Aufstehen am Morgen. Nur wenn er eine Kanne Wein geleert hatte, spürte er tief in sich Kraft, wie in einem Käfig gefangen. Dann rannte er mit seinen Saufkumpanen laut Spottlieder gröhlend durch die Gassen.

In einer der Disputationsstunden, in denen er sonst nur durch Schweigen auffiel, vergaß er sich und rief laut auf deutsch dazwischen: „Gibt es eigentlich nichts Wichtigeres auf der Welt als diese Frage? Geschlagene zwei Stunden streitet ihr schon darüber, ob Maria auch nach der Geburt Jesu noch Jungfrau war. Die Klärung dieses Problems wird niemand nützen, und Maria hätte nicht einmal verstanden, was ihr mit einer solchen Frage von ihr wollt."

Der Professor wies ihn mit eisiger Miene hinaus. Beim Verlassen des Raumes hörte Philipp jemanden leise, aber in der Stille gut vernehmlich „Waldesel" sagen. Er fuhr herum, sah in eine Front grinsender Gesichter, eines süffisanter genießend als das andere. Er bohrte seinen Blick in die Menge, suchte jedes einzelne Gesicht ab. Da gefror das Grinsen. Ja, er hatte Macht über andere; seine Wut füllte ihre Augen mit Grauen und Angst. Von Einsicht waren diese jungen Herren jedoch weit entfernt. Er war für sie nur ein Waldesel, der zwar um sich schlagen konnte, der aber ansonsten nicht zählte. Diese blasierten Bürschchen, die alles Stroh ihrer Lehrer nachdroschen, sich begierig nach jedem Halm bückten, auch wenn er noch so mürbe war! Für die würde er immer ein Dummling bleiben.

Lange gärte es in ihm. Eines Abends machte er seinem Ärger Luft, indem er eine Schmähschrift verfaßte und sie im Schutze der Nacht an das Haus des Professors klebte. Zuerst war er stolz über die gelungene Rache, aber dann machte sich ein dumpfes Gefühl in ihm breit, daß er sich hier verliere. Das machte ihn immer gereizter und unsteter. Immer mehr fühlte er seine Kraft schwinden. Im Kloster hatte er sich doch durchzusetzen gewußt! Aber dort war auf Feldern gestritten worden, auf denen er sich sicher fühlte. Hier hatte er nichts zu bieten. Auch sein Scholarenmantel, im Kloster selbstverständliche Kleidung aller, brandmarkte ihn hier als bedeutungslosen Bauerntölpel. Sicher hätte der Professor einen gutgekleideten Studenten nicht so ohne weiteres hinausgeschickt.

Das trieb ihn zu einem Schneider, bei dem er sich modische Kleider anmessen ließ: eine gestreifte Kniehose, sogar mit Schlitzen, die mit farbigen Seidenstoffen unterlegt war. Er kaufte spitze Schuhe und einen Hut mit bunten Federn. Das Geld mußte er bei einem seiner Kumpane, einem wohlhabenden Kaufmannssohn, leihen. Der gab ihm das Geld gerne, aber Philipp spürte, daß der andere mehr als nur finanziell der Gewinner war. Lächelnd bot er Philipp weiteren Kredit an, zu günstigen Bedingungen, ein Bild selbstloser Hilfsbereitschaft.

Philipp trug wie seine Kameraden ein Breitschwert, denn bei ihrem Lebenswandel mußten sie nachts damit rechnen, auf der Straße überfallen zu werden. Eines Abends beschloß man nach etlichen Schoppen Wein noch ein bißchen durch die Straßen zu ziehen. Vielleicht fand sich ein offenes Fenster, vor dem man ein Ständchen singen konnte. Aber schon an der ersten Ecke gab es Streit. Franz, der junge Graf zu Kargeneck, wollte unbedingt der Bärbel, der Tochter eines Viehhändlers, ein deftiges, anzügliches Lied singen. Es waren bekannte Verse, die sie oft genug zusammen gegrölt hatten. Aber Peter, der einzige unter ihnen, der selten den Mund auftat, meist still neben den anderen saß, jedoch gewaltige Mengen Wein vertrug, widersetzte sich dem: „Für die Bärbel singst du Schwein diesen Vers nicht."

„Wer will mich daran hindern?" lachte der junge Graf. „Du vielleicht? Da müßte schon ein anderer kommen."

„Sieh mal an, unser schweigsamer Peter hat sich verliebt. Ja, ja, stille Wasser sind tief", stichelte ein anderer. Peter lachte nicht. Er stellte sich Franz in den Weg, und plötzlich hatte er sein Schwert gezogen.

„Reize mich nicht, es könnte dir später leid tun", rief der junge Graf, aber Peter schien seine Worte nicht zu hören. Er machte eine rasche Bewegung auf Franz zu, der zog ebenfalls sein Schwert, und plötzlich – hinterher wußte niemand genau anzugeben, wie es geschehen war – lag Peter blutend auf der Straße. Die Gruppe stob auseinander. Philipp beugte sich zu dem Kameraden hinab, aus dessen Brust ein tiefroter Strom Blut quoll. Philipp schaute ihm ins Gesicht. Die Augen waren gebrochen. Da machte er sich auch aus dem Staub.

Am anderen Tag verließ der Mörder den Ort, um in der nahegelegenen Reichsstadt Asyl zu suchen. So konnte er sich der gerichtlichen Untersuchung entziehen, aber seine Universitätslaufbahn hatte ein jähes Ende gefunden.

Dieses Ereignis brachte Philipp zur Besinnung. Eine Zeitlang besuchte er wieder die Vorlesungen, zählte die Tage, quälte sich. Schließlich beschloß er, dem Vater zu schreiben, daß er sich nicht imstande sehe, seinem Willen zu folgen, er statt dessen nach

Italien aufbrechen werde. Er saß in seinem Zimmer am Tisch vor dem weißen Blatt Papier. Es wollte ihm einfach nicht einfallen, wie er dem Vater seinen Entschluß mitteilen könnte. Er kaute auf seiner Unterlippe herum, ohne daß ihm eine Erleuchtung kam.

Plötzlich wurde die Zimmertür aufgerissen. Sein Wirt, sonst ein ruhiger Mann, stürzte ins Zimmer. „Junger Herr", rief er. „Man hat meine Tochter verhaftet. Mein Sannele, mein Einziges."

Betroffen blickte Philipp hoch. Dann stand er auf, ging auf den Mann zu und faßte ihn an der Schulter. „Was ist denn geschehen? So erzählt doch!"

Meister Linder fand zuerst keine Worte. Er sank auf einen Stuhl und begann leise zu schluchzen. Philipp stand verlegen vor ihm. „Heute morgen ist sie von sechs Männern abgeholt worden. Es gab einen großen Auflauf. Sie haben sie aus dem Bett gerissen und in den Turm geschleppt. Als ich davon gehört habe, bin ich sofort zum Rat gelaufen, um für sie zu bürgen. Mein kleines Sannele im Turm! Wie wird es das überstehen?"

„Was wirft man ihr vor?" unterbrach Philipp den Mann.

Das Gesicht des Futteralmachers wurde aschfahl. „Das ist ja das Entsetzliche", flüsterte er, unfähig weiterzusprechen.

„Hexerei?"

Meister Linder nickte stumm.

Philipp wußte nicht, was er sagen sollte. Hexerei! Die Warnungen seines Vaters fielen ihm ein. „Alles wird sich als Irrtum herausstellen", meinte er endlich tröstend, wohl wissend, daß er dem Alten etwas vormachte. „Ihr bleibt am besten zu Hause", fügte er hinzu. „Ich werde in die Stadt gehen und mich umhören. Das ist unverdächtig."

Meister Linder war wimmernd in sich zusammengesunken, Philipp war heilfroh, daß er einen Grund gefunden hatte, sich zu entfernen. Auf der Treppe hörte er das laute Weinen der Hausfrau aus der Stube. Leise schlich er hinunter und zog die Haustür vorsichtig hinter sich zu.

Vor dem Haus der Tochter am Torgraben standen etliche Menschen. „Was ist denn los?" fragte Philipp arglos.

Gleich stürzten sich drei Frauen auf ihn. „Ja, bist du denn der Letzte in Kärchingen, der noch nicht weiß, daß hier ein Hexennest ausgenommen worden ist? Die Herwertin ist verhaftet worden."

Eine Nachbarin lag im unteren Stockwerk ihres Hauses im geöffneten Fenster. Die Arme ruhten auf einem dicken Kissen. Sie trug eine frischgewaschene Haube, das rosige Gesicht darunter glänzte. Ihre hellen Augen schauten neugierig umher. Mit einem Blick hatte sie Philipp erfaßt und schwatzte schon auf ihn hinunter: „Mit der war es nie geheuer. Ich erinnere mich da unter anderem an die Sache mit dem Huhn." Nach dieser Ankündigung hielt sie inne und blickte auffordernd um sich.

„Mit welchem Huhn?" fragten auch gleich mehrere durcheinander.

Als die Frau im Fenster sich vergewissert hatte, daß auch der Student erwartungsvoll zu ihr hinaufsah, rückte sie ihre Arme zurecht und begann genüßlich breit mit ihrer Erzählung: „Es ist wohl einige Jahre her, ich wollte abends gerade Licht anzünden, hatte auch schon den Leuchter in der Hand, wißt ihr, den aus Italien, den mir mein Bruder von einer seiner Reisen mitgebracht hat, ich habe nämlich einen weitgereisten Bruder, der ..."

„Erzähl endlich, was an dem besagten Abend geschah, die Geschichten von deinem Bruder kennen wir schon alle", unterbrach sie eine ungeduldige Stimme.

Die Frau zog verärgert eine Augenbraue hoch: „Bist wohl neidisch, so einen schönen Leuchter hat halt nicht jeder und so einen Bruder erst recht nicht." Nach einer Pause, in der sie beifallheischend um sich geblickt hatte, fuhr sie fort: „An jenem Abend also, ich will gerade Licht anzünden, da sehe ich im Hof eine weiße Henne herumlaufen. Hat die Marie sie wieder nicht eingesperrt, denke ich, wenn man nicht alles selber macht ... Ich muß in den Hof, komme beim Treppensteigen ins Schnaufen – aber was hilft's –, das Huhn rennt hin und her und gackert wie wild. Ich mache mich hinterher. Vergebens! Endlich rettet sich das falsche Tier durch das Hühnerloch in der Haustür, im selben Augenblick bin ich heran und versetze ihm einen Tritt. Der war nicht von schlechten Eltern, das könnt ihr mir glauben. Nun denkt mal, wie ich die Tür aufmache, ist das Huhn verschwunden, einfach weg und taucht nie wieder auf. Seit dem spüre ich einen starken Schmerz im Fuß und in der Hand." Zufrieden, bedächtig nickte sie mit dem Kopf.

„Ich habe mich damals nur gewundert, dabei ist die Sache klar und einfach: Sie hat das Huhn weggehext und mir den Schmerz angetan."

Etliche Frauen schauten betroffen, einige sogar ängstlich, es gruselte ihnen. Plötzlich lachte jemand auf, und eine helle Stimme sagte: „Ketterin, du bist wohl nicht gescheit, uns eine solche Geschichte aufzutischen! Ein verschwundenes Huhn und ein weher Fuß! Hättest du nicht nach dem Huhn getreten, wäre dir der sicher erspart geblieben. Vielleicht hast du gar nicht das Huhn getroffen, sondern die Tür? Mit solchen Reden kannst du niemand verdächtig machen."

Die Angesprochene setzte voller Entrüstung neu an, doch die übrigen Frauen kamen ihr zuvor. „Da weiß ich noch ganz andere Dinge, wenn dich das nicht überzeugt. Vor Jahren hat sie dem Dorle vom alten Kreß am Ohr gezupft, weil es beim Spielen mit Wasser herumgespritzt hat. Am andern Tag ist das Dorle krank geworden, ein Fieber hat es gehabt und ganz rote Ohren. Die Herwertin aber, die falsche Schlange, ist das Dorle jeden Tag besuchen gekommen. Das Kind hat jedoch immerzu geweint, wenn es die Herwertin gesehen hat. Da ist sie nicht mehr gekommen, und das Dorle ist gestorben", schloß sie triumphierend.

„Ja, ja, es geschieht ihr nur recht. Was hat sie immer scheinheilig getan, ist jeden Morgen in die Kirche gerannt. Nur ihrem Mann, dem wollte sie nicht gehorchen. Oft genug habe ich sie mit ihm zanken hören. Das stimmt doch alles zusammen."

Jetzt war es um Philipps Beherrschung geschehen. „Dummes Pack", schrie er. „Merkt ihr denn nicht, was ihr da tut? Euer mißgünstiges Gerede hat die Frau in den Turm gebracht. Versteht ihr nicht, daß das jeder von euch passieren kann, solange ihr so herumschwatzt und jedes Mißgeschick in Hexerei verredet?"

Die Frauen um Philipp traten langsam einen Schritt zurück und musterten ihn stumm, feindselig. Endlich durchschnitt eine harte, haßerfüllte Stimme die Stille: „Bist du nicht der Student, der bei dem Vater der Hexe wohnt? Der hat dich wohl angestiftet. Hat sie dich ihre Künste gelehrt? Warte nur, Bürschchen, dich werden sie früh genug holen. Und nun mach, daß du fortkommst, oder sollen wir dir Beine machen?"

Ungläubig starrte Philipp die Frauen an. Abrupt drehte er sich dann um und ging davon. Zuerst zwang er sich, langsam zu gehen, denn die Frauen sollten nicht glauben, daß er Angst vor ihnen hätte. Doch fühlte er seinen Rücken glühen, als wenn sich die haßerfüllten Blicke der Frauen tief darin einbrennen würden. Kaum war er um die erste Häuserecke gebogen, als er in eine schnellere Gangart verfiel. In ihm arbeitete es. Wer würde helfen können? Ein Rechtsbeistand war jetzt wichtig. Am ehesten würde man in der Offizin in der Bleigasse Bescheid wissen. Dort wurden verbotene Bücher gedruckt, und dort würde der Magister Bartoldus zu finden sein, der einzige Lehrer der Universität, der sich traute, in seinen Vorlesungen öffentlich die Verlautbarungen der Obrigkeit zu kritisieren. Rasch durchquerte er die Gassen und stürmte in die Druckerei.

In der Offizin herrschte arbeitsame Stille. Der Raum wurde von einem hölzernen Ungetüm, der Druckpresse, beherrscht. Bedächtig spannten gerade zwei Gesellen Papier in den Druckrahmen ein. Die riesige Maschine ließ Philipp für einen Augenblick den Grund seines Besuches vergessen. Fasziniert ging er näher heran. Die Blätter waren nur aus Lumpenpapier, nicht aus kostbarem Pergament hergestellt. Jetzt nahmen die beiden Gesellen einen Lederballen in jede Hand, tauchten sie in Rußfett und rieben damit den Drucksatz ein. Vorsichtig und gleichmäßig verteilten sie die Druckerschwärze, prüften nach, ob alle Buchstaben eingefärbt waren und das Papier richtig festsaß, klappten den Druckrahmen auf den Handsatz und zogen den Preßbengel an.

Auf einigen Tischen lagen Stapel bedruckten Papieres. Im Licht an den Fenstern saßen Männer, die bereits gedruckte Holzschnitte kolorierten. Hin und wieder hörte man das leise Klappern von einzelnen metallenen Lettern, die Gesellen von Setzkästen zu Buchseiten zusammensetzten. In einer Ecke entdeckte Philipp den Magister tief über Papiere gebeugt. Als er sich ihm näherte, hielt der ihn mit einer Armbewegung zurück. Leise las er den Text des Buches vor sich hin. Endlich schaute er auf und sagte: „Du störst mich bei der Arbeit, das siehst du doch. Also, was hast du so Wichtiges?"

„Die Herwertin ist als Hexe verhaftet worden", platzte Philipp heraus, so laut, daß alle in der Offizin herüberschauten. „Ich war gerade am Torgraben. Ihre Nachbarinnen dichten ihr alles mögliche an, verrückte Geschichten von weißen Hühnern und wehen Füßen. Aber sie sind fest entschlossen, in ihr eine Hexe zu sehen."

„Warum kommst du damit ausgerechnet zu mir?"

fragte der Magister unfreundlich. „Ich bin kein Jurist und auch kein reicher Bürger, der irgendwelchen Einfluß auf den Rat hat."

„Ich weiß", antwortete Philipp. „Ich dachte nur . . . Ich wußte niemanden, an den ich mich sonst hätte wenden können."

„Mein Ruf ist also eindeutig", unterbrach ihn der Magister. „Wie wünscht der junge Herr, daß ich ihm helfe?"

Philipp wurde immer verlegener. So hatte er sich das nicht vorgestellt. „Ich bin kein junger Herr", entgegnete er. Wie konnte er diesem Menschen klarmachen, was mit ihm los war? „Ich bitte Euch, vergeßt meine Person, aber helft der Herwertin."

„Kennst du die Frau? Bist du Heißsporn etwa verliebt?"

Philipp schüttelte heftig den Kopf. „Nein, nein, ich wohne bei ihrem Vater. Wenn Ihr sein Gesicht gesehen hättet! Ihr müßt ihr helfen. Ihr müßt einen Rechtsbeistand für sie finden."

Der verärgerte Ausdruck verschwand aus dem Gesicht des Magisters. Man sah ihm an, wie er überlegte. „Das sollte genau durchdacht werden", sagte er. „Tempora mutantur. Die Zeiten ändern sich. Heutzutage ist ein Verteidiger keine Selbstverständlichkeit mehr. Dem ‚Hexenhammer' zufolge darf nur der eine Hexe verteidigen, der vom Richter dazu bestellt ist. Nun, wen wird ein Richter bestellen? Natürlich einen, der ihm die Angelegenheit nicht unnötig kompliziert. Wer erschwert dem Richter sein Amt nicht? Natürlich einer, der dem Richter nie widerspricht. Also werden sie einen blassen, blutarmen

Menschen suchen, der über der Ehre, offiziell vom Gericht bestellt zu sein, die Belange der Angeklagten vergißt. Weißt du, was die Leute dazu treibt, gerade die Herwertin mit ihrem Auswurf zu übergießen?"

Philipp wußte auf die Frage keine Antwort und schüttelte den Kopf. Der Magister fuhr fort: „Noch vor ein paar Jahren wäre das nicht weiter gefährlich gewesen, weil kein Gericht solch Geschwätz als ernsthaftes Zeugnis akzeptiert hätte. Aber heute gilt es als Indiz. Man kann es sich fast nicht mehr vorstellen, aber vor zweihundert Jahren wurden noch diejenigen bestraft, die dem Glauben an Hexen anhingen. Ja, schau nicht so verdutzt, ich habe es mit eigenen Augen gelesen, in den alten Schriften gilt als heidnischer Aberglaube, von der bloßen Existenz von Hexen mit zauberischen Kräften überzeugt zu sein, weil einzig Gott die Welt beherrsche. Nun, das war vor zweihundert Jahren. Heute kann es der Frau geschehen, daß sie verbrannt wird, denn heute traut man der Allmacht Gottes nur noch wenig zu, macht statt dessen alte Weiber für das Wetter verantwortlich. Es bleibt die Frage, wie man ihr helfen kann."

Philipp atmete auf. Der Magister war gewonnen. Zumindest schien ihn die Sache zu interessieren.

Der Besitzer der Druckerei, ein ernster, älterer Mann, war, aus einem Nebenzimmer kommend, zu ihnen getreten. Er hatte die letzten Sätze offensichtlich gehört. „Sprecht ihr über die Herwertin? Ich glaube, ich kann euch behilflich sein. Bei der letzten Durchsuchung meiner Offizin habe ich ein Buch retten können, das der Erzherzog Sigismund von Tirol in Auftrag gegeben hat. Ein juristisches Gutachten über das Hexenwesen. Ein gewisser Ulrich Molitoris, Doktor des Kirchenrechts und Prokurator der bischöflichen Kurie in Konstanz, hat es verfaßt. Also eine durch und durch wohlanständige, untadelige Persönlichkeit! Er kommt zwar zu dem Schluß, daß Hexen zu verbrennen seien, aber an anderen Stellen merkt man doch, daß ihm der Verstand noch nicht abhanden gekommen ist. Von der Folter zur Erpressung der Wahrheit hält er überhaupt nichts, und die meisten Anklagen gegen Hexen beruhen für ihn auf bloßem Gerede. Auch hält er es für unmöglich, daß Hexen des Nachts durch die Luft fliegen."

„Ist dieses Gutachten im Gefolge des Brixener Prozesses entstanden, bei dem alle sieben angeklagten Frauen freigesprochen worden sind?"

Der Buchdrucker nickte auf die Frage des Magisters. „Wie gut, daß durch den Buchdruck solche Gutachten verbreitet werden. Früher hätte man nichts davon gehört, wenn nicht zufällig jemand aus Brixen hierhergekommen wäre."

„Wenn du dafür die Lorbeeren einheimsen willst, mußt du auch für die rasche Verbreitung des ‚Hexenhammers‘ die Verantwortung übernehmen. – Siehst du, jetzt zuckst du zurück. Das paßt dir nicht, aber es ist so. Der Buchdruck nützt allen, auch den Hexenjägern." Er legte dem Drucker begütigend die Hand auf den Arm. „Nichts für ungut, Nikodemus."

Philipp wurde langsam ungeduldig. Wollten die beiden eine gelehrte Disputation abhalten? Sicher war es ungehörig dazwischenzureden, aber die beiden Männer benahmen sich ja nicht allzu ehrwürdig. Geschickt wartete er eine Atempause des Magisters ab und stieß seine Frage in die kurze Stille: „Was schlagt Ihr vor zu tun?"

Der Magister sah ihn erstaunt an. Offensichtlich hatte er Philipp über dem angeregten Gespräch völlig vergessen. Nach kurzem Überlegen meinte er: „Nichts, wir können zur Zeit gar nichts tun. Wir müssen abwarten. Den Verteidiger bestimmt das Gericht, das ist sicher. Wenn wir wissen, wer es ist, können wir sehen, was sich mit ihm anfangen läßt."

„Aber man muß doch etwas tun können", erwiderte Philipp hitzig.

„Nein", antwortete der Druckereibesitzer. „Der Magister hat recht. Außerdem würde es als verdächtig angesehen werden, wenn ausgerechnet wir beide uns um sie kümmern."

„Vor allen Dingen mußt du vermeiden, weiterhin mit der Herwertin in Verbindung gebracht zu werden, wenn du ihr helfen willst und es nicht vorziehst, ihr Schicksal zu teilen. Also, bleib hübsch zu Hause und tröste den Vater", setzte der Magister noch hinzu.

Bleib hübsch zu Hause, wiederholte Philipp in Gedanken. Nimmt der Mensch mich überhaupt ernst, oder hält er mich für einen dummen Buben? Er verzog unwillkürlich das Gesicht.

Meister Roß sah ihn freundlich an: „Ich glaube, ich verstehe, was in dir vorgeht. Aber es geht wirklich nicht anders. Ich weiß, wie schwer es für einen jungen Menschen ist, warten zu müssen. Aber das müssen wir alle lernen. Mit Hitzigkeit läßt sich wenig ausrichten. Meinst du, meine Offizin würde noch bestehen, wenn ich immer meinem heißen Blut gefolgt wäre? Nein, was wir brauchen, ist ein langer Atem. Wenn du willst, kannst du noch etwas hierbleiben. Dann kommst du auf andere Gedanken. Ich habe einige neue Bücher da. Eine sehr schöne, bebilderte Ausgabe der Reisebeschreibung des Afanasi Nikitin, von seiner Fahrt nach Persien. Na, reizt dich das nicht? Oder die ‚Chirurgia' des Hieronymus Brunschwig?"

Ganz kurz leuchtete es in Philipps Augen auf, aber dann antwortete er brüsk: „Vielleicht ein andermal", und verließ grußlos die Offizin. Die beiden Männer schauten ihm mitfühlend nach.

Den Rest des Tages wußte er nicht, wohin. Er brachte es nicht über sich, bei den Eltern der Herwertin auszuharren. Irgendeine Scheu hielt ihn davon ab. Ihn peinigte das Gefühl, Schuld auf sich geladen zu haben, ohne daß ihm eine Einsicht in ihre Art und Schwere gekommen wäre. Er spürte nur, daß sein Gewissen ihn drückte. Gern hätte er etwas wiedergutgemacht, aber er wußte nicht was und wie. Unruhe erfaßte ihn und trieb ihn durch die Gassen.

Gegen Abend traf er ein paar seiner Kameraden. Er wurde mit lauten Rufen begrüßt, da man ihn länger nicht gesehen hatte. Er ließ sich in ein Wirtshaus abschleppen. An diesem Abend rann ihm der Wein schneller als allen anderen durch die Kehle. Trotzdem blieb er einsilbig, plagte sich mit seinen Gedanken herum. Warum hatte er sich mit diesen Burschen je eingelassen, diese albernen Kleider gekauft? In Spelunken hatte er seine Zeit totgeschlagen. Verärgert sah er in die Runde seiner Tarock spielenden Kameraden, beobachtete, wie sie die Karten auf den Tisch knallten, die bunten Bilder eifersüchtig voreinander hüteten, zufrieden Geld einstrichen oder mit sauren Mienen welches auf den Tisch warfen.

Plötzlich horchte er auf. Am Nachbartisch übertönte eine Stimme die übrigen. Irgend jemand hatte etwas zu erzählen, mit dem er der Held des Tages zu werden glaubte. Philipp hatte solchen Wirtshaustratsch schon oft gehört. Die Wirtsstuben waren voll davon: Aufgeschwollene Geschichten von Ehemännern, die sich so schwach fühlten, daß sie den Wert der eigenen Person auf diese Weise aufbessern mußten. Sie entwarfen Bilder von ungemein starken Kerlen, die ihren Frauen handgreiflich zeigten, wo es langging. – Aber diesmal war etwas anders. Vielleicht war es der triumphierende Ton, in dem der Mann sich äußerte. „Die wird so schnell nicht wieder das Maul auftun", hörte Philipp. „Jetzt sitzt sie im Turm, hat Zeit, ihre Sünden zu bereuen, und wenn sie verstockt bleibt, es gibt da gewisse Methoden, mit denen sie die Zunge solcher Weiber zu lösen wissen." Er lachte roh. „Mein Gott, bin ich froh, daß ich sie los bin. Wenn sie mich nun angesteckt hätte? Gar nicht auszudenken! Sie hatte so eine Art, mich als den Schuldigen hinzustellen. Fast überzeugend, teuflisch. Zum Glück hat es sich ja noch früh genug herausgestellt, daß ihr der Teufel diese Reden eingegeben hat." – „Was ist denn nun eigentlich geschehen?" unterbrach ihn ein Tischgenosse.

Philipp glaubte seinen Ohren nicht zu trauen. Im folgenden tischte der Mann eine Geschichte auf, in der er, statt Mist in den Weinberg zu fahren, zu Hause dem Wein zugesprochen und, als seine Frau ihm deswegen Vorhaltungen zu machen wagte, sie grün und blau geschlagen hatte. Daraufhin war die Frau einen Tag lang verschwunden, natürlich, um sich mit dem Teufel zu treffen. Der Mann hatte das bemerkt und sie beim Rat angezeigt.

Philipp sprang auf. Vor Wut konnte er kaum sprechen. Er stürzte sich auf den Kerl. „Du . . . du . . . Scheusal", stotterte er. „Feiges Schwein, Verleumder." Wie wild schlug er auf den Mann ein, hieb ihm die Faust ins Gesicht; seine Schläge prasselten gegen Brustkorb und Kopf. Plötzlich spürte er einen starken Schmerz in den Schultern. Verwundert schaute er sich um. Seine Kameraden hatten seine Arme ergriffen und hielten sie fest auf dem Rücken verschränkt. „Laßt mich los", brüllte er. „Dieser Saukerl . . ."

„Mäßige dich", sagte eine Stimme an seinem Ohr. „Du machst dich unglücklich. Denk an Franz und seinen Streit mit Peter."

„Ich pfeif' auf eure Hahnenkämpfe. Dies ist eine verdammt ernsthafte Angelegenheit."

Inzwischen waren die Tischgenossen des Herwert aufgestanden. Einer hatte einen Krug drohend erhoben, ein zweiter griff schon nach einem Stuhl. Herwert selbst hielt sich den Kopf und stöhnte. Die Studenten zerrten Philipp, der sich heftig wehrte, rückwärts zur Tür und auf die Straße. Draußen holte jemand einen Eimer voll Wasser aus einem Brunnen und schüttete ihn Philipp über den Kopf. „Damit du dich etwas abkühlst", meinte er. „In eine schöne Sache bist du da hineingeraten. Du kannst dir ausrechnen, daß diese Trunkenbolde sofort zur Universität

rennen und dich der Hexerei bezichtigen. Hoffentlich gibt es heute nacht wenigstens keinen Hagel, den
sie dir anhängen können. Am besten verläßt du sofort
die Stadt."

Obwohl Philipp vor Kälte bibberte und sein Kopf
von Wut und Wein benebelt war, merkte er doch, daß
ihn der Gedanke an Flucht nicht schreckte. Bot sich
ihm ein Ausweg, hatte er vielleicht sogar untergrün-
dig mit dieser Möglichkeit gespielt? Es paßte alles gut
zusammen: Er mußte die Stadt verlassen, weil er die
Ehre der Tochter seines Hausherrn verteidigt hatte.
Das würde auch der Vater akzeptieren. Es war nicht
mehr sein eigener Entschluß, aus dem Unwillen gegenüber dem Studium erwachsen.

Er wurde wieder ganz ruhig, willigte ein, daß
Matthias sein Bündel holte und dem Futteralmacher
erklärte, was geschehen war. Die Burschen führten
Philipp zu einer Stelle an der Stadtmauer, wo man im
Schutze der Dunkelheit leicht die innere Treppe er-
klimmen konnte. Auf der Plattform lagen die beiden
Wächter in weinseligem Schlaf. An einem Seil wurde
Philipp an der äußeren Seite der Mauer hinabgelas-
sen. Als er sich mit den Händen an dem harten, ge-
drehten Seil festhalten mußte, spürte er erst, wie weh
ihm seine Schultern und Arme taten. Unwillkürlich
dachte er an die Folter und daß jemand nach der Tor-
tur sich wohl kaum noch an einem Seil würde festhalten können. Vorsichtig stützte er sich mit den Beinen an der Mauer ab. Als er sich – unten angekommen
– losmachte, rief es leise von oben: „Mach's gut. Du
wirst uns fehlen."

Dann verschwanden die Köpfe, die sich als

schwarze Schattenrisse gegen den Himmel abge-
zeichnet hatten, hinter der Mauer. Er war allein. Wieder einmal allein. Vor ihm die Landstraße, hinter ihm
eine kleine, enge Stadt, die er die ganze Zeit seines
Aufenthaltes über gehaßt hatte. Nun erschien sie ihm
seltsamerweise nicht mehr gar so eng.

Als Philipp sich auf den Weg nach Süden begab,
wußte er nicht, daß die Herwertin ihm ein paar Wochen später auf der gleichen Straße folgen würde.
Weil sie während zweier Folterungen standhaft geblieben war, obwohl ihr dabei beide Schultern ausge-
renkt und mehrere Finger zerquetscht worden waren, ließ man sie laufen. Man wies sie aus der Stadt,
nachdem ihr Vater eine Bürgschaft gezahlt hatte. Als
verkrüppelte Bettlerin mußte sie von da an ihr Auskommen finden. Sie war eine der letzten Frauen, die
bei einem Hexenprozeß nicht auf dem Scheiterhaufen landeten.

Italien

Die Wanderung durch die Nacht löste Philipps
Unruhe. Seine gleichmäßigen Schritte beruhigten seinen Herzschlag, er blickte zu den Sternen empor und
spürte, wie die Weite des Firmamentes alle Bedrük-
kung aus seiner Brust sog. Langsam wurde sein Kopf
wieder klar, und plötzlich wußte er, warum ihn dieses
unbestimmte Schuldgefühl bedrängt hatte. Er hatte
dem Vater nachgegeben, ohne einzusehen, was der
gesagt hatte, und auch ohne es einsehen zu wollen.
Deswegen hatte er sich so gegen die neue Lage ge-
sperrt. Weit, sehr weit hatte er sich von sich selbst entfernt, und das hatte ihn gelähmt.

In dieser Nacht rechnete Philipp mit sich ab. Er
führte sich vor Augen, wie er in Kärchingen gelebt
hatte. Er hatte lauter Dinge getan, die er selber nicht
gutheißen konnte, und gleichzeitig alle Möglichkei-
ten außer acht gelassen, aus der Situation doch noch
etwas zu machen. Er sah vor sich das freundliche Gesicht des Meisters in der Druckerei, sah das neue
Chirurgiebuch in seiner Hand, über das er bislang
nur gerüchteweise gehört hatte. In der Offizin hätte
er aus den neuesten Büchern lernen können! – Was
jetzt aus der Herwertin wurde? Geholfen hatte er ihr

durch sein vorschnelles Handeln gewiß nicht, das sah er inzwischen ein. Diese Schuld würde ihm noch lange auf der Seele liegen.

Der Vater würde ihm vergeben, wenn er bewies, daß er nicht aus bloßem Eigennutz handelte. In Ferrara würde er Dinge lernen, die auch den Vater beeindrucken mußten, weil er sie für wichtig und nutzvoll hielt. Nur mußte er sich jetzt überlegen, wovon er in Italien leben wollte. Auf Geldsendungen von zu Hause konnte er kaum hoffen. Zuerst einmal mußte er die feine Kleidung loswerden. Dafür würde er einiges Geld bekommen. Das würde für den Anfang reichen.

Langsam begann der Morgen zu dämmern. Die Vögel begrüßten den neuen Tag mit lautem Gezwitscher. Dann erhob sich die Sonne am Horizont. Ihre Strahlen tasteten sich über den Waldboden, hüllten auch Philipp ein. Nach langer Zeit überkam ihn wieder das Bedürfnis zu beten. „Oh mein Gott", flüsterte er ehrfürchtig. „Du hast diese Pracht nicht geschaffen, damit wir uns verkriechen, sondern dein Werk ausführen. Hilf mir dabei, Amen."

Jetzt erst bemerkte er, wie kalt die Nacht gewesen war und daß seine Kleider immer noch klamm waren. Er zog sie aus und schwenkte sie beim Laufen durch die Luft, um sie zu trocknen. Als er an einen Bach kam, hob er sein Bündel hoch über den Kopf und rannte dann ohne Aufenthalt hinein. Er schrie vor Kälte unwillkürlich auf, einen Augenblick lang blieb ihm die Luft weg. Rasch sprang er ans andere Ufer. Zuerst bibberte er erbärmlich, doch zu seinem Erstaunen wandelte sich das brennende Kältegefühl an Bauch und Beinen langsam in Wärme.

Gegen Mittag erreichte er eine Stadt und tauschte dort seine Kleider gegen ein schlichtes graues Gewand, das er mit einem Strick zusammenband. Der Händler gab ihm sogar noch einiges Geld heraus. Damit ging er zu einem Apotheker, bot dem einige seltene Kräuter an, die er am Morgen gesammelt hatte, und kaufte verschiedene Substanzen, um daraus Arzneien herzustellen. Der Apotheker, dem auffiel, daß der junge Mann etwas von Heilmitteln verstand, versuchte ihn auszufragen, aber der blieb einsilbig. Er kaufte noch einen Lederbeutel und machte sich wieder auf den Weg. Am Abend verkroch er sich unter einer Hecke. Trotz seiner Müdigkeit konnte er nicht sofort einschlafen, weil es um ihn herum raschelte und summte. In Kärchingen hatte er diese Laute fast vergessen. Er lauschte angestrengt. Langsam schieden sich die verschiedenen Geräusche. Er hörte das metallene Quaken von Fröschen, dazwischen das Platschen von Wasser, wenn ein Frosch schwerfällig vorwärtshüpfte, oder auch ein sanftes Plupp. Philipp stellte sich dazu ein elegant ins Wasser eintauchendes, von Kopf bis Fuß gestrecktes Tier vor. Eine leichte Luftbewegung ließ ihn aufblicken. Im Mondlicht konnte er den pfeilschnellen Flug einer Fledermaus verfolgen, die mehrmals im Sturzflug auf ihn zuschoß, aber jedesmal, wenn er die Berührung schon fast zu spüren glaubte, abdrehte und zur Seite davonsegelte. Schützend barg er seinen Kopf in seinen Armen und schlief ein. Einmal erwachte er kurz, weil er undeutlich Pferdegetrappel von der Straße herüber hörte, ein paar Stimmen, Geklirre von Waffen oder Rüstungen. Die Erinnerung am nächsten Morgen war so undeutlich, daß er es für einen Traum hielt.

An jenem Morgen blieb die Sonne hinter einem leichten Nebelgewölk versteckt. Philipp schritt kräftig aus. Für das Frühstück hatte er noch ein Stück Brot gehabt und einen kühlen Trunk aus einem Bach genommen. Plötzlich hörte er etwas, das wie ein Stöhnen klang. Offensichtlich kamen die Töne aus dem Graben am Straßenrand. Vorsichtig spähte er hinein. Er sah aber nur einen Erdhaufen vor sich. Erst beim zweiten Hinsehen bemerkte Philipp einen Fuß, der aus dem Haufen herausragte. Ein Zittern durchlief den Körper, als der Mensch wieder zu stöhnen begann. Philipp betastete dieses Lumpenbündel und fragte den Mann, ob er Schmerzen habe. Aber der wimmerte nur um Erbarmen.

„Hör auf!" schrie Philipp. „Ich tue dir doch nichts. Wie soll ich dir helfen, wenn du mir keine Antwort gibst? Rappel dich auf, oder sage mir endlich, was dir fehlt."

Das wirkte. Es kam Bewegung in die Gestalt. Der Mensch nahm die dargebotene Hand und setzte sich auf. Aber immer noch war nicht zu erkennen, ob der Mann verletzt war, denn eine dicke Lehmschicht bedeckte ihn von oben bis unten. Philipp gab ihm genaue Anweisung, wie er die einzelnen Glieder seines Körpers bewegen sollte, um festzustellen, ob noch alles heil war. Der Mann knurrte zwar, tat aber, was Philipp ihm befahl. Hände, Arme, Kopf und Rücken ließen sich ohne weiteres bewegen, wenn auch der Mensch nicht aufhörte zu stöhnen. Als er den rechten Fuß aufsetzen wollte, schrie er dagegen auf. Philipp faßte nach dem Fuß und betastete ihn vorsichtig.

„Keine Wunde, eine Verstauchung", stellte er fest. „Stark angeschwollen. Er braucht Ruhe. Ich werde ihn schienen. Bleib ruhig liegen, bis ich zurück bin."

Er lief in ein Gehölz, suchte einige gerade Zweige und zwei lange, oben verdickte Knüppel, die sich als Krücken verwenden ließen. Dann schiente er vorsichtig das Bein und umwickelte die Hölzer mit einigen Lappen, die er von den Lumpen des Mannes abriß. Er schleppte den Verletzten an einen Teich, wusch ihm Kopf, Arme und Rücken. Nachdem der Dreck entfernt war, zeigte sich erst, wie zerschunden der Mann war. Philipp bestrich die blutigen Striemen am Rücken und am Hals mit einer Salbe. Darüber schlief sein Patient ein. Als er ihn nach einer Stunde weckte, waren die Schmerzen auf dem Rücken verschwunden.

In einer großartigen Gebärde umfaßte der Mann Philipps Hände. „Wie kann ich dir je danken! Du hast mein Leben gerettet." Dem war die überschwengliche Dankbarkeit des Mannes unangenehm, er unterbrach ihn und fragte, was ihm widerfahren sei. Abrupt beendete der Mann seine Dankbarkeitsbezeugungen. Eine Flut von Schimpfwörtern ergoß sich nun über Philipp. Endlich verstand er, daß der Mann auf nächtlicher Wanderschaft von einer Schar Reiter überholt worden war, die ihn aus bloßem Mutwillen zusammengeschlagen und in den Graben gestoßen hatten.

Plötzlich hob der Mann die Hände und begann wieder zu lamentieren: „Meine arme Frau, oh, meine Kinder, wie verzweifelt müßt ihr sein, sicher glaubt ihr, daß euer Vater nicht mehr nach Hause kommt, von Wegelagerern überfallen, zerschunden, tot im Straßengraben liegt, ein Fraß der Geier, und ihr armen Würmer, vaterlos, heimatlos, ohne Ernährer und Beschützer."

Philipp unterbrach den Redefluß. „Laß dieses Geschrei. Sag mir lieber, wo du zu Hause bist, damit ich dich dort abliefern kann. Und wegen der Geier", fuhr er grimmig fort, da der Mann schon wieder Anstalten machte, ihn mit Dankesworten zu überschütten, „brauchst du dir keine Sorgen zu machen. In diesem Landstrich würden höchstens ein paar Raben an dir herumpicken."

Solche Vorstellung ernüchterte den Verletzten, und er erklärte, daß er in einer Hütte im Wald, höchstens eine halbe Stunde Wegstrecke entfernt, wohne. Sie brauchten allerdings gut zwei Stunden. Philipp hatte schon etliche Male seine Hilfsbereitschaft verflucht und der Mann ihm ebensooft versichert, daß sie nun gleich am Ziel angelangt seien.

Die Hütte verdiente es kaum, so genannt zu werden. Ein Gerüst von Stöcken, notdürftig mit Weiden umflochten und mit einem Strohdach bedeckt, bot gerade Schutz vor Regen, aber kaum vor Wind. Fünf Kinder in Lumpen tummelten sich auf der Wiese vor dem Unterschlupf. Erst zwei von ihnen konnten laufen, die anderen krochen auf dem Boden umher. Eine blasse, schmale Frau rührte in einem Topf über einem Feuer. Sie würdigte ihren Mann und den Besucher kaum eines Blickes, wies sie aber mit einer Handbewegung an den im Freien stehenden Tisch. Die beiden setzten sich auf Holzklötze. Die Frau stellte wortlos den Topf mit Brei auf das wacklige Tischgestell und reichte dem Mann einen hölzernen Löffel. Der gab ihn an Philipp weiter, forderte ihn dabei auf, als Gast des Hauses zuzulangen. Die Kinder, still geworden, hatten sich inzwischen genähert, blieben aber zwei Schritte entfernt stehen und folgten jeder Bewegung Philipps mit gierigen Augen. Die auf seinen Löffel starrenden Kinder hemmten seinen Appetit gewaltig, so daß er den Löffel bald dem Vater zurückgab. Nachdem der und seine Frau gegessen hatten, stürzten die Kinder herbei und schlangen mit Löffel und Händen den Rest des Breis hinunter. In kürzester Zeit war der Topf leer, und vorwurfsvolle Blicke trafen den Gast.

„Satt werden wir selten", sagte der Mann entschuldigend. „Aber wir haben etwas, das vertreibt den Hunger", setzte er mit geheimnisvoller Miene hinzu. Er wartete, bis die Frau mit den Kindern in der Hütte verschwunden war, dann holte er aus einer Baumhöhle ein irdenes Fläschchen hervor. „Das hier macht schöne Träume", meinte er, Philipp den Trank reichend. „Nimm einen Schluck, aber nur einen, sonst schläfst du zu tief und wachst mit wehem Kopf auf."

Interessiert roch der an der Flaschenöffnung. „Was tust du hinein?"

„Das ist mein Geheimnis."

„Und wie wirkt es?"

„Trink!"

Vorsichtig nahm Philipp einen winzigen Tropfen auf die Zunge und drückte ihn an den Gaumen. „Fünffingerkraut", stellte er fachmännisch fest. „Aber nur wenig. Außerdem . . ." Er überlegte eine

134

Weile, roch noch einmal an der Flasche: „Fliegenpilz. Besser, ich trinke nicht davon, Kopfweh und getrübten Blick kann ich nicht brauchen." Er reichte die Flasche an seinen Wirt zurück. „Darin ist mir zuviel Gift, starkes Gift. So will ich meinen Körper nicht verderben."

Der Mann starrte ihn ehrfürchtig an. „Woher weißt du . . .?" stammelte er.

Philipp blickte ihm fest in die Augen. Er hob die Hand, bewegte sie langsam vor dem Gesicht des Mannes hin und her und fragte noch einmal nach der Zusammensetzung des Saftes. Jetzt bekam er Auskunft. In der Hauptsache bestand das Gebräu aus Kräutern und Pilzen, aber auch tierische Zutaten, Molchsaugen und Fledermausblut, reicherten die Mischung an. Philipp verlangte Mengenangaben, ebenso wollte er Genaues über die Art der Zubereitung wissen und ob es bestimmte Tage gebe, an denen die Mischung angesetzt werden sollte. Dann ließ er den Mann von seinen Träumen erzählen, wie er darin durch die Lüfte glitt, tanzte und fiel. Am Ende wischte er ihm mit einer raschen Handbewegung über die Augen. Der Mann zuckte zusammen, blickte verwundert um sich, bot Philipp erneut die Flasche an, und als der den Kopf schüttelte, nahm er selber einen kräftigen Schluck. Auch die Frau trat dazu, griff nach dem Behälter, trank gierig. Doch dann verlangsamten sich die Bewegungen der beiden; wurden unsicher; sie taumelten ins Gras und begannen kurz darauf zu schnarchen. Nun wimmelten die Kinder lärmend herbei, rissen sich gegenseitig die Flasche aus der Hand, stießen sich im Kampf um den Trunk. Hin und wieder warfen sie einen mißtrauischen Blick auf den Fremden, ob der nicht einen Angriff plane. Endlich fielen sie neben ihren Eltern auf die Wiese. Im Schlaf verwandelten sich ihre eben noch streitsüchtig dreinschauenden Gesichter: die harten Züge wurden weich, sogar ein Lächeln umspielte ihre Mundwinkel. Ein kleines Mädchen seufzte tief und lustvoll auf, ihre Augenlider flatterten im Traum.

Philipp betrachtete die schlafenden Leute lange. Die Kinder würden sicher eines Tages an dem Rauschmittel zugrunde gehen. Aber er würde es nicht verhindern können. Vielleicht konnte ihm das Mittel bei einem chirurgischen Eingriff von Nutzen sein: Ein schlafender Patient würde keine Schmerzen spüren und durch die Operation dann weniger geschwächt werden. Er wandte sich ab, nahm sein Bündel und suchte den Weg auf die Straße zurück.

Über kleine Landstraßen wanderte er der großen Handelsstraße nach dem Süden zu. Unterwegs verband er blasige Füße, flößte Fiebernden Tee ein, untersuchte eiternde Wunden, linderte Schmerzen. Er sah, daß ihm die Menschen zuliefen und seine Heilmittel Wirkung zeigten. Aber er sah auch, daß das Elend schier unendlich war. Auf den Landstraßen sammelte sich alles, was sonst keinen Platz fand oder ein unstetes Leben vorzog. Bettelfamilien bevölkerten die Straßen; Gerichtete, Gefolterte und Kranke, die jetzt als Blinde und Lahme ums Überleben kämpften; Musikanten und fahrendes Volk, das von Markt zu Markt zog, um mit seinen Künsten aufzuwarten; Pilger, die eine Schuld abzubüßen hatten und oft genug auf den Straßen blieben; invalide Soldaten, Scholaren und Gesellen auf Wanderschaft, dazwischen Kaufmannszüge mit ihrer Bedeckung und vornehme Reisekutschen.

Die Ebene wurde hügelig, das Gras grüner, und dann plötzlich auf einer Anhöhe weitete sich der Blick auf die Alpenkette. Philipp hielt den Atem an. Weit vor ihm und doch ganz nah glänzten und strahlten die schneebedeckten Bergriesen, hoben sich breit und mächtig aus dem Land empor. Diese Riesen zogen ihn mit aller Macht vorwärts, so daß er fast achtlos durch prachtvolle bunte Blumenwiesen dahineilte. Er verließ die Straße und wanderte auf schmalem Pfade weiter, der eine Abkürzung des Weges verhieß.

Die Nacht verbrachte er auf einer Alphütte bei einem knurrigen Hirten, der zwar nur kurz von seinem riesigen Käsekessel aufsah, in dem er über einem Feuer rührte, als Philipp nach einem Nachtlager fragte, ihm später aber wortlos eine Flasche mit einer durchsichtigen, scharf riechenden Flüssigkeit hinhielt. Philipp nippte daran, nahm auch einen kleinen Schluck, fuhr aber zusammen, als es brennend durch seine Kehle zog. Der Hirte winkte beruhigend. „Arznei", erklärte er. „Aus dem Kloster im Tal." – „Wozu ist sie gut?" Philipp war die Sache nicht geheuer. Der Hirte grinste breit, so daß etliche vereinzelt stehende, dunkel verfärbte Zähne in seinem Mund sichtbar wurden. „Für alles", antwortete er treuherzig. „Die Patres empfehlen es für fast alles, auch bei sich selbst."

Der Nachgeschmack war angenehm, Wärme breitete sich vom Magen her in Philipp aus, und der Geschmack von Pflaumen stieg in ihm auf. Philipp spürte, wie er sich langsam entspannte. Ruhig saß er während des Sonnenuntergangs vor der Hütte, verträumte die Zeit, bis der Mann ihn am Abend mit flüssigem, würzigem Käse bewirtete. So etwas Köstliches hatte er noch nie gegessen. Und als er endlich mit einem steinschweren Käseklumpen im Magen, den auch etliche Schlucke des alkoholischen Konzentrats nicht zu verdauen gewußt hatten, im Heu lag, fühlte er sich wie im Paradies, auf Schwingen, vollgesogen mit den Düften von Heu, Rauch, Käse und den scharfen Ausdünstungen der Ziegen.

Er schlief gut und fest in dieser Nacht, wachte aber am nächsten Morgen mit schwerem Kopf auf, der auch durch einen Becher Milch und ein Stück Brot, die der Hirte ihm gab, nicht leichter wurde. Als er seinen Wirt fragte, ob er sich diesen dumpfen Schädel erklären könne, brummte der etwas vor sich hin von „erst fast die ganze Flasche leersaufen und sich dann auch noch über Kopfweh beklagen". Philipp hielt es für an der Zeit, aufzubrechen.

Der schwere Kopf zog seinen Blick nach unten in die Blumenfülle der Wiesen. Goldhafer, Rotschwingel und die goldgelben Kugelblüten der Trollblume breiteten sich um ihn herum aus, ein Meer, in dem es surrte, brummte und knatterte. Und trotzdem blieb mitten in diesem lebendigen Gewimmel der Tod gegenwärtig. Mit leichtem Schauder nahm Philipp die meterhohen Schäfte des Weißen Affodills wahr, der Pflanze, von der Abt Johannes behauptete, daß die Griechen die Wiesen des Totenreiches damit bewachsen geglaubt hatten. Gleichzeitig fiel ihm der Volksglaube ein, nach dem der Fund einer selten geformten Wurzel dieser Pflanze Glück in der Liebe verhieß. Wenn es so einfach wäre!

Er pflückte vom Läusekraut, dessen Absud Läuse vertreibt, von dem der Hirte aber auch behauptet hatte, daß es beim Vieh Harnbluten verursache. Weiterhin hatte er von dem Hirten erfahren, daß er den stacheligen Hauswurz auf das Dach seiner Hütte gepflanzt habe, um Blitze fernzuhalten, ihn dazu als Schutz für die Augen um den Hals trage. Nun, das hörte sich nicht vielversprechend an, eher die Behauptung, daß der Saft der Pflanze gegen Fieber helfe. Er pflückte einige Pflanzen, konzentrierte sich dann auf die Suche nach den gelben Blüten der Arnika, deren Wirkung bei Brüchen und Blutergüssen er kannte. Auch die Sporen des Wald-Seuenkrautes sammelte er sorgfältig, denn sie nützten als Wundstreupulver. Da er gehört hatte, wie diese Pflanze Seichkräutle genannt wurde, nahm er auch einige Exemplare mit, um die entsprechende Wirkung zu erproben. Sein Kopfweh verflüchtigte sich langsam, aber ihm schwindelte jetzt von der überwältigenden Pracht der Wiesen.

Während der nächsten Stunden wanderte er wie im Rausch. Als sein Weg endlich die Straße kreuzte, wirkte das ernüchternd. Doch auch der Anblick des Lebens auf der Straße war beeindruckend genug. Auf gepflastertem Weg folgte in langer Reihe Maultier auf Maultier, jedes mit Bündeln bepackt, die seine eigene Höhe fast verdoppelten. Dazwischen Treiber, bis an die Zähne bewaffnet, ein Gewehr um die breiten Schultern gehängt und Messer im Gürtel. Ihre

Schwerter klirrten bei jedem Schritt. Die sonnenverbrannten Gesichter ließen keinen Zweifel daran aufkommen, daß diese Männer nicht bereit waren, sich von irgend jemandem auf dem Transport zurückhalten zu lassen, von keiner Schlucht, keiner Lawine und schon gar nicht von Räuberbanden.

Philipp reihte sich in den endlosen Zug ein. Zuerst ging es auf breiter Straße dahin, doch je schroffer die Felsen um sie herum aufragten, um so schmäler wurde der gepflasterte Weg. Vor einer Brücke kam der Zug ins Stocken: Die Ballen wurden abgeladen und von den Treibern einzeln über die schmale Holzkonstruktion getragen. Als Philipp über die schwankende, geländerlose Brücke schritt und vorsichtig einen Blick in die Tiefe wagte, mußte er kurz die Augen schließen. Tief, tief unter ihm toste ein Wasserfall durch die Schlucht, dessen Rauschen zwischen den steil aufragenden Felsen vielfach widerhallte. Philipp wandte seinen Blick starr dem anderen Ufer zu, setzte vorsichtig Fuß vor Fuß, ganz auf das Gehen konzentriert und die Stelle, wo er wieder festen Boden unter die Füße bekommen würde. Dann wurde der Weg steil und eng, auch verschlechterte sich das Wetter zunehmend. Es wurde kühl und neblig, und Philipp war heilfroh, als die Kolonne durch ein riesiges Tor in eine Felshöhle einbog, in der schon etliche Menschen und Tiere lagerten und wärmende Feuer brannten.

Am nächsten Morgen erreichten sie die Paßhöhe, aber der Ausblick in die Gletscherwelt blieb ihnen wegen des Nebels versperrt. Statt dessen fand Philipp etliche Exemplare des kantigen Steinbrechs, einer kleinen Pflanze, die sich stärker als Felsen und Gestein zeigt und noch in kargen Höhen zwischen Steinen und Felsbändern hervorbricht. Aus dieser Fähigkeit der Pflanze hatten viele Ärzte geschlossen, daß sie auch andere Steine, z. B. Nierensteine beim Menschen, auflösen können müßte. Die entsprechende Arznei wurde hergestellt, indem man die Wurzeln in Wein einlegte. Es würden sich lohnen, das zu überprüfen.

Nach kurzem Abstieg lichtete sich der Nebel. Vor ihm lag Italien, das Land der Sonne, dem er so lange entgegengefiebert hatte. Gierig nahm er die Ansicht in sich auf. Und dann stürmte Philipp den steilen Bergpfad hinab, durch Wälder, deren Bäume er nicht kannte, über Wiesen, bis er die fruchtbare Ebene erreichte, in der er goldgelbe, saftige Früchte von Bäumen pflückte, deren samtweiche Haut ihn so zart streichelte, daß er erschauerte. Über ihm wölbte sich der azurblaue Himmel, die Sonne herrschte und überflutete alles mit ihrem strahlenden Glanz, wärmte, ja erhitzte von früh bis spät, ohne daß die Sorge bestand, kalter Regen, Wind oder Nebel könnten die Oberhand gewinnen.

Seine erste Station war Mailand: der Dom riesig aufragend, ein Gebäude von solcher Größe und Gewaltigkeit, daß sich der Mensch darin klein und verloren fühlen mußte. Philipp staunte, es drängte ihn aber an einen anderen Ort. Er hatte von einem Maler gehört, der Bilder schuf, die eine neue Wahrheit enthielten.

Regungslos stand er vor dem Wandgemälde des Leonardo da Vinci, das Jesus und seine Jünger beim

141

Abendmahl darstellte. Die Szene war lebendig, die Menschen der Natur nachgebildet. Jeden Muskel konnte man bei den einzelnen Figuren erkennen, jedes Haar, sogar jede Sehne. Aber das war es nicht allein, was seinen Blick gebannt hielt und sein Herz wild schlagen ließ. Er fühlte, daß in jeder gemalten Einzelheit der Charakter der dazugehörigen Person aufschien. Die Haltung der Menschen auf diesem Bild zeigte ihr Wesen. Leonardo hatte eine sehr bewegte Szene dargestellt. Gerade hat Jesus zu den mit ihm am Tisch sitzenden Jüngern gesagt: „Einer ist unter euch, der mich verrät." Auf diese Ungeheuerlichkeit reagieren sie nun alle. Petrus ist hochgefahren und greift nach der Schulter des Johannes, bedeutet ihm, als Jesu Lieblingsjünger nachzufragen, wer denn der Täter sei. Unwillkürlich, ohne es zu merken, gibt er sich selbst die Antwort, indem er das Messer in seiner Hand Judas fast an die Rippen setzt. Dadurch wird der nach vorn gestoßen. Er wirkt verkrampft und unsicher.

Am anderen Ende des Tisches sitzen Jakobus, Philippus und Thomas; Jakobus zurückgeschreckt, Thomas sich an seiner Schulter vorbei auf Jesus zubewegend, und Philippus, der hinter Jakobus aufgestanden ist und auch eine Geste auf Jesus zu macht. Keine der Gestalten verhält sich ruhig, und alle drücken durch ihre Bewegung und ihre Gesten aus, was sie denken und fühlen.

Aber nicht nur als einzelne Personen wirken die zwölf Apostel. Die Gruppe bildet ein Ganzes, und auch dieser Eindruck wühlte Philipps Empfindungen auf. „Wie das Meer", dachte er, „sie sind wie das Meer, in dem Wellen sich auftürmen und in sich zusammensinken, kraftvoll vorwärtsrollend und sich zurückziehend, am Ufer in kleinen Wellen, an Stellen, wo das Wasser tiefer ist, in mächtigen großen Bewegungen." Dies war nicht irgendein zusammengewürfelter Haufen, sondern ein Teil der Menschheit in seiner Größe und auch in seinen Fehlern. In Petrus' Gesicht kündigt sich Rache an, aber auch Beherrschung, Thaddäus ist voller Zweifel, während sich in Andreas' Gesicht das Entsetzen eingenistet hat; und mitten zwischen ihnen, den Blick in Ergebenheit gesenkt, ruhig, trotz der ungeheuren Worte, die er gerade ausgesprochen hat, sitzt Jesus. Seine linke Hand liegt mit geöffneter Handfläche auf dem Tisch, er verzweifelt nicht, zweifelt nicht an der Menschheit. Philipp, der all die leidenschaftlichen Blicke der Apostel in sich brennen fühlte, war der Anblick dieses Gesichtes wie eine Erlösung. Hier konnte man Ruhe finden, getrost in die Schrecknisse der Zukunft blicken. In all dem Toben und Wüten der Welt gab es Hoffnung und Verzeihung.

Sein Blick glitt über die vielen Hände, die das Bild belebten. Jeder Apostel sprach mit seinen Händen, und sie sagten genausoviel wie die Augen, die Gesichter oder die ganzen Körper. „So muß ich den Menschen erkennen, wie dieser Maler", dachte er. „Denn in der Medizin ist jede Einzelheit genauso bedeutsam. Auch im kleinsten Finger ist das Ganze einer Person enthalten, und wenn dieser Finger krank ist, ist der Mensch krank: Judas umklammert den Geldbeutel mit seinen Fingern, verkrampft sie. Die Gier zeigt sich auch in seinen Augen, sie sitzt in seinem Herzen, verdirbt seine Gedanken und wirkt auf die

Menschen um ihn her. Kein Lebewesen lebt unabhängig von anderen oder von seiner Umgebung. Trotz der Fülle der Verschiedenheiten und der Mannigfaltigkeit der Erscheinungen wirkt eins ins andere, das Kleine auf das Große und umgekehrt."

Erschöpft wankte Philipp endlich aus dem Raum. Was er an diesem Tag, hier in diesem Klosterraum erlebt hatte, sollte er nie vergessen. Der Eindruck war so tief, erschütterte seine Vorstellung von der Welt so sehr, daß er sich kaum fassen konnte. Stundenlang lief er durch die Straßen von Mailand, ohne ihre Betriebsamkeit auch nur zu bemerken. Zu sehr arbeitete es in ihm. Er setzte sich an das Ufer eines der vielen Kanäle, die Mailand durchzogen, und dort, in der Stille und Dunkelheit der Nacht, löste sich seine Anspannung. Er weinte lange. Der Strom der Tränen leerte und reinigte seine aufgewühlte Seele.

Nun gab es für Philipp kein Halten mehr. Er wollte endlich wieder arbeiten und studieren. Die Erwartung spannte alle Muskeln in seinem Körper an, die ihre Kräfte vereinigten, um seine Füße anzutreiben. Der Anblick von Ferrara beschleunigte seinen Schritt noch. In der Abenddämmerung erreichte er das Stadttor, gerade bevor es geschlossen wurde. Philipp durcheilte die Gassen, während sich die Dunkelheit über die Stadt herabsenkte. Doch dann verlangsamte sich sein Schritt immer mehr. Wo sollte er jetzt hin, ohne einen Scudo in der Tasche und ohne die Landessprache zu beherrschen, wenn man von den paar Sprachbrocken einmal absah, die er auf seiner Wanderung schon aufgeschnappt hatte. Jetzt erst begann er, die Häuser an seinem Weg genauer zu betrachten. Herrenhaus reihte sich an Herrenhaus; aufwendige schmiedeeiserne Gitter vor den Fenstern, Mauern, eisenbeschlagene Türen, Wachtposten. Das Gekläff ihrer Wachhunde trieb ihn weiter. Bestand diese Stadt nur aus Palästen? Hier würde es nirgendwo eine Schlafstelle für ihn geben. Als es fast dunkel geworden war, blieb er vor einem der großen Gebäude stehen. Das Haus erhellte sich rasch. Philipp blickte in den Saal, in dem etliche Lakaien die Lichter an riesigen Kronleuchtern entzündeten. Golden und purpurn blinkte es rundherum auf. Diener trugen goldenes Geschirr, mit Zierrat überladene Kannen und tiefrot schimmernde Pokale auf. Dann öffnete sich das Eingangstor, und zwei Lakaien traten mit großen Leuchtern in der Hand hinaus. Steif wie Puppen nahmen sie in ihren bunten Livreen Aufstellung neben der Tür, rührten sich nicht mehr.

Eine Kutsche rollte die Straße entlang, hielt neben Philipp an; sofort eilten weitere Diener aus dem Haus herbei, einer riß den Wagenschlag auf, der andere leuchtete. Die beiden Frauen, die ausstiegen, würdigten keinen der Diener eines Blickes. Ihr Gelächter hallte über die Gasse, während ihre Hände damit beschäftigt waren, die herabwallenden, schweren Röcke anzuheben, damit sie nicht durch den Schmutz schleiften. Ihr Haar war zu kunstvoll geflochtenen Frisuren aufgesteckt, in denen es von Edelsteinen glitzerte. Auch die Kleider wurden von kostbar besetzten Spangen zusammengehalten. Tief ausgeschnitten, gaben diese Kleider mehr Einsicht preis, als daß sie die Körper bedeckten. Im Busen der einen prangte ein besonders großer, tiefroter, in Gold gefaßter Stein. Verwirrt wandte Philipp den Kopf zur Seite. Die Farben blendeten, und die Leere der Gesichter verstörte ihn tief. Ein Stoß, den er plötzlich erhielt, schreckte ihn auf. Eine heisere Stimme knurrte ihn an. Die Sprache des Degens, den ihm der Fremde offen entgegenhielt, verstand Philipp ohne weiteres; auch ließ das von Narben verunstaltete Gesicht, in dem sogar ein Stück Nase fehlte, keinen Zweifel über die Absichten dieses Menschen zu. Eine zweite, ebenso verwegene Gestalt hockte auf einem Sitz hinter der Kutsche. Doch bevor Philipp reagieren konnte, hatte er schon einen Tritt in die Seite erhalten, der ihn über das Pflaster schleuderte. Während er sich wieder aufrappelte, rollte die Kutsche davon. Ziellos rannte Philipp weiter. Jetzt drang aus fast allen diesen Häusern Tanzmusik, Klänge, die Philipp erst recht befremdeten. Dann endlich erreichte er ein anderes Viertel, in dem die Gassen enger waren, schmutziger, die Häuser verfallener. Durchdringender Fischgeruch, vermischt mit dem Gestank von Fäkalien. Unter dem Schild einer Schenke blieb er stehen. Mißtrauisch betrachtete er den Eingang, vor dem ein Haufen Abfall lag: ein paar Knochen, Gemüsereste, Papierfetzen. Zwei Hunde beschnupperten die Knochen, bevor sie sichtlich enttäuscht weiterzogen. Das sah alles nicht sehr einladend aus. Aber dann entzifferte Philipp auf einem Schild neben der Tür ein Wort, das ihm das Weitergehen unmöglich machte: Chirurgus. Zögernd trat er ein. Im beißenden Qualm des Herdfeuers konnte er vage eine fette Alte hinter dem Schanktisch erkennen. Doch er hatte keine

Wahl. Er trat auf sie zu und fragte stockend nach einer Bleibe. „Hast du Geld?“ war die prompte Antwort. Philipp schüttelte den Kopf, radebrechte etwas von einer Arbeit bei einem Chirurgus, die er suche. Die Frau musterte ihn abschätzig, aber anstatt ihn mit lautem Gekreisch hinauszuschmeißen, beugte sie sich interessiert vor, wobei ihre dicken Brüste über den Schanktisch schwappten, und erklärte ihm wortreich, daß ihr Mann einen Gehilfen suche. Als Philipp den Sinn ihrer Worte begriffen hatte, leuchtete sein Gesicht auf. Das war genau das richtige. Er nickte heftig, und die Alte holte ihm einen Teller Suppe vom Feuer, schenkte sogar noch ein Glas Wein aus. Dann wies sie ihn die Treppe hoch in ein winziges Kämmerchen unterm Dach.

Am nächsten Morgen weckte ihn der Chirurgus, der schon seine Tasche in der Hand trug. In der Gaststube steckte die Frau Philipp ein Stück Brot zu. Schweigend verließen die beiden Männer das Haus. Philipp versuchte dem Chirurgus zu erklären, daß er von Krankheiten etwas verstehe, aber der Mann antwortete ihm nicht, reagierte überhaupt nicht auf ihn. Sie betraten ein Haus, durch einen dunklen Gang erreichten sie einen stickigen Raum. Mehrere Kinder hockten auf dem Fußboden, am Herd rührte ein Mädchen in einem riesigen Topf mit Suppe. Sie deutete nach links auf einen Vorhang. Der Chirurg zog ihn beiseite. Dahinter befand sich ein Bett, in dem ein Mann saß. Er starrte die beiden mit verwirrtem Blick an. Unter seinen Augen zeichneten sich tiefe schwarze Ringe ab, die Wangen waren eingefallen; im fahlen Schein des Feuers erschien Philipp sein Gesicht grün.

Der Chirurgus schlug die Bettdecke zurück. Eine Welle pestilenzialischen Gestanks traf sie. Der Arzt betrachtete den Mann nicht weiter, sondern packte in aller Ruhe seine Tasche aus, legte seine Geräte, eines neben das andere, ordentlich auf einen Stuhl. Philipp stand zuerst unbeteiligt daneben, dann faßte er nach dem Armgelenk des Kranken und fühlte nach seinem Pulsschlag. Der ging unregelmäßig, flackerte. Unwillig stieß der Chirurgus Philipp an, bedeutete ihm, einen hölzernen Lehnstuhl herbeizuholen. Auf den trugen sie gemeinsam den nackten Patienten. Dann zeigte der Chirurg Philipp, wie der Mann fachgerecht gefesselt wurde. Das Mädchen ließ er eine Schüssel mit heißem Wasser herbeiholen, scheuchte die Kinder mit einer Handbewegung fort, was sich aber als nutzlos erwies, da die zwar ein Stück zurückwichen, dann jedoch Schritt für Schritt wieder näher kamen. Der Chirurgus zuckte mit den Schultern und ließ sie dann gewähren. Jetzt legten sie das rechte Bein des Patienten auf einen Schemel, der Chirurg umschnürte den Oberschenkel mit einer Schnur und zurrte ihn dann fest. Ohne weitere Vorbereitung oder Vorwarnung setzte er sein Messer, dann die Säge oberhalb des Knies an. Der Mann, der bislang alles apathisch hatte über sich ergehen lassen, stieß einen schrillen Schrei aus und fiel in sich zusammen, so daß er nur noch in den Seilen hing, die um ihn geschlungen waren. In Strömen spritzte das Blut auf den Fußboden. Gleich beim Betreten des Raumes hatte der Chirurg ein Stück Eisen ins Feuer gelegt. Das holte er nun mit einer Zange heraus und hielt es kurz gegen die Wunde. Es zischte und dampfte, doch das Blut hörte auf zu fließen.

148

Nachdem der Stumpf verbunden war, setzten sie den alten Mann wieder in sein Bett. Das abgesägte Bein befahl der Chirurg zu vergraben. Aber erst, wenn sie gegangen seien. Dann gab er dem Mädchen noch ein paar Anweisungen für die Pflege des Kranken und reinigte seine Instrumente in dem heißen Wasser. Plötzlich entstand ein heftiger Wortwechsel zwischen dem Mädchen und dem Arzt, und Philipp verstand rasch, daß es um den Lohn des Chirurgen ging. Der bislang so stoisch ruhige Mann stampfte dabei mit dem Fuß auf, wurde puterrot, packte plötzlich das Mädchen am Kleid und riß es mit der andern Hand am Ohr. Sie kreischte wild, wand sich in seinem Griff. Aber der Chirurgus blieb hart. Plötzlich hielt ihm eines der Kinder ein Säckchen hin. Der Mann ließ das Mädchen los, griff blitzschnell danach und gab ihr einen Stoß, der sie zwischen die Kinder schleuderte. Wie Kegel, die von einer Kugel getroffen werden, krachten alle auf den Boden. Das Mädchen heulte und zeterte, rappelte sich wieder auf, versetzte dem Kind, das das Säckchen preisgegeben hatte, ein paar schallende Ohrfeigen und versuchte, sich an den Chirurgus zu hängen. Aber der schüttelte sie ab und verließ raschen Schrittes den Raum. Philipp folgte ihm benommen. Das Geschrei der Kinder und das Zetern des Mädchens begleiteten sie durch die Gasse. Philipp hatte nur den einen Wunsch, weg von diesem Ort und auch von dem Chirurgus zu kommen, der so ungerührt und brutal mit diesen armen Leuten umging. Trotzdem folgte er ihm den ganzen Tag von Haus zu Haus, durch die schmutzigen Gassen, in die stinkenden Höhlen, in denen er seine Patienten seiner groben Behandlung unterzog und in denen sich immer wieder die gleichen Szenen abspielten, sobald der Mann seine Bezahlung verlangte. Philipp merkte rasch, daß der Mann sein Handwerk verstand, seine Arbeit sicher und genau ausführte. Die Säckchen, die er den Armen entriß, enthielten immer nur ein paar kleine Münzen, von denen er Philipp einen Anteil abmaß.

Gleichzeitig fühlte Philipp sich bei dem Chirurgus sicher. Das Metier war ihm vertraut, die Armut hatte hier vielleicht ein etwas anderes Gesicht als zu Hause, doch die Menschen litten an den gleichen Krankheiten wie in Deutschland, hungerten, jammerten und klagten genauso. Etliche Wochen verließ Philipp das Armenviertel nicht. Ein paarmal führte der Weg zu einem Kranken durch bessere Viertel, und jedesmal senkte Philipp beim Anblick der Paläste, üppigen Gärten und elegant gekleideten Menschen den Blick. Die Üppigkeit des Luxus schreckte ihn nicht weniger als die Scheußlichkeit der Armut. Da war sie also wieder, die alte Scham, die Frage nach seinem Platz in der Welt, die sich ihm wie Blei in die Glieder legte. Er fühlte, daß eines Tages eine unüberwindliche Schwelle vor ihm aufgeworfen sein würde, wenn er sich nicht endlich aus dem Armenviertel heraustraute, um sich an der Universität einzuschreiben.

Eines Morgens kamen sie auf dem Weg von einem Kranken an einem großen Gebäude vorbei, vor dem etliche Studenten in Adelstracht oder Scholarenmantel herumstanden. „Das ist die Universität", erklärte Meister Soltello. Kaum merklich verlangsamte er seinen Schritt. Philipp zögerte. Dann holte er tief Luft:

„Kannst du mich für heute entbehren? Ich möchte mir die Universität anschauen." Der Chirurgus nickte: „Sei gegen sechs Uhr zurück, wir haben noch einen schwierigen Fall am anderen Flußufer, heftige Zahnschmerzen, Fieber. Ich habe gesagt, wir kommen, wenn die Mittagshitze vorbei ist." Dann ließ er Philipp stehen, der zögernd auf das Gebäude zuging.

Die Studenten standen in Gruppen zusammen, unterhielten sich heftig gestikulierend. Niemand beachtete Philipp. So konnte er unangefochten das Gebäude betreten. Die Wände der Halle waren mit Anschlägen versehen. Philipp begann zu lesen. Nun, auch hier gab es Vorlesungen und Disputationen über Galenus und Avicenna, doch stand da auch die Ankündigung einer Anatomisierung. Langsam bevölkerte sich die Halle, um sich gleich wieder zu leeren, als die Studenten in den Hörsälen verschwanden. Philipp drückte sich mit in einen der Räume hinein. Das Surren der Stimmen wurde vom kräftigen Trampeln der Füße abgelöst, als ein kleiner, schmächtiger Mann im Talar das Pult betrat. Kaum ragte der Kopf des Mannes über den Pultrand. So war die Aufmerksamkeit auf das Gesicht gelenkt. Auf den ersten Blick schien auch dies unscheinbar, doch nachdem der Mann einmal angefangen hatte zu reden, gab es die Zuhörer nicht so leicht wieder frei. Ein rundes Kinn reckte sich dem Betrachter entgegen, die viel zu große Nase durchstach bei jeder heftigen Bewegung die Luft und in den grauen Augen glomm ein leidenschaftliches Feuer. Dagegen wirkte die kräkige Stimme langweilig. Gleichmäßig regneten die Worte auf die Studenten herab; doch fiel Philipp auf, daß der gleichförmige Rhythmus eine Kraft barg, die den Zuhörer fesselte und mit sich zog, ohne ihn zu berauschen. Dies war fern von dem Geleiere, in dem die Professoren in Kärchingen ihr Wissen heruntergebetet hatten. Die Gedanken waren Philipp neu und wurden bedächtig hin und her gewendet, bevor ein Urteil gefällt wurde.

Und dann geschah etwas, was Philipp den Atem stocken ließ. In einer Redepause rief einer der Studenten etwas in den Saal. Bestürzt blickte Philipp in die Richtung, aus der die Stimme kam. Was würde nun geschehen? Würde dieser Professor sich auch in seiner Autorität bedroht fühlen?

Doch das erwartete Unwetter blieb aus. Der Professor wendete sich dem Studenten zu und bat ihn freundlich, die Frage etwas lauter zu wiederholen, er habe sie leider nicht ganz verstanden. Das war unglaublich. Welche Schmach hatte ihn in Kärchingen wegen einer solchen Frage getroffen, und wie selbstverständlich ging dieser Mann damit um. Philipp spürte, wie seine Angst verflog, sein Herz weit wurde und ein Freudenschauer ihn durchrieselte. Hier würde er lernen können, Fragen stellen und Antworten bekommen. Plötzlich waren das Aussehen der Studenten, der beängstigende Reichtum dieser Stadt, all diese unübersteigbaren Hindernisse bedeutungslos geworden.

Am Nachmittag, noch bevor er sich eingeschrieben hatte, besuchte er eine Disputation dieses Professors. Obwohl er sich mitten im Semester in einen festen Kreis von Studenten mischte, wurde er nicht hinausgewiesen. Nach der Stunde rief der Professor ihn allerdings zu sich, fragte nach seinem Namen und Herkommen und mahnte ihn, sich an die Gepflogenheiten der Universität zu halten. Philipp bat den Mann inständig, ihn in den laufenden Kursus doch noch aufzunehmen. Er stellte sich vor, berichtete, was er bis jetzt gelernt habe und warum er nach Ferrara gekommen sei. Der Professor musterte ihn ernst, jedoch mit Wohlwollen. Dann bestellte er ihn für den nächsten Sonntag zum Essen zu sich nach Hause.

Professor Manardi wohnte in einem recht heruntergekommenen Haus. Außer seiner Familie, die groß und für Philipp unübersichtlich war, hatten noch etliche Studenten hier ihr Quartier. Zur Mahlzeit ließen sie sich um einen großen Tisch nieder. Die Speisen waren einfach: Brei, Gemüse, Obst, Brot, etwas Wein mit Wasser. Während des Essens lärmten alle durcheinander, doch am Ende der Mahlzeit genügte ein Blick des Professors, um sie zum Schweigen zu bringen. Nun stellte er Philipp vor und begann, den neuen Studenten zu examinieren. Philipp antwortete, so gut es ging. Häufig suchte er nach Worten, schwitzte und wünschte sich weit fort. Aber die Fragen prasselten erbarmungslos auf ihn herab. Endlich sagte sein Gastgeber, ohne eine Miene zu verziehen: „Du scheinst brauchbar. Du kannst bleiben und all meine Stunden besuchen. Auch würde ich mich freuen, dich häufig bei den Tischgesprächen in meinem Haus zu sehen."

Philipp hatte das Urteil des Professors mit gesenktem Haupt entgegengenommen. Die Worte hatten gleichmütig geklungen, waren ohne besondere Begeisterung gesprochen, doch waren sie auch nicht entmutigend. Als Philipp jedoch aufblickte, starrten ihn alle am Tisch an. In einigen Gesichtern erkannte er offene Bewunderung, aber auch Neid und Kampfansagen. Nun wußte er, daß nicht jeder Fremde so aufgenommen wurde und die Worte des Professors einiges bedeuteten, aber auch, daß in Ferrara nicht das Paradies auf ihn wartete.

Seine Arbeit bei dem Chirurgen verschwieg er. Er wußte nicht genau, warum, denn er hielt den Professor nicht für so engstirnig, daß er die Arbeit eines Chirurgen zweiter Klasse verachtete. Gleichzeitig drückten Philipp viele Fragen, und so war er am Ende doch erleichtert, als der Professor ihn eines Mittags darauf ansprach. Sie diskutierten gerade darüber, welche Folgen ein chirurgischer Eingriff für einen Patienten haben müsse. „Nun, Filippo", wandte sich der Professor an seinen Schüler, „du müßtest zu diesem Problem etwas sagen können."

Philipp wurde über und über rot, setzte zu einer Erklärung an, schwieg dann trotzig, schaute jedoch seinen Lehrer dabei herausfordernd an. Dann preßte er aus sich heraus: „Es ist nicht verboten, bei einem Chirurgus zu arbeiten. Außerdem brauche ich Geld." – „Nein, natürlich nicht", antwortete Giovanni Manardi. „Im Gegenteil, für einen Arzt ist es nützlich, auch etwas vom chirurgischen Handwerk zu verstehen. Aber es betrübt mich, daß du mir dies bislang verschwiegen hat. Hast du dafür einen bestimmten Grund?"

„Nun ja, ich dachte . . ." Philipp zögerte. – „Hältst du mich für so dünkelhaft? Habe ich je diesen Eindruck erweckt?" Philipp merkte, daß sein Lehrer ernsthaft gekränkt war. „Nein", antwortete er deshalb rasch. „Das nicht. Es . . . es ist mein eigenes Mißtrauen." Er wurde wieder rot. Er würde das jetzt erklären müssen. Also berichtete er von seinem Rauswurf aus der Vorlesung in Kärchingen, häufig unterbrochen von den Zurufen der übrigen Tischgenossen, die sich lärmend in mitleidigen Äußerungen über den armen Deutschen zu überbieten versuchten, bis der Professor ihnen mit einer Handbewegung Einhalt gebot: „Genug des Geschreis! Filippo wollte erzählen, was er bei den Operationen erlebt hat."

„Es ist schrecklich mit anzusehen und noch schrecklicher zu tun", berichtete Philipp tonlos. „Die Kranken werden vor Schmerzen ohnmächtig. Sie verlieren sehr viel Blut, und die Wunde muß lange heilen. Aber das ist nicht einmal das schlimmste. Die Gewalt, die ihrem Körper angetan wird, macht sie verzagt und oft mutlos. Sie werden schwach, traurig, manche bleiben lange Zeit melancholisch. Nein, das ist keine gute Art, einen Kranken zu heilen, indem man dem Körper Wunden zufügt. Trotzdem ist es oft ihre einzige Rettung. Doch wieviel dabei in der Seele zerstört wird, weiß ich nicht zu beurteilen. Es muß andere Mittel und Wege geben, den Menschen zu helfen. Weniger grobe, weniger grausame."

„Da hast du recht", erwiderte Manardi. „Das rohe Handwerk der Chirurgie ist nur ein Notbehelf, kein Heilmittel." – „Es ist schrecklich, solche Arbeit zu verrichten. Der Chirurg, bei dem ich arbeite, braucht abends oft etliche Gläser Wein, bis er das Elend so weit vergessen hat, daß er schlafen kann. Aber was noch viel schlimmer ist, oft muß er den Kranken ihre letzten Pfennige entreißen, um selbst sein Brot kaufen zu können. Und die Kranken ... denen fehlt so vieles. In den stinkenden Löchern, in denen sie leben, herrschen Elend, Krankheit und Grausamkeit." Philipps Rede war immer heftiger geworden, jetzt schrie er: „Warum, Professore, warum läßt Gott das zu? Warum hilft er ihnen in ihrem Elend nicht, wo der Reichtum doch rund um ihre Viertel herum wuchert? Die Reichen haben gute Ärzte, bekommen teure Heilmittel und gute Pflege. Aber zu den Armen kommt nur ein versoffener Chirurgus, der teil an ihrem Elend hat und nur rohe Mittel, ihnen zu helfen."

Tiefe Stille entstand. Erschrocken blickten die Studenten von Philipp zu Manardi. Der nickte: „Du hast recht, Filippo, es ist schwer für uns Menschen, Gottes Werk zu verstehen und anzuerkennen. Gottes Wege sind unerfindlich und bleiben unserem Verstand unerklärlich. Auch ich verstehe nicht, warum das Elend in der Welt so riesig ist und die Menschen so schlecht sind. Wir müssen das hinnehmen, wenn wir nicht verzweifeln wollen. Sonst ist unser Leben vertan. Aber eines ist sicher. Jeder Mensch, auch der geringste, trägt in sich den göttlichen Funken, den wir in ihm achten und lieben sollen und nach dem wir beständig suchen müssen. Darin und nur darin liegt unsere Bestimmung und unsere Kraft. Ein Arzt, der zu heilen versucht, aus schnöder Habgier oder Ruhmsucht, kann seine Patienten nur ins Elend stürzen. Seine Arbeit ist nutzlos. Wer die Gnade empfangen hat, heilen zu können, darf sie sich nicht als eigenes Verdienst anrechnen, sondern sollte Gott demütig für diese Gabe danken und alles zu lernen versuchen, was ihm hilft, seine Heilkraft zu entwickeln und die Menschen zu verstehen."

„Die Menschen verstehen", seufzte Philipp. „Professore, das erscheint mir das schwerste von allem. Als ich das Abendmahlbild des Leonardo gesehen habe, dachte ich, daß dieser die Menschen erkannt habe. Aber Leonardo ist ein Sehender unter Tausenden von Blinden. Und auch durch sein Werk ist die Welt nicht besser geworden." – „Niemand wird die Welt besser machen, als Gott sie geschaffen hat. Solche Gedanken, wie du sie da hast, Filippo, sind Hoffart, die Eitelkeit eines winzigen Sandkorns, das Teil eines riesigen Berges ist und allein das Ganze sein will. Das ist niemand. Aber bedenke, daß jeder ein solches Sandkorn ist und jedes einzelne nötig, damit dieser Berg entsteht. Ich weiß, daß ihr Studenten hier in Ferrara vielen Gefahren ausgesetzt seid und viele von euch ihnen erliegen werden. Luxus, Völlerei, Betrug und sogar Mord sind nur zu handgreiflich nahe. Bei jedem Schritt seid ihr umgeben von der verlockenden und verrufenen Pracht des ferraresischen Fürstenhofes."

Einer der Studenten lachte auf: „Die Fürstin, die schöne Lucrezia Borgia, gibt sich doch recht tugendsam, seitdem sie den Herzog geheiratet hat, und ihr Gatte zeigt noch keinerlei Anzeichen einer Vergiftung. Höchst ungewöhnlich für die Papsttochter."

Manardi seufzte: „Für euch ist es wirklich nicht leicht, moralischen Halt zu finden, wenn sogar der Papst, der oberste Herr der Christenheit, den Lastern verfallen ist und an seinem Hof mit Meuchelmord regiert. Aber bedenkt, auch er ist eines der Sandkörner, die die Menschheit ausmachen, und neben die

Schlechten hat Gott viele Gute gestellt. Auf einen schlechten Papst werden viele gute folgen. Verzweifelt also nicht an der Welt, glaubt mir, im Kern ist sie gut."

Philipp blickte seinen Lehrer zweifelnd an. Woher nahm der nur diesen Glauben? Nichts auf der Welt schien dafür zu sprechen, daß die Menschen im Kern gut waren: die Reichen lebten nur ihren egoistischen Trieben, und die Armen wurden eingekerkert und gerichtet, wenn sie ein Brot stahlen, um ihren Hunger zu stillen. Philipp mußte plötzlich an Abt Johannes denken, auch der hatte diese Hoffnung gelebt, gegen alle Unbilden der Welt.

Als Philipp an diesem Abend in seine Kammer zurückkehrte, hatte sich die Welt nicht verändert, doch war die Last, die seine Seele drückte, leichter geworden. Während der Stunden an der Universität ergriff ihn immer wieder die Freude am Lernen, die Lust zu wissen und zu verstehen. Die Reise zu den Geheimnissen der menschlichen Seele war aufregend und voller Abenteuer. Doch immer wieder schlug seine Stimmung jäh um, und tiefe Niedergeschlagenheit drückte ihn. Der hochmütige Blick eines adligen Narren, der verzweifelte Blick eines Armen, der todkrank in der Gosse lag. In einer solchen Stimmung mußte er dem Chirurgus in ein vornehmes Landhaus folgen. Giulio d'Este, der Bruder des Fürsten und größte Frauenheld des Fürstentums, lag verletzt in seinen Gemächern. Es sei keine Zeit zu verlieren, wenn sein Leben gerettet werden sollte. Genaueres war dem aufgeregten Gerede des Dieners, der die Nachricht überbrachte, nicht zu entnehmen.

Philipp spürte die verachtungsvollen Blicke der Lakaien auf sich brennen, als sie das Tor des Palastes passierten. „Sie halten uns für Abschaum, aber um ihnen ihr Leben ohne Aufsehen zu retten, das sie gerade für irgendein Abenteuer aufs Spiel gesetzt haben, sind wir ihnen gut genug," knurrte der Chirurgus, der sonst selten eine Bemerkung über seine Patienten machte.

Sie durcheilten schier endlose Gänge, zahllose Türen öffneten sich vor und schlossen sich wieder hinter ihnen. Endlich traten sie in ein dämmriges Zimmer. Jemand hatte die Gardinen vorgezogen, um das grelle Tageslicht auszuschließen. In einem Sessel lag eine Gestalt, die heftig stöhnte, dann laut schreiend auffuhr, sich zurückwarf und wieder zusammenkrümmte. Das Gesicht, die Kleidung, der Sessel, alles war voller Blut.

Sie richteten den Menschen auf, der sich heftig zu wehren suchte und den Kopf nach unten drehte, doch der Chirurgus faßte nach dem Kinn und zog es hoch, so daß sie sich das Gesicht anschauen konnten. Philipp fühlte sich zu Stein erstarren, er wollte schreien, öffnete den Mund, war aber unfähig, einen Laut zu bilden. Da, wo einmal ein Auge gewesen war, klaffte eine tiefe Höhle, aus der das Blut quoll und Haar und Bart rot färbte. Unwillkürlich faßte Philipp nach dem Arm des Chirurgus. Da spürte er, wie auch dieser abgebrühte Mann zitterte. Der Mund des Verletzten verzog sich zu einer höhnischen Fratze. „Entsetzt euch nur", stieß er hervor. „Aber wißt, es ist nicht der Teufel, den ihr vor euch habt", er kicherte schauerlich, „der Teufel sitzt oben im Saal in Amt und Würden." Er schrie auf, schrill, dann brach er in sich zusammen.

Sie trugen ihn auf das Bett, das in einer Ecke des Zimmers stand. Der Chirurgus hatte aufgehört zu zittern, und nun begannen beide, ohne ein weiteres Wort zu wechseln, den Verletzten zu verbinden. Sie gaben ihm einen Schlaftrunk, warteten, bis er eingeschlafen war, bevor sie die Wache riefen, die ihnen die Tür aufschloß und sie hinausbegleitete. Auf ihre erstaunten Fragen, warum der Kranke eingeschlossen werde, antwortete ihnen der Lakai, daß er unter Arrest stehe. Weitere Auskünfte könne er nicht geben.

Drei Tage später schickte der Chirurgus Philipp allein in den Palast, um den Verband zu wechseln. Der Kranke lag auf dem Bett; er rührte sich nicht, als Philipp zu ihm trat. „Ich komme heute statt des Chirurgus, um den Verband zu wechseln," sagte er sachlich. Da drehte der Kranke den Kopf. Blutdurchtränkter Stoff bedeckte die eine Gesichtshälfte, doch das zweite Auge war unverletzt geblieben. Mit diesem Auge, dem eines Engels, das tiefbraun erglänzte, schaute er Philipp jetzt direkt ins Gesicht. Der schloß verwirrt die Augen.

„Nun, auch du erliegst dem Zauber meiner Augen", stieß der Kranke bitter hervor. „Sieh mal einer an, nicht einmal im Fieber verliert es seinen Glanz. Warum stichst du es nicht auch aus, es ist doch jetzt nutzlos und . . ." Er stutzte, und plötzlich lachte es aus ihm heraus, schneidend, scharf: „Der Lohn ist dir sicher; mein Bruder, der Kardinal Ippolito, dieses geile Schwein, er wird dich zahlen wie seine Höllengeschöpfe, besser als je ein Chirurgus für das Zusammenflicken bezahlt worden ist."

„Was habt Ihr getan, das ihn zu einer solchen Tat getrieben hat?" stieß Philipp zitternd hervor.

„Getan, getan, der Teufel braucht keinen Grund, um satanisch zu sein. Eine Frau, Angela Borgia, hat die Schönheit meiner Augen gelobt. Das ist alles." Er stieß sein Lachen erneut in Philipps entsetztes Gesicht. „Das ist ein bißchen viel für dich, he? Hinter welchen Klostermauern bist du aufgewachsen? Hast die Welt nie kennengelernt? Nicht einmal die Geilheit der Mönche?"

Philipp schwieg. Dann wechselte er rasch, mit sicherem Griff den Verband. „Ich komme morgen wieder", sagte er im Hinausgehen. Zu Hause bat er den Chirurgen, ihm die Behandlung des Geblendeten zu überlassen. Irgend etwas faszinierte ihn an dem Kranken. Noch nie war er einem Adligen so nahe gekommen. Oder doch? Schemenhaft stiegen Erinnerungen in ihm auf . . . die Klosterschule . . . Kaspar . . . Kärchingen . . . Aber was waren Kaspar oder der junge Graf von Kargeneck im Vergleich zur fürstlichen Familie von Ferrara? Dieses Herrchen hier würde auf die beiden genauso herabschauen wie auf ihn selbst.

Giulio d'Este tat alles Erdenkliche, um Philipp zu kränken, ihn seine Verachtung fühlen zu lassen. Doch zu Philipps Verwunderung prallten diese Stiche mehr und mehr an ihm ab. Sie verletzten ihn nicht. Er beneidete den jungen Herrn nicht – die Ausschweifungen seines Lebens, sein Zynismus kam dem Este selbst von Tag zu Tag schaler vor –, aber Philipp bemitleidete ihn auch nicht. Feste, Gelage, Tanzereien, artige Höflichkeiten, Völlerei, Schmeicheleien, körperliche Begierde; der Gedanke an ein solches Leben stieß Philipp ab. Befriedigung, Erfüllung würde sich dort nicht finden. Langsam gewann Philipp den Eindruck, daß dieser reiche Jüngling erst seit dem Verlust seines Auges zu leben begonnen hatte. Er lernte Schmerz und Angst kennen – nicht nur als dumpfes, am Horizont drohendes Etwas –, wankte zwischen Verzweiflung und Hoffnung hin und her, wurde langsam gleichmütiger, fand sich schließlich nach einer Verschwörung – einem letzten verzweifelten Aufbegehren gegen den Bruder – halbwegs ab. Der Fürst setzte ihn im Turm des Kastells fest – wo er zwei Generationen überlebte, nach dreiundfünfzig Jahren Haft begnadigt wurde –, während Kardinal Ippolito in Amt und Würden blieb.

Philipp tat einfach seine Arbeit, versorgte die Wunde, unterhielt sich allerdings nur kurz und recht mürrisch mit seinem Patienten. Doch je mehr er sich auf sein Handwerk einließ, desto mehr löste sich die Spannung in ihm, desto weniger erschöpfte er sich in Fragen nach dem Sinn seiner Tätigkeit. Dann fühlte er sich als ein Teil der Schöpfung, als ein winziger zwar, vergleichbar etwa dem Sandkorn, das als Bestandteil des Berges seinen festen Platz hat. Solange er arbeitete, heilte, schloß sich der Riß in ihm, und er war mit sich im reinen.

Seine Lehrer sagten ihm eine glänzende Zukunft voraus. Aber als Philipp nach ein paar Jahren seine Studien abschloß, bemühte er sich nicht um eine einflußreiche Stellung. Er hatte in einer Welt des Über-

162

flusses gelernt, mit wenigem auszukommen. Er beschloß, die Frau Welt zu durchwandern und von ihr
zu lernen.

Jahre des Wanderns

Jahre waren vergangen. Ruhelos hatte es Philipp durch Europa getrieben, das von Kriegen überzogen war. Überall versuchten die Fürsten, ihren Machtbereich auszudehnen. Der Wahlspruch des Kaisers: plus ultra, immer weiter, immer mehr, war die Maxime der Zeit, in der das Individuum seine Größe entdeckte und vorurteilsfrei auslotete.

Gedungene Heere von Landsknechten wälzten sich durch Europa, eine breite Spur von Mord, Vergewaltigung, Raub und Plünderung hinterlassend. Von Osten bestürmten die Türken die Welt der Christenheit; von innen zerriß die Machtgier und die Genußsucht der weltlichen und kirchlichen Fürsten die Ordnung. Philipp versuchte, die Wunden zu heilen, die diese Zeit schlug. Er folgte den Heeren durch Europa, verband unzählige Stichverletzungen, spendete Trost und leistete Beistand im Sterben. Seine Wanderungen führten ihn durch ganz Italien, Spanien, Frankreich, nach Paris, in die Niederlande, nach England, Preußen, Litauen und Polen; überall wurde er von den Kranken verehrt, immer wieder vertrieben. Er schaute Feldärzten auf die Finger, fragte bei Handwerkern und alten Weibern nach Rezepten, disputierte mit Professoren und Magiern. Überall erfuhr er, daß das einfache Volk einen Schatz hütet, der sich dem öffnet, der ihn sucht. Philipp prüfte und erprobte alles, lernte und zog weiter; nirgendwo hielt es ihn. Irgendwann auf einem der Feldzüge fühlte er sich ausgelaugt, leer, unfähig, dem Kriegstroß weiter zu folgen. So wendete er sich ab und versuchte seinen eigenen Weg zu finden, doch war das Fortkommen fast unmöglich, immer wieder lohten brennende Städte und Dörfer auf, Erhängte baumelten an Bäumen, über ein Feld taumelten ihm Männer mit ausgestochenen Augen entgegen, die rasend vor Schmerzen schrien.

Philipp versuchte, die Qualen der Blinden zu lindern und führte sie in ein Waldgebiet, wo sie hofften, auf die überlebenden Einwohner ihres Dorfes zu stoßen. Einmal kamen sie an einem verbrannten Baum vorbei, neben dem eine verkohlte Leiche lag, die an den Stamm angekettet war. In ihrem Einfallsreichtum, andere zu quälen, waren die Menschen offensichtlich unerschöpflich. Immer wieder sprengten einzelne Gruppen von Landsknechten durch die Wälder. Sie durchstöberten jedes Gebüsch in der Hoffnung, ein Versteck zu finden, in das Überlebende ihren Besitz getragen hatten. Selten fanden sie mehr als eine Ziege, ein paar Hühner, einen Sack Hirse, immer aber hinterließen sie Tote und Verblutende.

Philipp arbeitete Tag und Nacht, ohne Ziel, es erschien ihm auch ohne Sinn. Nirgendwo hielt er sich lange auf, seine Füße trugen ihn immer wieder davon, er ahnte nicht wohin. Ein paarmal hätten ihn mißtrauische Bauern fast erschlagen, oft entkam er Landsknechten nur mit knapper Not, mußte sich immer wieder neue Verstecke suchen.

Eines Abends – er zählte nicht mehr, wie viele Tage er schon unterwegs war – sah er am Waldrand ein Feuer, daneben einige erbärmliche Wägelchen. Das Feuer beleuchtete etliche Gestalten, die sich in langsamem Takt hin und her bewegten. Dann trug der Wind ihm eine fremdartige Melodie zu. Philipp wollte stehenbleiben, doch irgend etwas zog ihn auf den Kreis zu. Zweige knackten unter seinen Schritten, Laub raschelte. Er würde sich verraten. Er wußte, daß er sich in Gefahr befand, aber dieses Wissen drang nicht bis zu seinem Willen vor. Er ging weiter. Erst am Waldrand hemmte etwas seinen Schritt. Noch im Schatten der Bäume, ein paar Schritte von den Leuten entfernt, blieb er stehen.

Sie sangen leise, es war fast ein Summen. Ihre Gesichter blickten ernst in das Feuer, die schwermütige Melodie hüllte die Gruppe wie ein dicker Mantel ein. In Philipp stiegen Tränen auf, denn seine Einsamkeit lastete noch schwerer als sonst auf ihm. Er schluckte. Da löste sich eine der Personen aus dem Kreis und kam auf ihn zu. Die anderen sangen weiter. Philipp sah an dem wiegenden Schritt und dem lang herabwallenden Haar, daß es ein Mädchen, eine Frau sein mußte, denn im Schein des Feuers sah er die Gestalt wie einen Schattenriß auf sich zukommen. Leise sprach ihn eine Stimme an. Eine rauhe, dunkle Stimme, die den Fremden willkommen hieß. „Du siehst müde aus und hungrig. Komm zu uns ans Feuer und wärme dich. Wir fragen nicht, woher du kommst und

166

wohin du willst, aber das Gastrecht aller Fahrenden ist uns heilig. Viel zu essen haben wir nicht, doch das wenige teilen wir gern."

Philipp fühlte eine Hand, die nach seiner griff und ihn sanft mit sich zog. Geblendet stand er im Licht des Feuers, fühlte alle Augen auf seiner Haut brennen. Zum Glück hielt die Neugierde nur kurz an. Jemand schöpfte Brei aus dem Kessel, der neben dem Feuer stand, in eine Schüssel, man reichte sie an Philipp weiter und wandte sich wieder dem Lied zu. Es war ein dünner Brei, in den Eicheln und Blätter verkocht waren. Philipp langte hungrig hinein.

Langsam wurde ihm warm, und plötzlich war er zum Umfallen müde. Er setzte sich ins Gras und ließ sich von dem Gesang einlullen. Wie lange war es her, daß er irgendwo so gesessen hatte, ohne daß jemand seine Hilfe verlangte? Eine Zeitlang zwang er sich, die zufallenden Augen wieder zu öffnen, dann sank er hintenüber in Schlaf. Er spürte noch eine Bewegung, fühlte ein wärmendes Tuch um sich gelegt.

Das Lied der Fahrenden begleitete ihn in den Schlaf, glättete die Traumbilder und gab ihnen ruhige Farben. Er träumte von blauen, wolkigen Schwaden, die ihn umgaben, und glaubte sich auf ockerfarbenem, festem Erdreich liegen. Der Schrei eines Vogels schreckte ihn einmal, verlor sich aber rasch im Gewölk.

Er wachte davon auf, daß jemand ihn anstieß. Es war die Frau, die sich schon am Abend um ihn gekümmert hatte. „Wir brechen auf", sagte sie. „Wenn du mitkommen willst, mußt du aufstehen."

So einfach sollte das sein. Einfach aufstehen, mitgehen und nicht mehr allein sein. Philipp sah die Frau zum ersten Mal im hellen Licht. Lange, glatte, aschgraue Haare rahmten ein blasses Gesicht ein, das ganz von den Augen bestimmt war. Sie waren nicht besonders groß, schimmerten aber, von tiefen Höhlen eingefaßt, dunkel auf, hockten an ihrem Platz wie ein im Unterholz verstecktes Tier, das im Begriff steht, wendig hervorzubrechen. Geschützt wurden die Augen von einer breiten, vorspringenden Stirn und ebensolchen Backenknochen. Auch das runde Kinn schob sich vor. Die kurze Nase erschien von vorn fast gerade, aber von der Seite aus gesehen, wies sie kräftig nach oben. Der kleine, etwas aufgeworfene Mund erweckte in Philipp den Wunsch, ihn zu berühren oder sogar daran zu saugen. Der Gedanke ließ ihn tief rot werden.

Sie lächelte ihn an und führte ihn zu ihrem Karren, an dem ein Bär angebunden war. Beim Anblick Philipps richtete das Tier sich hoch auf und musterte ihn drohend. Die Frau näherte sich ihm mit schnurrenden Lauten, auf die er gutmütig brummend antwortete. Nachdem sie ihm das Fell gekrault hatte, legte der Bär seine Tatzen auf ihre Schultern und leckte ihr vorsichtig das Gesicht ab.

Philipp trat näher, faßte, von der Frau ermuntert, in das zottige Fell, wich aber, als das Brummen bedrohlich anschwoll, erschreckt zurück. Alle Erklärungen der Frau, wie harmlos der Bär sei, daß sie täglich mit ihm auftrete und er noch nie jemanden angegriffen habe, beeindruckten ihn nicht, da die Augen des Bären eine zu deutliche Sprache sprachen und er jedesmal, wenn Philipp ihm etwas näher kam, dro-

hend eine Tatze hob, aus der lange, scharfe Krallen
hervorsprangen.

Den ganzen Tag wanderte Philipp neben Asafetida, so nannte sich die Frau, her. Er spürte weder die
Anstrengung der Wanderung, noch würgte ihn wie
sonst die Verzweifelung. War es gestern gewesen, daß
er elend und müde dahergetrottet kam und die Welt
nur ein Jammertal gewesen war? Sie hatte sich nicht
verändert, aber er hatte andere Augen bekommen.
Plötzlich ging ihm auf, daß es Sommer war, Bäume
in Frucht standen, daß es immer noch Vögel gab, die
zwitscherten. Zwar gab es keine wogenden Felder,
keine Farbtupfen von arbeitenden Menschen im grünen Rund, aber auch auf den zerstörten Feldern
wuchs etwas, blühte es und summte.

Asafetida war immer eine Fahrende gewesen, im
Karren geboren. Die Landstraße war ihre Heimat. Sie
verdiente ihren Lebensunterhalt, indem sie den Bären Kunststücke vorführen ließ, den Leuten aus der
Hand die Zukunft deutete oder Kranke behandelte.
In ihrer Sippe verstand man sich noch auf etliche andere Dinge: Andrus beherrschte das Korbflechten
meisterlich, Peter und Zuko boten ihre Dienste beim
Reinigen des heimlichen Gemachs an, und die Mädchen wußten Teppiche zu knüpfen; die Igel, die Zuko
und Nikolas überall aufspürten, die von Großmutter
Rusalka in Lehm verpackt im Feuer gegart und dann
als saftige Braten im Tontopf auf Märkten verkauft
wurden, fanden immer hungrige Kunden. Nebenbei
verfügte jeder der Sippe über allerhand Fertigkeiten
wie Kartenlesen oder Scherenschleifen. Und natürlich wußten alle, wie man ein Huhn so anlockt, daß

es nur den einen Wunsch verspürt, nämlich im Korb des Pfeifers zu verschwinden, oder wie man unauffällig ein paar Äpfel aus dem Korb eines Händlers in die eigene Tasche befördert.

Niemand wußte genau, wohin die Reise gehen sollte. „In Deutschland lauert der Tod", erklärte Asafetida. „Nicht nur der, den die Pest bringt und der Krieg. Es ist mehr. Das Unheil hat sich in die Seele der Menschen gesenkt. Sie streiten sich um den richtigen Gott. Dabei glauben sie alle an denselben, einen bluttriefenden Rachegott."

Sie stieß Philipp in die Seite und lachte auf. „Du schaust gerade so, als ob er dort hinter dem Baum säße und auf uns wartete."

Verwirrt starrte er in ihr Gesicht. Konnte sich sein Ausdruck wirklich so schnell ändern? Gerade hatte sie noch ernst über bedeutungsvolle Dinge gesprochen – und es klang nicht nur einfach so dahergesagt –, und nun war ihre Stimmung plötzlich umgesprungen. Ihre Stimme wurde weich, schmeichelnd. „Komm, laß uns die schwarzen Schatten vertreiben. Gib mir deine Hand, ich will dir deine Zukunft sagen." Zögernd reichte er ihr die Hand. Was war nur mit ihm los? Für solchen Mummenschanz hatte er sich noch nie hergegeben.

Sie griff nach seiner Hand und drehte sie um. Schweigend vertiefte sie sich in den Anblick. Philipp fühlte sich unwohl, versuchte ein bißchen unbeteiligt und überlegen zu tun, aber je länger das Mädchen schwieg, um so verlegener wurde er. Er begann zu schwitzen, fühlte Nässe auf seiner heißen Hand und Asafetidas kühle, trockene Haut.

Dann sah sie hoch, ihm direkt in die Augen. „Ein großes Glück liegt vor dir, aber es ist nicht von Dauer, wie nichts in deinem Leben." Langsam fuhr sie mit ihrem Finger über seine Handlinien. Heiß durchfuhr es Philipp. Er senkte den Blick.

Er wollte etwas sagen. Doch aus seiner Kehle kam nur ein Krächzen. Seine Überlegenheit, seine Sicherheit waren wie weggeblasen. Wie ein Bub fühlte er sich, der vor den Großen steht und nicht weiß, was das, was sie sagen, zu bedeuten haben könnte und worauf sie es abgesehen haben. Plötzlich durchzuckte ihn ein Gedanke. Wenn er ihre Rede mißdeutete . . ? Vielleicht war sie nur einfach freundlich, oder schlimmer, sie amüsierte sich über den grobschlächtigen, unerfahrenen Fremden. Er mußte sich zusammennehmen, durfte sich keine Blöße geben. Er mußte das Gespräch auf einen Bereich lenken, in dem er sich auskannte und seine Sicherheit zurückgewann.

Er blickte schräg an ihr vorbei. „Gehst du mit deiner Handlesekunst über die Jahrmärkte und versprichst den Leuten, was sie hören wollen?"

Er stockte. Hatte er sich jetzt nicht doch verraten? Hörte sie seine Unsicherheit heraus, konnte sie merken, daß er sich mit seinem Angriff nur verteidigte? „Du, du, du glaubst doch wohl selbst nicht daran? So etwas ist leicht durchschaubar."

Asafetida hatte ihn die ganze Zeit über ernst betrachtet. Nichts in ihrem Gesicht deutete darauf hin, daß sie sich über ihn lustig machte, statt dessen blitzte es in ihren Augen. Heftig fuhr sie auf: „Von dir hätte ich etwas mehr erwartet, als daß du nur die gelehrten Vorurteile nachplapperst. Die Hand ist ein Teil des

Menschen, und jeder Teil zeigt auch das Ganze. Sein Schicksal sieht man fast jedem Menschen an, es fällt nicht einfach eines Tages vom Himmel, sondern reift lange in ihm heran."

Ihre Antwort erleichterte Philipp. Auf diese Art wußte er zu streiten. „Du hast recht", antwortete er. Seine Stimme war wieder fest und klar. „Ich war mir nur einen Augenblick nicht sicher, ob du deine Handlesekunst selbst ernst nimmst. Natürlich versuche ich als Arzt den ganzen Menschen zu sehen und zu verstehen. Aber nur zu oft treffe ich auf Leute, gelehrte Ärzte genauso wie Quacksalber und Kräuterweiber, die den Kranken nur das Geld aus der Tasche ziehen wollen und deren ganze Kunst darin besteht, einfache Gemüter an sich glauben zu machen."

„Auch eine Kunst, die man nicht unterschätzen sollte." Wieder starrte Philipp die Frau verblüfft an, weil er nicht wußte, was er davon halten sollte. Wo war nur seine Urteilskraft, seine sichere Menschenkenntnis geblieben? Asafetida lächelte. „Vielleicht muß ich das erklären. Der Glaube ist doch sehr wichtig, da wirst du mir sicher zustimmen. Ohne den Glauben an seine Heilung wird niemand gesund."

„Da hast du recht. Aber mir sind die Schwarzkünste verhaßt, und ich kann das Wahrsagen aus der Hand oder den Sternen nicht leiden, weil ich nur Scharlatane diese Kunst habe ausüben sehen. Als ob die Sterne über uns bestimmen könnten! Vielleicht über unsere viehische Natur, aber niemals über den, der sein eigener Herr ist. Das Horoskopestellen ist ein Rechenexempel, das mit der Wirklichkeit kaum etwas zu tun hat. Doch du hast mich neugierig ge-

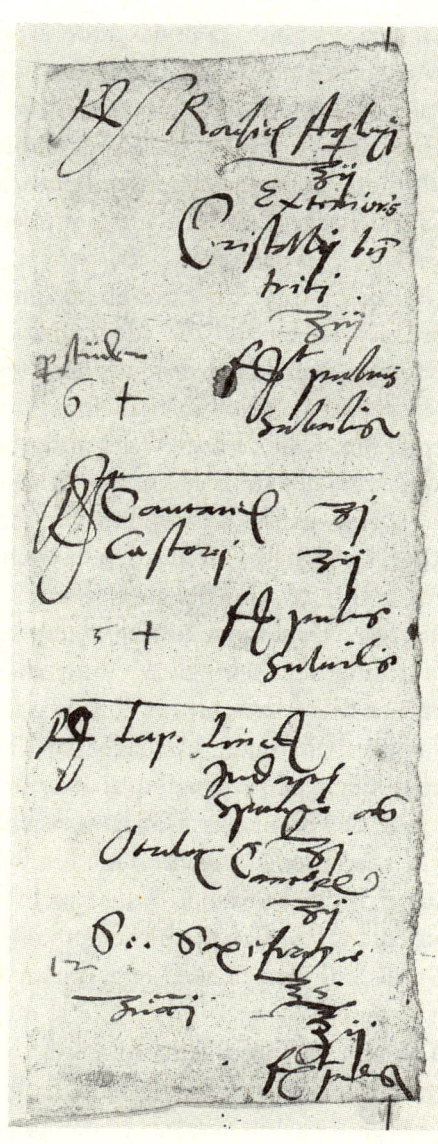

Rezept von der Hand des Paracelsus geschrieben

macht. Vielleicht hast du ja etwas anderes zu bieten. Erzähl, was du in einer Hand siehst."

Asafetida ließ sich nicht anmerken, ob sie sich von den Worten des Fremden beleidigt fühlte, doch glaubte Philipp, in ihren Augenwinkeln ein hintergründig-abschätziges Lächeln aufschimmern zu sehen. Oder wollte er das sehen?

„Das ist nicht so leicht. Eine Hand gibt vielerlei Auskünfte. Da ist einmal die Haut, man sieht ihr Krankheiten an, Arbeit, ja sogar, wie der Mensch sich fühlt. Gleichzeitig halte ich sie in meiner Hand, spüre ihre Wärme, ihre Kälte, ob sie von Furcht besetzt ist oder von Zuversicht und Vertrauen. Und dann die Linien . . . eine ganze Landschaft breitet sich da aus . . . Alles, was ich lese, nehme ich in mich auf, und erst später, wenn ich eine Schale mit Wasser nehme und meinen Blick dahinein vertiefe, fange ich an, etwas zu sehen. Ich sehe dann die Zukunft dieses Menschen vor mir, Bilder steigen aus dem Wasser auf, die andere nicht wahrnehmen. Vielleicht ist es eine Gnade, solche Bilder sehen zu dürfen, aber für mich ist es oft eine Qual. Die Konzentration laugt mich aus, später tun mir alle Glieder weh, und ich bin müde, sehr müde, nur daß der erlösende Schlaf nicht kommen will; stundenlang liege ich noch in einem überwachen Zustand und sehe und höre Dinge, die andere nicht einmal träumen."

Das Lächeln in ihren Augenwinkeln war erloschen, sie waren jetzt mit Traurigkeit erfüllt, ein kalter Hauch wehte zu ihm herüber, so daß ihn fröstelte. Er erschauerte. Da lachte sie auf, wie eine Blase zerplatzte das gläserne Gewebe um sie herum, wieder schoß Philipp das Blut heiß durch die Adern. Ihm schwindelte. Noch nie hatte ihn jemand so aus der Fassung gebracht. War sie doch eine Zauberin, die mit ihren magischen Kräften über ihn herfiel?

Asafetida schüttelte den Kopf und antwortete auf die von ihm nicht ausgesprochene Frage: „Zaubern kann ich nicht, wenigstens nicht so, wie die Leute sich das vorstellen. Wenn du es so nennen willst, mache ich den Leuten sogar etwas vor. Ich sage ihnen auch nicht alles, was ich sehe. Ist das Betrug? Schließlich muß ich vom Wahrsagen leben, und die meisten Menschen können die Wahrheit nicht ertragen. Ich möchte ihnen wirklich helfen, aber die Dummheit der Menschen ist so groß, daß sie betrogen werden wollen. Ohne ein bißchen Rauch, den Geruch von Zauberei, geheimnisvolles Raunen und verheißungsvolle Blicke glauben sie nicht an meine Kunst. Selbst du willst eher glauben, daß ich dich verzaubere, im Bunde bin mit dunklen Mächten, die mir magische Fähigkeiten verleihen, als daß du siehst, daß dieser Zauber von uns beiden ausgeht und nur die tiefen Bande, die uns längst aneinander binden, offenbaren." Sie brach ab.

Schweigen breitete sich zwischen ihnen aus. Philipp schaute zu Boden. Mit dem linken Fuß hatte er in seiner Verlegenheit ein Loch in die Erde gescharrt.

Asafetida setzte erneut an. „Vielleicht ist es bei vielen Menschen gut so, denn meine magische Zeremonie oder dieser Mummenschanz, wie du es nennst, stimmen sie ein, sie blicken in sich hinein und sammeln unwillkürlich ihre Kräfte ... Sie glauben, daß es eine fremde Kraft wäre, die Macht über sie gewinnt.

Dabei ist es ihre eigene Kraft, zu der ich sie führe, nur merken sie das nicht; denn sie glauben nicht an sich selbst, halten sich für kümmerlich und erbärmlich."

„Warum lehrst du sie nicht, an sich selbst zu glauben?"

Asafetida ließ ein erstauntes Zischen frei. „Hältst du das für möglich?"

„Es ist sicherlich der Grund dafür, daß es in der Welt so ungerecht zugeht."

„Ich weiß nicht, die Waffen ihrer Herren und die Pfaffen auf den Kanzeln sprechen doch eine recht deutliche Sprache. Wie sollten die Leute darauf kommen, daß sie nicht nur herumgestoßene Kreaturen sind, sondern auch eine Kraft?"

„Aber sie sind es doch!"

„Sie sind es, aber sie wissen es nicht, und nur so lange läßt man sie leben. Für ihre Erkenntnis wurden schon Adam und Eva aus dem Paradies getrieben. Geht es uns nicht genauso?"

Philipp wußte nichts zu antworten. Er starrte die Frau an. In ihren Worten war sie ihm so nah und gleichzeitig fern. Er fühlte, wie ihm erneut der Schweiß ausbrach. Unwillkürlich machte er eine Bewegung von ihr weg.

Asafetida folgte ihm, legte ihre Arme um seine Schultern. Ihren Mund fühlte er dicht an seinem Ohr. Warmer Atem stieß auf seine Haut. „Warum sträubst du dich? Unser Schicksal ist uns vorgezeichnet. Was uns droht, kommt von außen. Zwischen uns steht nichts Böses. Komm."

Philipp spürte seinen Widerstand weichen. Er überließ sich ihren Liebkosungen, wagte endlich ihr

Gesicht, ihren Hals mit bebenden Lippen zu erforschen. Lange hielten sie sich umschlungen, zitterten vor Glück.

Während ihrer Wanderung gen Osten hatten sie viel Zeit, bei Tag, wenn sie neben dem Karren herliefen, bei Nacht, wenn sie nebeneinander im Karren lagen. Philipps Verwirrung wich bald einer tiefsitzenden Angst vor dem Verlust dieser Liebe. Es war ihm nicht klar, ob er immer noch fürchtete, eines Morgens aufzuwachen und festzustellen, daß Asafetida nur ein Traumbild gewesen war, oder woher die Angst sonst kam. Sobald er einen Augenblick von Asafetida getrennt war, überfielen ihn Angstschauer, die sich aber immer durch einen kurzen Blick oder eine Berührung auflösten und dem ungläubigen Staunen wichen, daß dies ihm wirklich widerfuhr.

Asafetida ruhte mit einer Sicherheit in ihrer Liebe und war gleichzeitig in ihren Gefühlen so heftig und unbedingt, wie es nur jemand sein kann, der jeden Augenblick des Lebens als ein unsicheres Geschenk ansieht, das nicht von Dauer ist und über kurz oder lang dem Menschen wieder genommen wird.

Der Bär und Philipp betrachteten sich weiterhin mit Argwohn. Mischka war seiner Herrin treu ergeben und sah sie gleichzeitig so als zu sich gehörig an, daß er in diesem Eindringling beständig eine Gefahr witterte, und Philipp fühlte dumpf, daß die Zweisamkeit von Asafetida und dem Bären langlebiger sein würde als die ihre.

Je weiter die Gruppe nach Osten kam, um so mehr hörten sie über die Angriffe der Türken. Aber die Mär von den Greueln, die sie verübten, ihrer Wildheit und Grausamkeit machten keinen Eindruck auf die Fahrenden. „Wir kennen solche Geschichten. Nur zu oft haben wir sie schon über uns selbst gehört. Abwarten. Meist haben uns fremde Völker besser aufgenommen als die Menschen in Deutschland."

„Warum seid ihr bisher geblieben?"

Der alte Mann, der sich mit Philipp unterhielt, zuckte die Schultern. „Vielleicht, weil wir diese Sprache sprechen, vielleicht, weil wir von hier stammen, wer weiß?" Er blickte unbestimmt in die Ferne, kaute dabei gedankenvoll auf seinen herabhängenden Bartspitzen herum. „Einer wie du, ein Eingesessener, kann das wohl nicht verstehen. Ihr denkt immer, daß uns nirgendwo etwas hält."

Da war es wieder. Obwohl die Sippe ihm von Anfang an nie mißtraut hatte, hielt sie ihn nicht für einen der ihren, sondern für einen Seßhaften. Das nagte an Philipp. Bis jetzt war er in der Welt herumgestreift, einen Ort des Bleibens hatte er jedoch für sich nicht gefunden. Was unterschied ihn von ihnen?

Die Antwort fand er bei seiner Arbeit mit Asafetida. Sie zogen zusammen über die Dörfer, ließen den Bären tanzen und Jana, ein schmales, blasses Mädchen mit hungrigen Augen, ausrufen, daß die weltberühmte Heilkünstlerin Asafetida und der nicht minder berühmte Doktor Philippus Theophrastus Bombastus von Hohenheim bereit seien, Kranke zu behandeln. Janas helle Stimme lockte die Leute herbei. Auf offener Dorfstraße hörten Philipp und Asafetida sich Klagen an, und er hatte reichlich Gelegenheit zu beobachten, wie Asafetida die Menschen bezauberte, ihnen dabei ihre Schwermut und ihre

Schmerzen nahm. Er spürte, daß der Einfluß, den sie auf die Menschen hatte, in dem Abstand lag, den sie zu ihnen hielt. Sie begegnete ihnen als eine Fremde, aus einer anderen Welt stammend, einer Welt, von der die Dorfbewohner träumten und die sie für mächtiger hielten als ihre eigene. Er sah auch, daß Asafetida aus dieser wenn auch mit Furcht gemischten Hochachtung ihre Kraft zog, sich sogar über diese Furcht amüsierte beziehungsweise sie als geheimen Triumph genoß. Auch Philipp kannte solches Triumphgefühl, doch der Schmerz über das Unheil in dieser Welt drückte ihn sehr. Seine Heilkraft beruhte auf der Hingabe, mit der er sich an die Menschen wandte.

Oft hatte sich eine Gruppe Schaulustiger um sie gesammelt, wenn sie ihre ärztlichen Utensilien und die mageren Gaben der Kranken zusammengerafft hatten und aufbrechen wollten. Da war es häufig gut, daß sie den Bären bei sich hatten, der, zu voller Größe aufgerichtet, die Menge zurückweichen ließ. Das war offensichtlich nötig, denn in vielen Gesichtern saß die Angst, tiefsitzende Lebensangst, erwachsen aus der Enge und der Unsicherheit ihrer Existenz. So eingeklemmt verharrten die Menschen auf einer Stelle, bis sich ihnen eine Gelegenheit bot, die eigene Angst als von außen kommend zu erfahren. Sie erschraken darüber zutiefst. Waren die unheimlichen Fremden mit ihrem Bären, die offensichtlich mit unterirdischen Mächten in Verbindung standen, nicht das Abbild des Schreckens, von dem sie alle erfaßt waren? Sie vergaßen, daß die Angst sich schon lange bei ihnen eingenistet hatte, denn nun war das Ungreifbare körperlich geworden. Die Fremden hatten es herbeigeschleppt, ihnen selbst war es so fremd wie diese Menschen. Dort stand der Feind leibhaftig. Heftig verwünschten sie die Fahrenden.

Philipp hielt die Luft an und atmete erst wieder ruhig, wenn sie das Dorf hinter sich gelassen hatten und mit ihren Karren auf der Landstraße weiterzogen.

Asafetida wandte sich in solchen Augenblicken zur Seite, vermied jede Berührung mit ihm. Ihr Gesicht war dann wie aus Stein gehauen, ihr Körper abweisend hart, keine Verbindung wollte sich zwischen ihnen mehr herstellen. Erst nach Stunden erwachte sie aus dieser Starre, war so weich und anschmiegsam wie nie. Sie grub den Kopf in seine Halsbeuge und schluchzte. Dann umklammerte er ihren Körper. Ein sehnsüchtiges Gefühl erfüllte ihn, zuerst blieb dessen Ziel unklar, aber es entfernte ihn von Asafetida. Je öfter dieses Sehnen wiederkehrte, um so deutlicher nannte es seinen Namen: Bilder von Städten und Dörfern, Gesichtern, Wiesen, Bergen und Tälern tanzten vor seinen Augen, zogen ihn fort.

Eines Nachts im Wagen, nach Monaten, weit im Osten, irgendwo, ein winziger Punkt zwischen dem unendlichen Himmel und der grenzenlosen Weite der Steppe, träumte Philipp von einer Herde wilder Pferde, deren Hufschlag die Ebene erbeben ließ. Schreie feuerten die Pferde an, schrill überlagerten sie das dumpfe Getrappel. Philipp roch die scharfe, lebendige Ausdünstung der Tiere, spürte ihren heißen Atem. Etwas in seinem Kopf signalisierte Gefahr, da heulte der Bär gräßlich auf. Aber erst als Philipp durch eine heftige Bewegung von Asafetida, die dicht neben ihm lag, getrennt wurde, wachte er auf und

180

schrie. Ein Schlag auf den Kopf ließ ihn verstummen, doch spürte er noch die rauhen Hände, die ihn griffen, und die Bewegung, in der er davongetragen wurde. Dann war es dunkel um ihn.

Sein Bewußtsein kehrte nur langsam wieder. Zuerst nahm er eine schüttelnde Bewegung wahr, deren Teil er war, dann schieden sich verschiedene Reize voneinander. In seinem Kopf saß ein dumpfer Schmerz, in den am Sattelknauf festgezurrten Händen ein stechender, und die Bewegung übertrug sich vom Pferderücken unter ihm auf seinen Körper. Die Augen ließen sich erst nach mehreren vergeblichen Versuchen öffnen, sein Mund war ausgetrocknet und mit einem ätzend stinkenden Lappen zugebunden. Übelkeit stieg in ihm hoch. Um ihn herum nur Reiter, die mit ihren Pferden zu einem einzigen Wesen verwachsen schienen. Ihre eingestaubten Wollmäntel unterschieden sich weder in der Farbe noch im Grad der Verfilzung vom Fell der Pferde, ihre Köpfe waren von großen Schafspelzmützen bedeckt, die Gesichter mit Tüchern verhüllt, als schmale Schlitze nur die Augen darüber sichtbar. Philipp hätte nicht einmal sagen können, ob sie während des Rittes schliefen, aber als er sich auf seinem Pferd aufzurichten versuchte, belehrte ihn der blitzartige Griff des Reiters neben ihm nach seinem Messer eines Besseren. Zwei dunkle Augen funkelten ihn an, unter dem Tuch drangen einige befehlende, zischende Laute hervor.

Philipp zog es vor, weitere auffällige Bewegungen zu vermeiden. In seinem Kopf meldete sich nur ein Gedanke: Asafetida! Seine Augen suchten den aufwirbelnden Staub zu durchdringen und in dem Gewimmel die Köpfe seiner Mitgefangenen zu erspähen. Erschöpft sank er schließlich vornüber in sich zusammen. Lange Zeit dämmerte er in dieser Haltung dahin. Erst als jemand ihm Wasser über den Kopf goß und ihn vom Sattel losband, kam er kurz zu sich, schlief aber, sobald er vom Pferd heruntergestoßen worden war, wieder ein. Am nächsten Morgen erwachte er mit klarem Kopf, in dem nur ein dumpfes Rauschen noch an seinen gestrigen Zustand erinnerte.

Doch brauchte er einige Zeit, um sich zu orientieren. Er lag im Schatten eines schwarzen Zeltes. Die Sonne brannte vom Himmel. Der Boden unter ihm war steinig. Nur spärlich streckten ein paar bräunliche Kräuter ihre Blätter zwischen dem Gestein hervor. Philipp konnte Geräusche von Menschen und Pferden hören, die in dem schmalen Felstal verfremdet klangen und metallen widerhallten. Er sah aber niemanden, da die Masse der Zelte ihm jeden Ausblick versperrte. Er selbst lag an Händen und Füßen gefesselt.

Er zuckte zusammen, als eine Gestalt ihn anstieß und ihm ein Stück Fleisch hinwarf. Wörter, die nur aus knarrenden Tönen, die mit spitzen i-Lauten versetzt waren, zu bestehen schienen und sich zu seltsam stolpernden Sätzen zusammenfügten, wurden an ihn gerichtet. Er hob die Schultern, um seine Verständnislosigkeit anzuzeigen, erntete dafür schallendes Gelächter.

Später zerrte man ihn in eines der Zelte an das Lager eines Schwerkranken. Er schüttelte den Kopf und vermied es, den Kranken anzusehen. Nein! Bevor er nicht Asafetida zu Gesicht bekommen hatte, würde er nicht helfen. Er biß sich auf die Lippen. Sie schmeckten salzig.

Jemand trat zu ihm und sprach ihn in verschiedenen Sprachen an. Der Mann war kleiner als die anderen, hatte eine hellere Gesichtsfarbe und eine Glatze. Er versuchte es in verschiedenen Sprachen, endlich, bei Latein, sah er Verständnis in Philipps Gesicht. Der Mann riet ihm, alles zu tun, was man von ihm verlangte, wenn ihm sein Leben lieb sei. Philipp blickte ihn trotzig an: „Wo ist Asafetida? Wo sind die Fahrenden, mit denen ich unterwegs war?"

Sein Gegenüber antwortete auf die Frage nicht. Er tat, als habe Philipp gar nichts gesagt. „Es ist bekannt, daß du ein Arzt bist. Du wirst den Kranken heilen, sonst . . ." Sein Ton wurde scharf, aber Philipp merkte, daß er Angst hatte.

„Wie bist du zu diesem wilden Stamm gekommen? Bist du ihr Gefangener?"

Der Mann schloß die Augen und wiederholte seinen Befehl noch drohender. Die Männer, die Philipp in das Zelt geschleppt hatten, stießen ihn in die Seite, erst auffordernd, dann immer heftiger, aber er rührte sich nicht. Schließlich schoben sie ihn hinaus, zerrten ihn an seinen Platz zurück. Die Nacht verbrachte er in schmerzhafter Verrenkung zusammengeschnürt. Vorher hatte man mehrmals einen Becher mit Wasser vor ihn hingestellt, den seine Bewacher jedesmal, wenn er zu ihm hingekrochen war und seine Lippen den kühlen Rand des Bechers schon fühlten, mit einem raschen Tritt, der den Becher zu Fall brachte, aus dem Bereich des Gefangenen schleuderte. Einer dieser Tritte traf Philipps Mund.

Trotz aller Schmerzen und obwohl er nur mühsam atmen konnte und der Durst in ihm brannte, kam der erlösende Schlaf bald und mit ihm Asafetida. Sie reichte ihm den Becher, strich sanft über sein Gesicht. Der Schmerz verschwand. Aber als er seine Hände nach ihr ausstreckte, entzog sie sich ihm. Ihr Bild wurde schemenhaft, doch ihre Worte waren deutlich zu hören: „Warum widersetzt du dich dem Schicksal? Du weißt, daß es für uns keine Zukunft gibt. Willst du dich gegen dich selbst stellen? Dein Weg führt zurück nach Westen, meiner nach Osten. Wir werden uns niemals wiedersehen, aber ich werde dich nie verlassen. Die Nomaden fürchten unsere Zauberkräfte, deshalb haben sie unsere Sippe ziehen lassen, und sie werden auch dich nicht festhalten. Leb wohl. Du hast eine Aufgabe im Leben. Vergiß das nicht!"

Der Schatten verschwand. Philipp wollte seine Arme ausstrecken, wollte sie halten. Aber seine Glieder verweigerten den Dienst. Er öffnete den Mund, um zu schreien; kein Laut ertönte. In Schweiß gebadet wachte er auf, sackte jedoch sofort wieder in tiefen Schlaf.

Beim Erwachen am nächsten Morgen pochte der Schmerz heftig durch seinen Kopf. Er hatte das Gefühl, vollkommen ausgedörrt zu sein. Andererseits fühlte er sich trotz alledem frisch und ausgeruht. Die Kraft kehrte zurück. Wieder einmal hatten die Lebenskräfte in ihm gesiegt. Als der Dolmetscher ihn ansprach, zeigte er sich bereit, den Kranken zu behandeln.

Rasch erlangte er bei den Nomaden großes Ansehen. Nach ein paar Wochen – seine eigenen Wunden waren längst verheilt – ließ ihm der Stammesälteste durch den Dolmetscher ausrichten, daß man ihn zum Dank für die Heilung seines Bruders an eine Gruppe genuesischer Kaufleute verkaufen wolle. Der Weiterverkauf eines Gefangenen war in ihrem Ehrenkodex das Ehrenvollste, was sie sich überhaupt vorstellen konnten, denn bei ihnen zählte ein Gefangener schon zu denen, die ihr Leben verloren hatten.

Die Genueser, seit langem erfahren im Handel mit den Nomaden, lösten Philipp aus, machten aber zur Bedingung, daß er ihnen den Kaufpreis ersetzen müsse. Ihre Karawane war den Nomadenstämmen tabu, da sie ihnen all die Dinge aus ihren Überfällen abkauften, die für einen Reiterstamm nutzlos waren. Für die Genueser ein einträgliches Geschäft.

Philipps Wanderung hatte weit in den Osten geführt, bis in die Steppen hinter dem Schwarzen Meer. Durch russisches Gebiet, osmanisches Land, Ungarn ging es zurück. Die Genueser lernten die Dienste des kleinen Doktors schätzen, fürchteten sich jedoch auch bald vor seiner Kraft. Jeder Heilerfolg machte ihn ihnen unheimlicher. So waren sie nicht einmal unzufrieden, als Philipp sie wieder verließ. Ihn zog das Heimweh, wenigstens einmal wollte er den Vater wiedersehen, Kärnten, Villach. Philipp fühlte sich müde, alt. So viel lag hinter ihm, er brauchte Ruhe, Zeit, sein Leben zu überdenken und sein Wissen zu Papier zu bringen. Vielleicht würde er in Villach diese Ruhe finden. Aber ob der Vater überhaupt noch lebte? Diese Frage brannte in Philipp und trieb ihn vorwärts, zurück in die Heimat.

Der alte Mann öffnete ihm selbst die Tür. Erstaunen, Erkennen, übergroßes Glück zeichneten sich im Gesicht des Vaters ab, als er den schluchzenden Sohn in seine Arme schloß. Nun saßen sie nächtelang zusammen, erzählend, zuhörend, staunend. Zusammen wanderten die beiden in die Natur hinaus, badeten gemeinsam in dem Warmbad, das von den Wassern der warmen Quellen, die bei Villach der Erde entsteigen, gespeist wurde. Das prickelnde, erfrischende Bad wirkte wie ein Jungbrunnen.

Philipp erfuhr, daß die Schwester mit ihrem Kind im ersten Kindbett gestorben war. Die Kunst des Vaters hatte sie nicht retten können. Damit kämpfte der Mann immer noch, darüber konnte ihm auch der verloren geglaubte Sohn nicht hinweghelfen. Er erzählte Philipp von dem Aufruhr, der überall im Lande herrsche, von dem Augustinermönch Martin Luther, der das Evangelium auf deutsch predige und wider den Papst aufstehe, den Ablaß, wie viele andere Kirchenmänner auch, zurückweise, da man Nachlaß der Sünde nicht kaufen könne, allein auf die Gnade Gottes angewiesen sei. Auf dem Reichstag zu Worms habe er den Widerruf verweigert, nicht einmal der Scheiterhaufen schrecke ihn. Nun sei die kaiserliche Acht über ihn verhängt. Doch werde er von vielen Fürsten des Reiches unterstützt. Immer mehr Pfarrer folgten seiner Lehre. Sogar von einem Aufstand der Reichsritter munkelte man, der sich gegen die geistlichen Fürstentümer richten sollte. Niemand wisse noch, was davon zu halten sei.

„Doch nun zu dir, mein Sohn. Gott hat dir Außergewöhnliches gegeben, aber er verlangt auch viel von

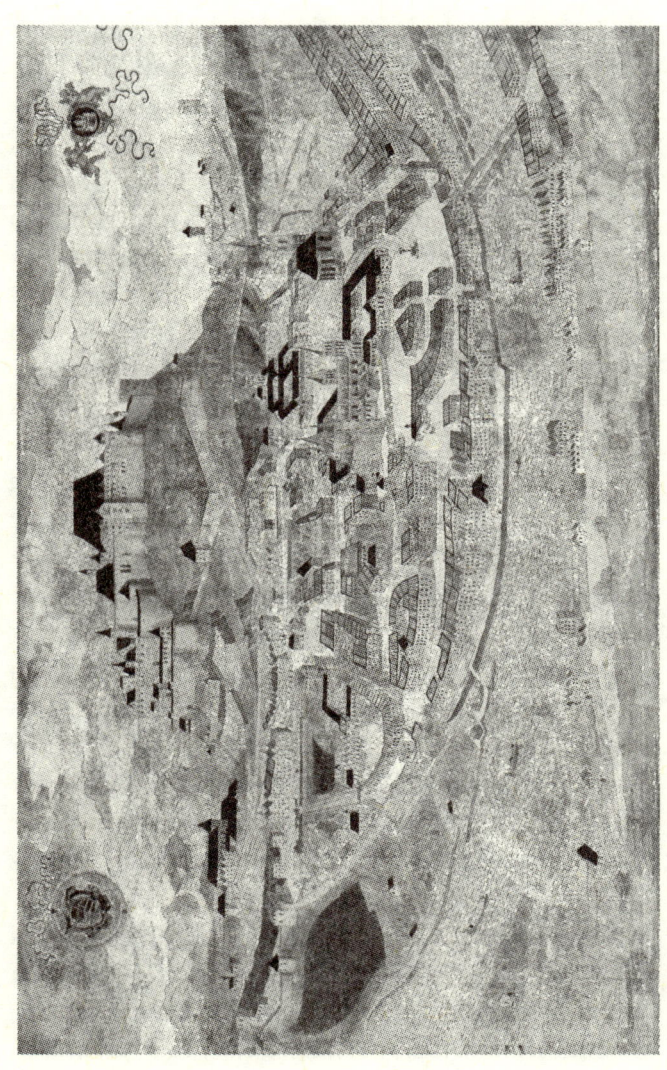

Salzburg
Ansicht von Salzburg, 1553
Stift St. Peter

dir. Es ist mehr als ein Wunder, daß du die weite Reise und die vielen Feldzüge lebend überstanden hast. Jetzt wird es Zeit, daß du seßhaft wirst und dein Können den Kranken zugute kommen läßt. Laß dich nun hier in Kärnten als Arzt nieder, so daß ich hoffen kann, dich etwas häufiger zu sehen als in den letzten Jahren und vielleicht in deinen Armen zu sterben."

Philipps Wahl fiel auf Salzburg. Im Sommer 1524 ließ sich der Arzt Theophrastus von Hohenheim in Salzburg nieder, mietete zwei Zimmer und verfaßte in den folgenden Monaten mehrere Schriften, in denen er seine Sicht von Krankheit zu Papier brachte.

Aber die Ruhe dauerte nicht. Nur zu bald merkte er, daß man den unbekannten Arzt in der Stadt nur aufgenommen hatte, weil viele Bürger die Stadt verlassen hatten. Der Erzbischof, der hoch über der Stadt in seiner Burg thronte, hatte ihr mit Waffengewalt alle Privilegien und Rechte genommen. Nun herrschte Friedhofsruhe in der Stadt, die Bürger flüsterten nur noch, schickten verstohlene Blicke zur Burg hoch, aus der häufig festlicher Lärm und Musik herabscholl. Den ganzen Winter über wurden immer wieder Bürger und Priester verhaftet und verschwanden im Faulturm.

Man beschränkte sich darauf, den Physikus aus der Stadt zu verweisen. Zu offen hatte er in den Wirtshäusern den Handwerkern und Bauern erklärt, welche Krankheit sie darniederwarf. Bei Nacht und Nebel, in aller Eile, nur mit den Kleidern, die er auf dem Leib trug, verließ Philipp die Stadt, die ihm nur wenige Monate ein Zuhause gewesen war.

Nun wanderte er wieder durch das Land, das er so

gut zu kennen glaubte und das ihm jetzt doch so fremd war. Um ihn herum spielte sich das Leben ab wie eh und je, die Handwerker taten wie immer ihre Arbeit, bauten Häuser und buken Brot; es wurde geheiratet und gestorben, die Bauern pflügten und säten auf den Feldern. Doch aus der Tiefe heraus bebte etwas, das die Menschen unheilvoll bedrängte. Die Welt war aus den Fugen geraten. Die Unruhe erfaßte auch Philipp. Was sollte er tun? Was konnte man den Menschen raten? Sollten sie sich den Fürsten unterwerfen, dulden, das Leben dumpf erleiden? War das ein Leben? Aber was würde geschehen, wenn diese stumpfen Wesen aufstanden, gegen die Fürsten, gegen die von Gott gegebene Obrigkeit? Würden sie in diesem Kampf nicht immer unterliegen? Er wußte keine Antwort. Doch fühlte er seine Kraft schwinden, merkte, wie er die Menschen kaum noch erreichte. Auf diesem Weg würde er sich verlieren. Er mußte sich ein Ziel setzen, wieder zur Menschengemeinschaft stoßen. Aber warum? Wozu? Noch nie war ihm das Leben so billig erschienen.

Eines Tages kam er zu einer Stadt, in der eine Messe stattfand. Philipp, erfreut über die Ablenkung, beschloß, die Messe zu besuchen, ohne sich etwas Besonderes davon zu erwarten.

Bude reihte sich an Bude, sie bildeten Straßen, formten ein riesiges Rechteck, durchzogen von Querwegen. Alles wurde hier feilgeboten: Wolle, Tuche, Leder, Färbemittel, Gewürze, Kräuter, Wein aus Italien, Öle, Seide, Würste, Süßigkeiten, Käse, geklöppelte Spitze, Geschirr, Töpfe, was das Herz begehrte. Philipp folgte dem Geruch der Gewürze.

Lange prüfte er. Dann kaufte er einige, die er hoffte, als Heilmittel verwenden zu können, während die Bürgersfrauen hinter ihm über den wählerischen Wandersmann spotteten. Philipp ließ sich nicht beirren, knurrte etwas von: „Die Welt besteht nicht nur aus euren Kochtöpfen", und schlenderte weiter. Besonders zog es ihn zur Wiese außerhalb des Budenareals. Dort war der Viehmarkt, und daneben zeigten Schausteller ihre Künste. Auf einem wackligen Bretterpodest deklamierte ein junger Mann Verse, die anzeigten, daß er in Liebesglut zu einer gewissen Cedrina entflammt war. Die allerdings stand zitternd hinter einem Mann, offensichtlich ihrem Vater, der Drohworte gegen ihren Verehrer ausstieß und die Faust schüttelte. Vor dem Gerüst hatten sich etliche Menschen angesammelt, die trotz der ernsten Szene des öfteren in Gelächter ausbrachen oder dem jungen Mann zuriefen, doch endlich seine Verse zu lassen und etwas zu unternehmen. Der aber blieb unbeirrt bei seiner Pose und seinem Text.

Ein paar Schritte weiter hatte ein Mann einen Spieltisch aufgestellt. Bei einem Feuerschlucker blieb Philipp voller Interesse stehen. Da füllte jemand seinen Mund mit Feuer, ohne zu verbrennen! War das nicht wider die Natur? Aber bis jetzt hatte er noch niemanden gefunden, der die Kräfte der Natur zu übertölpeln wußte, auch wenn es auf den ersten Blick so aussah. Die Natur hatte sich immer als mächtiger erwiesen.

Nach der Vorstellung traf er den Feuerschlucker hinter seinem Karren. Zuerst wollte der mit der Sprache nicht herausrücken, da schaute Philipp ihn eindringlich an, legte seine Kraft in seinen Blick und fragte freundlich, aber bestimmt. Obwohl man dem Feuerschlucker ansah, wie ungern er sein bis jetzt wohlgehütetes Geheimnis preisgab, erklärte er seufzend, daß er seine Mundhöhle mit Quecksilber schütze.

„Bist du wahnsinnig?!" entfuhr es Philipp. „Brandblasen wären weit weniger gefährlich. Du zerstörst das Gleichgewicht der Substanzen in deinem Körper. Du wirst daran sterben, wenn du damit nicht aufhörst."

Aber der Mann lachte abfällig. „Das Leben ist nun einmal tödlich, und irgendwie muß ich ja meinen Lebensunterhalt verdienen. Außerdem – viele Ärzte schmieren die Kranken von oben bis unten mit weißer Quecksilbersalbe ein, bis keine freie Stelle mehr am Körper ist."

„Ja, die Scharlatane und falschen Ärzte, die nichts als Henkerskunst ausüben und nur dem Geld nachrennen."

„Und ausgerechnet du willst anders sein, und dir soll ich glauben?" Der Mann zog die Lippen zu einem abfälligen Grinsen auseinander, erstarrte aber, als er in Philipps Gesicht sah. Der wandte sich wortlos ab und ging davon. Solche Art mit dem eigenen Leben umzugehen ließ ihn mit seinem Beruf hadern. Es gab so viele Menschen, die es nicht hüteten, es wissentlich oder auch unwissentlich verdarben. Was nützte da ein Arzt?

Der Strom der über den Markt schlendernden Menschen begann mehr und mehr in eine Richtung zu drängen. Auch Philipp geriet in diesen Sog und ließ sich – neugierig geworden – bis auf einen freien Platz außerhalb des Messegeländes schieben. Am Rande des Platzes stand ein Mönch auf einem großen Stein. Er redete auf die Menschen, die sich dicht um ihn drängten, herunter. Die meisten solcher Wanderprediger pflegten zu schreien und zu toben und so Aufregung unter den Zuhörern zu verbreiten. Dieser dagegen redete ohne sichtbare Bewegung. Seine Gesichtsmuskeln veränderten ihre Lage kaum, nur der Mund öffnete und schloß sich. Trotzdem scharte sich die Menge gebannt um ihn. Aus seinen Augen leuchtete eine innere Glut, die bis zum Zerreißen gespannte Backenhaut zeigte an, welche Kraft dieser Mensch zu bändigen vermochte. Jetzt hob er den Blick zum Himmel und rief: „Ihr aber, die ihr euer irdisches Leben mit Prassen und Saufen vertut, werdet dort sitzen vor dampfenden Schüsseln und vollen Tellern, an den Platz genagelt von den Krallen eines scheußlichen Wesens, das zur Hälfte einer Katze, zur anderen Hälfte einem Vogel ähnelt; während ein anderes dieser Zwischenwesen unablässig aus einem riesigen Faß Wein in euren schon prallgeschwollenen und aufberstenden Leib hineingießt, dabei aus einem Brunnen sich ein Strahl in das Faß ergießt, der es beständig neu füllt, Tag für Tag, Jahr für Jahr, bis in alle Ewigkeit.

Tut Buße, kehrt um, denn das Ende der Welt ist nahe. Gottes Zorn ist über euch, und er wird kommen zu richten die Lebendigen und die Toten. Überall, wohin man schaut, Sünde: Wollust, Völlerei, Habsucht; Neid und Haß. Die Reichen prassen und verspielen so das Himmelreich. Die Armen aber neiden ihnen noch ihren Reichtum, anstatt Gott zu danken,

192

daß er diese Versuchung nicht auf sie geladen hat. Ich sage euch, niemals werdet ihr in das Himmelreich eingehen, wenn ihr nicht von euch werft alle unreinen Gedanken und alles Hab und Gut und demütig eure Sünden büßt. Denn Sünder sind wir alle; in Gedanken, Worten und Werken und in allem, was wir tun, lauert das Böse. Ja, wer auch nur den Gedanken faßt, sein Antlitz im Spiegel zu betrachten, sich zu putzen und zu schmücken, verfällt dem Laster der Eitelkeit und damit der ewigen Verdammnis. Tut Buße, kehrt um, zerreißt eure Gewänder, zerkratzt eure hübschen Larven, wälzt euch im Staub, auf daß euch der Teufel nicht in seinen Fängen davontrage."

Kaum hatte er die letzten Worte ausgesprochen, da begannen seine Zuhörer zu kreischen, sich die Haare zu raufen und mit den Füßen zu stampfen. Einige wanden sich wie von Sinnen am Boden. Eine alte, eingefallene Frau sank auf die Knie, scharrte mit ihren Fingern den Boden auf und stopfte sich die Erde mit beiden Händen in den Mund, in wilder Gier. Neben ihr warf ein Junge seine Arme laut schreiend hoch, schrie, bis ihm der Atem ausging und er keuchend, schwer um Luft ringend mit krebsrotem Kopf niedersank.

Philipp schaute in das Gesicht des Mönchs. Was ging in dem vor? Was brachte ihn dazu, die Menschen so in Angst und Schrecken zu versetzen? Philipp glaubte dem Mann, daß es ihm ernst war, aber in dessen Gesicht, an den tiefen Falten, die es durchschnitten, sah er, daß die Glut, die ihn trieb, auch ihn selbst verzehren würde. Das konnte nicht gut, nicht Gottes Wille sein, denn es war eine Kraft, die nur zerstörte.

Ja, es gab auch eine Zerstörung, die heilsam war, wenn zum Beispiel ein Arzt einen Wundherd wegschnitt; aber der Mönch hier versprach keine Heilung, sondern nur Verderben.

Philipp wußte, daß an diesem Ort jeder Widerspruch sinnlos war. Er blieb also ruhig, denn sonst hätte die aufgeputschte Menge ihn zertrampelt. Was ihn trotzdem hier hielt, war das Geheimnis der Kraft dieser Predigt. Wie konnte ein Mensch mit ein paar Worten so viele zur Raserei bringen? Wenn er als Arzt solche Kräfte nutzen könnte!

Plötzlich fühlte er, daß ihn jemand beobachtete. Vor ihm stand der Betreffende nicht, auch der Prediger schaute in eine andere Richtung. Langsam drehte Philipp sich um: Schräg von hinten musterte ihn ein Augenpaar interessiert. Es waren helle, wache Augen, in denen die Predigt offensichtlich keine Wirkung hervorgerufen hatte. Der junge Mann kam auf ihn zu und meinte ein wenig spöttisch: „Der ist nicht schlecht, oder? Aber es zieht halt nicht bei jedem."

„Gibt es etwas, was dich beeindruckt, oder redest du über alles so abschätzig?" gab Philipp zurück, dem diese Redeweise fremd war.

Das Gesicht des jungen Mannes wurde ernst. „Es gibt schon Dinge, die wichtig sind, aber über so einen Bauernfänger kann man nur lachen, wenn man sich nicht zu Tode ärgern will."

„Du hast recht", antwortete Philipp leise. „Ich kann meine Wut auch kaum bezähmen. Aber man ist machtlos dagegen. Die Menge steht ganz in seinem Bann und ist in den nächsten Stunden nicht erreichbar."

Der Junge nickte, und plötzlich fiel Philipp auf, daß er sich krumm hielt, sehr blaß und die Haut eingetrocknet war, seine Augen tief in den Höhlen lagen. Eigentlich wirkte er gar nicht mehr jung wie bei seiner ersten Bemerkung, sondern alt und verbraucht.

„Wo arbeitest du?" fragte er.

Der Junge antwortete ein wenig erstaunt über den unvermittelten Wechsel der Gesprächsrichtung: „In Eulenberg, im Bergwerk."

Philipp lächelte und hörte sich zu seinem Erstaunen sagen: „Es gibt seltsame Fügungen. Ich bin auf der Suche nach Arbeit in einem Laboratorium. Ein Bergwerk wäre genau das richtige."

Die beiden verließen den Büßerplatz, um in einer Schenke ein Bier zu trinken. Dort erzählte Michael, übersprudelnd vor Freude über die Freundschaft mit dem Fremden, daß er Karrenläufer sei, jeden Tag in die Grube einfahre und dort in der Dunkelheit die erzbeladenen Karren durch enge Stollen über Holzbohlen stoße. „Jeden Tag sieben Stunden in völliger Dunkelheit und bei großer Hitze zu arbeiten, das ist keine Kleinigkeit. Manchmal steigt das Wasser im Stollen bis über die Knöchel, dann läßt sich der volle Karren kaum noch vorwärtsbewegen. Manchmal sind es aber auch die Berggeister, die die Karren an einem Ort festhalten." Er lachte wieder ein fröhliches, unbekümmertes Jungenlachen. Viel Angst schienen ihm die Berggeister nicht zu machen. Statt dessen schwang in seiner Stimme Stolz über seine Zugehörigkeit zu den Bergknappen. Er schwärmte von den riesigen modernen Maschinen, wie sie Pferde- und Wasserkraft nutzten, die den Menschen die Arbeit erleichterten. „Allein acht Tiere sind in den Pferdegöpel eingespannt, der Antreiber kann auf einem hölzernen Sitz hocken, braucht nicht einmal hinter den Pferden herzulaufen. Und der Bremser erst, er bremst mit seinem Körpergewicht, indem er sich einfach auf ein Sitzbrett setzt . . ."

Philipp hörte dem Jungen aufmerksam zu, fragte jetzt dazwischen: „Gibt es für die Karren keine Maschinen? Dein Rückgrat wird sich verbiegen, wenn es jeden Tag so unnatürlich gekrümmt wird."

Michael seufzte. „Nein, erst im Hauptschacht wird die Karrenladung in Bulgen umgeladen, die vom Göpel hochgezogen werden. Abends habe ich oft verfluchte Rückenschmerzen. Ich bin froh, wenn ich mich zu Hause lang ausstrecken kann. Manchmal habe ich nicht einmal Lust, im Gasthaus zu sitzen. Aber was soll's? Mein Großvater war Bauer, sein Rücken war mindestens so krumm wie meiner. Der Unterschied ist, daß er Höriger war, während ich frei bin und ziehen kann, wohin ich will."

„Und im Dunkeln arbeitest, während er den ganzen Tag in der frischen Luft lebte."

„Du hast seltsame Gedanken", wunderte Michael sich. „Als wenn es auf einem Hof nicht stinken würde! Außerdem, was ist schon das langweilige Leben eines Bauern, der Tag für Tag Felder bestellt, gegen das Abenteuer, in einen Schacht einzufahren, Maschinen zu bauen, Stollen in den Berg zu schlagen, ins Unbekannte vorzustoßen!"

Philipp sagte nichts, sondern schaute ernst in die strahlenden Augen des Jungen. Michael wußte diesen Blick nicht zu deuten. Unsicher geworden, hob er sein Bierglas und prostete Philipp zu. Dann brachen sie auf. Michael hatte Philipp gebeten, sich seiner Familie anzuschließen. Als der Michaels Vater, die Mutter und den älteren Bruder sah, glaubte er auch zu verstehen, warum: Alle drei waren des Lobes über den Prediger voll und redeten während des Heimwegs über nichts anderes. Als sie hörten, daß Philipp in Eulenberg bleiben wollte, boten sie ihm freundlich eine Bettstelle zur Miete an, und er sagte zu.

Menschen im Berg

Es war schon dunkel, als sie Eulenberg erreichten. Eine ungepflasterte, moddrige, steil ansteigende Straße, rechts und links Häuserreihen, kleine, niedrige Gebäude und ein matter, spröder Geruch, der die Luft beschwerte. Er zog unangenehm bitter durch die Nase in die Kehle hinab. Philipp hätte am liebsten die Luft angehalten. Aber außer ihm schien niemand davon gestört.

In der Stube eines dieser kleinen Häuser setzten sich alle um den Tisch, jeder bekam einen Kanten Brot und einen hölzernen Löffel, mit dem er Brei aus einem großen Topf schöpfte. Alle langten hungrig zu. Nach dem Essen forderte der Vater Michael auf, zur Feier des Tages einen Krug Wein aus der Schenke zu holen. Die Mutter fuhr zusammen, setzte zu einer Erwiderung an, ließ es dann aber bleiben. Der Vater zählte Michael einige Münzen in die Hand. Nach kurzer Zeit war der Junge wieder da, mit leerem Krug. Das Geld habe nicht gereicht, der Weinpreis schon wieder aufgeschlagen. Wortlos holte Philipp einige Münzen hervor und gab sie Michael. Der schaute ihn verstört an, dann – fragend – seine Eltern.

„Seid bitte heute abend meine Gäste", ließ Philipp

sich vernehmen. „Ich bin so froh über die freundliche Aufnahme. Ihr wißt nicht, was das für jemanden, der jahrelang in der Fremde war, bedeutet." Seine Stimme zitterte etwas. Hoffentlich beleidigte er die Leute nicht durch sein Anerbieten.

Doch da irrte er sich. Die Mutter trat auf ihn zu, zögerte einen Augenblick, sagte dann jedoch klar und bestimmt: „Es tut uns leid, daß wir die Gesetze der Gastfreundschaft nur wenig achten können. Aber wir haben kaum genug zum Leben. Große Teuerung ist im Land. Fast täglich steigen die Preise, und wir müssen jedes Teil kaufen; wir haben nicht einmal einen winzigen Garten."

„Ja, und wir müssen auch noch alles, was wir brauchen, beim Baldinger holen. Der verfluchte Geldsack erpreßt uns alle", rief Michael dazwischen. Man sah ihm an, wie er sich vor dem neuen Freund für seine Armut schämte.

„Schweig!" donnerte der Vater ihn an. „Du sollst nicht fluchen und die Obrigkeit schmähen, die Gott uns gegeben hat. Geh endlich den Wein holen, wie man dir aufgetragen hat."

Michael verließ schweigend den Raum. Seine Schultern schienen noch tiefer herabzuhängen als sonst.

Die Mutter nahm unbeirrt den Gesprächsfaden wieder auf. „Versteh uns nicht falsch. Wir wollen dir nichts Unbilliges nehmen. Aber wenn du es kannst, wäre es gut, im voraus die Kost zu zahlen. Es ist dann besser einkaufen."

Der Vater und Balthasar blickten verlegen zu Boden, sagten aber nichts. Philipp zog noch einmal seinen Beutel und lächelte die Frau an, die mit undurchdringlicher Miene vor ihm stand. Keine Regung ihres Gesichtes verriet, was sie fühlte, wie in Stein gehauen waren ihre Züge, der Mund nur eine schmale Linie.

Philipp gab ihr ein Geldstück und begann von seiner Reise zu erzählen. Nur langsam löste sich die Anspannung in den Gesichtern. Endlich löste der Wein auch die Zungen, sie lachten und erzählten, bis das Licht ganz herabgebrannt war. Da faltete die Frau die Hände, die übrigen taten es ihr nach, und sie begann ihr abendliches Gebet zu sprechen:

„Sei uns gnädig, hilf uns, lieber Herre Gott. Vor allen Sünden. Vor allem Übel. Vor gefährlichen Brüchen. Vor ungesunder Luft. Vor giftigen Schwaden und bösen Wettern. Vor sinkenden Wänden und unterirdischen Geistern und Gespenstern. Vor Feuer und Wassersnot und vor einem schnellen Tod, behüt uns, lieber Herre Gott."

Philipp teilte das Bett mit Balthasar, während Michael, dessen Platz Philipp eingenommen hatte, sich auf dem Boden zusammenrollte. Im Morgengrauen stand Balthasar auf, band sich das Sitzleder der Bergknappen um und zog über den Kopf eine Leinenkappe. In der Hand hielt er eine Unschlittlampe. Er stieß Michael an: „Du kannst jetzt ins Bett. Aber sei pünktlich um halb zwölf Uhr am Schacht, damit ich dir das Werkzeug übergeben kann. Ich hab' nach der Schicht keine Lust, lange auf dich zu warten."

Michael war schon ins Bett gekrochen. Brummte nur statt einer Antwort.

Ein paar Stunden später stand Philipp vor dem Bergmeister. Auf dem Weg dorthin hatte er ein paarmal die Augen geschlossen, um zu prüfen, ob er träumte oder ob mit seinen Augen etwas nicht stimmte. Als hätte er verlernt, farbig zu sehen! Dies war nicht mehr die Erde, die er als von den Menschen bewohnt kannte. Auf dem Bergwerksgelände grünte kein Pflänzchen, überall war der Boden um und umgewühlt. In diesem Meer von Staub, Dreck und Steinen wimmelten zwergenähnliche Wesen herum, alle in emsiger Tätigkeit begriffen. Karren mit Gestein wurden eilig herumgeschoben, steingraues Wasser durchlief hölzerne Rinnen, mußte in bestimmten Abständen Siebe durchqueren, an großen Bottichen wurden Steine sortiert. Es gab Ungetüme von Maschinen, ein riesiges Pochwerk, schnaubend und knirschend Steine zermahlend, und immer wieder lebendige Wesen dazwischen, die auf- und abluden, etwas herumtrugen, ordneten, Griffe bedienten. Am Ende des Geländes einige überdachte, offene Gebäude, aus denen es qualmte und denen der spröde Gestank entströmte, den Philipp schon am Vorabend kennengelernt hatte. Etwas abseits stand ein großes steinernes Haus. Dorthin wies Michael Philipp.

Der Bergmeister empfing ihn in seinem Büro, in dem es plötzlich wieder Farben gab: bunte Kleidung, stoffbezogene Stühle, Bilder an den Wänden. Der Bergmeister saß hinter einem großen Tisch und hörte sich Philipps Wunsch nach einer Anstellung im Laboratorium ruhig an, begann dann jedoch zu stöhnen: daß die Zeitläufte schlecht wären und das Geld knapp sei; wieviel Investitionen für den Ausbau eines Berg- und Hüttenwerks verschlängen; über die Undankbarkeit der Arbeiter, die mit Streik drohten, die

Gewerken, die den Bergherrn um die Zubuße zu betrügen suchten, die Banken, die durch teure Kredite alles ruinierten.

Er schwieg. Philipp wartete unbeeindruckt, blickte den Mann aber interessiert und offen an. Der seufzte noch einmal, fragte listig: „Du bist Chirurgus?"

„Ja", antwortete Philipp. „Ich möchte gerne auch Sprechstunden abhalten, die Krankheiten der Bergleute interessieren mich."

Sein Gegenüber dachte nach. „Das hört sich nicht schlecht an. Ich könnte dir vielleicht behilflich sein. Neben dem Laboratorium ist eine Kammer frei. Die kannst du haben, zum Wohnen und auch für deine Studien an den Kranken. Dort kannst du schalten und walten, wie du willst. Nur . . . wegen deiner Arbeit am Probierofen . . . wir haben festgesetzte Löhne, damit würdest du dich bescheiden müssen."

Er wartete, lauernd. Da Philipp nicht protestierte, sondern ganz zufrieden schien, setzte er schnell hinzu: „Einmal in der Woche müßtest du allerdings auch die Praktikanten in die Scheidekunst einweisen." Und als ihn jetzt ein erstaunter Blick Philipps traf, ergänzte er: „Das ist so bei uns üblich."

Philipp nickte lächelnd. Der Bergmeister mißdeutete das. Wie nebenbei fragte er: „Bist du in der Alchimie erfahren?"

Philipp bejahte und mußte innerlich lachen, als er das gierige Aufflackern in den Augen des Mannes sah. Die Menschen waren doch überall gleich!

„Wir haben die allerneuesten Geräte. Einen ähnlich großen Probierofen wirst du nirgends sonst finden.

Wenn du Materialien brauchst, sag es nur. Ich stelle sie dir gern zur Verfügung", meinte er betont freundlich. „Und vergiß nicht, daß ich es war, der dir die Experimente ermöglicht hat und dir das Zimmer für das Studium der Kranken zur Verfügung gestellt hat."

Philipp machte sich sofort an die Arbeit. Seine Tätigkeit im Laboratorium bestand darin, aus zermahlenem Golderz das Gold zu scheiden. Der Vorgang war einfach: Das zu Staub gemahlene Golderz wurde mit Quecksilber durchmischt und mit Harn überdeckt, gerührt, zuletzt mit kaltem Wasser übergossen. Nun trennte sich das Quecksilber, das das Gold vorher an sich gebunden hatte, vom übrigen Probegut. Jetzt mußten nur noch Quecksilber und Gold voneinander geschieden werden. Auch das war leicht.

Diese Arbeit würde ihm nicht viel Neues sagen. Und den Gedanken daran, Gold künstlich herzustellen, hatte er längst aufgegeben. Dagegen fesselte bereits der erste Patient sein Interesse. Er kam am Nachmittag.

Der Mann arbeitete im Bergwerk an der Bewetterungsmaschine. Er bediente den Blasebalg, durch den die schlechten Schwaden aus den Schächten abgesaugt und frische Luft hineingedrückt wurde. Philipp ließ sich seine Arbeit genau beschreiben. Er hatte nur eine einzige Bewegung durchzuführen; den schweren Hebel hochzuschieben und wieder herunterzuziehen. Er klagte über Schmerzen im rechten Arm. Die Behandlung war einfach: der Arm brauchte Ruhe. Philipp band ihn in einer Schlinge fest und schickte den Mann nach Hause.

Kurze Zeit darauf trampelten etliche Bergknappenstiefel über den Flur. Die Männer trugen einen der ihren herein. Fuß- und Armgelenke waren geschwollen, die Haut graubraun, die Augen saßen tief in den Höhlen, der Mann atmete röchelnd, plötzlich schien der Atem zu stocken, um dann in einem aus der Tiefe hervorbrechenden Husten einen Weg nach außen zu finden. Der Mann zitterte am ganzen Körper, auch sein Herzschlag war unregelmäßig. Philipp machte eine Auflage um die Gelenke, gab Anweisungen für einen Kräuteraufguß, den er in großer Menge trinken sollte, und den Rat, den Mann warm verpackt der frischen Luft auszusetzen, ihn auf keinen Fall in einer stickigen Stube im Bett zu halten.

Die Nachricht, daß ein Arzt Sprechstunden abhalte, verbreitete sich wie ein Lauffeuer im Bergwerk. Es kamen eine Menge Patienten, aber das Krankheitsbild war bei allen gleich: Husten, Durst, graubraune Haut, Magenbeschwerden, Herzzittern, Sehstörungen. Und alle waren Bergleute. Mußte da nicht ein Zusammenhang bestehen?

Philipp überließ sich den Einfällen, die so nahezuliegen schienen: Die Nebel im Berg, sie bildeten sich aus den Dünsten der Mineralien. Machten die Nebel dann die Krankheit im Menschen? Und was bewirkten sie? Sicher schien Philipp, daß sie das Gleichgewicht der Substanzen im Körper zerstörten. Das Chaos, welches zwischen Himmel und Erde herrschte, konnte also Macht über den Menschen gewinnen! Der Gedanke, der zuerst nur schemenhaft in ihm aufstieg, nahm langsam feste Konturen an. Er mußte also die schädlichen Stoffe dazu bringen, die Körper wieder zu verlassen. Dazu waren Kräfte nötig, aber welche? Welche Wirkkräfte konnten dabei helfen, brauchte er die Sonne, den Mond? Worin bestand deren Kraft, konnte er die nutzbar machen?

Philipp spürte, wie sein Atem stockte, er holte tief Luft, schluckte. Ein feiner Schmerz durchzog seinen Kopf. Zu groß war der Kosmos, auf den er sich da beziehen wollte. Aber dann wurde sein Atem langsam ruhiger. Mochte der Kosmos riesig sein, auch jedes kleinste Teilchen war ein Teil davon, gehörte dazu, war Substanz des Ganzen. Seine Gedanken zogen ihn weiter, nun wieder an die Kleinheit des Menschen gebunden. Ganz allmählich breitete sich die Sicherheit in ihm aus, daß er die Krankheit würde erkennen können. Mochten andere Ärzte seine Methoden noch so sehr ablehnen, weil ihnen nichts anderes einfiel, als die alten Rezepte abzuschmieren, ohne sie zu verstehen; er wußte sich der Natur und ihren Kräften näher.

Hitze würde der Körper bei der Reinigung brauchen, Schwitzen mußten die Patienten, aber außerdem war auch ein Wirkstoff für Magen und Leber vonnöten. Vielleicht konnte er es auch mit einem Metall versuchen, vielleicht konnte Eisen – in winzigen Mengen – als Stärkungsmittel zu gebrauchen sein; er hatte mal davon gehört. Er würde es ausprobieren müssen. Vielleicht half auch Gold?

Die Gedanken, die sich ihm aufdrängten, sprengten ihm oft schier den Kopf. Tagelang litt er an heftigem Kopfweh und verfluchte sein Schicksal. Sollte das ausgerechnet seine Bestimmung sein? Sich hier zu quälen, in einem Bergwerk in irgendeiner rasch aufgebauten Stadt, in der es nichts gab als Arbeit,

Schmutz und Armut? Doch dann verließen ihn seine Zweifel, der Druck im Kopf ließ nach, und er spürte, wie seine Zuneigung und seine Kraft den Kranken zuflossen.

Vielen konnte leicht geholfen werden; sie hatten nur mechanische Verletzungen: Ein Bergknappe hatte sich mit seinem Schlägel auf einen Finger geschlagen, im Laboratorium verbrannte sich jemand am Scheideofen, im Göpelwerk war ein Arm zerquetscht worden. Philipp konnte den Verletzten nur notdürftig verbinden, denn er trug in seiner Tasche zwar immer alle möglichen Salben herum, doch an Verbandsmaterial fehlte es ihm. Er wollte sich selber darum kümmern, denn die Stoffe sollten sauber sein, sehr sauber. Der Verunglückte wartete furchtsam auf das Ausbrennen seiner Wunden, aber Philipp erklärte ihm, daß er darauf verzichte, um seinen Körper nicht noch mehr zu schwächen. „Die Wunde muß gereinigt werden, aber dann braucht sie Ruhe, um sich zu erholen. Ich kann Salbe darauf tun, der Verband darf aber nicht dauernd gewechselt werden, eben weil das zu sehr anstrengt. Die Heilung kommt nicht von außen, sondern von innen. Nicht der Arzt heilt, sondern der Kranke muß selber wieder gesund werden wollen, und dabei kann der Arzt ihm behilflich sein."

Er schaute den Verunglückten eindringlich an, Beruhigung strömte von diesem Blick in das Gesicht des Mannes, die Angst verschwand daraus, es entspannte sich. Kurze Zeit später war der Mann eingeschlafen. Kein Schmerz war ihm mehr anzusehen, vielmehr schienen sanfte Träume seine Züge zu verklären, und er atmete ruhig und gleichmäßig.

Seinen Begleitern war das unheimlich. Sie kannten nur Angst, Schmerz und Geschrei bei einem Unglück. Der Mann hier sah aber so zufrieden aus wie nie. Was hatte das zu bedeuten? Hatte der Arzt ihn verhext? Mißtrauisch und scheu drückten sie sich an der Wand entlang zur Tür hinaus. Der Kranke aber genas unglaublich schnell, bekam schon am Tag nach dem Unfall wieder Farbe ins Gesicht und erholte sich ohne jegliches Fieber. Er lobte den neuen Arzt als seinen Retter und rühmte ihn überall.

In der Kammer neben dem Laboratorium hatte Philipp wesentlich mehr Platz als bei der Bergknappenfamilie. Trotzdem beschloß Philipp, dort zu bleiben, einmal, weil er wußte, wie wichtig für den Haushalt die Mieteinnahme war, zum anderen, weil er dort vermutlich viel über das Leben und die Krankheiten der Bergknappen erfahren konnte.

Die Familie saß schon am Tisch, wenn er endlich den letzten Patienten versorgt hatte und nach Hause kam. Nach Hause! Ein solches Wort hatte er viele Jahre lang nicht gekannt. Am ersten Abend hatte Michael nach dem Essen Anstalten gemacht aufzustehen. „Komm Philipp, laß uns noch auf ein Bier in die Schenke hinübergehen. Dort ist immer einiges los, besonders wenn der Kaplan von St. Anna da ist. Der ist von anderem Zuschnitt als der Papstknecht, den wir gestern gehört haben."

„Willst du die lästerlichen Reden endlich lassen! Dieser Aufrührer hat dir vollständig den Kopf verdreht." Streit zwischen Vater und Sohn schien an der Tagesordnung. „Außerdem, siehst du nicht, daß unser Gast müde ist? Der hat den ganzen Tag über gearbeitet und nicht wie du Faulpelz nur eine Schicht. In deinem Alter kann man ruhig zweimal einfahren."

„Müßt ihr zwei immer streiten?" wandte mit ruhiger Stimme der ältere Bruder Balthasar ein. „Wir arbeiten abwechselnd, weil wir nur ein Arschleder und eine Lampe haben, uns auch noch das Werkzeug teilen müssen. Michael tut seine Arbeit gut. Der Steiger ist mit ihm zufrieden. Was willst du noch?"

„An mir herummäkeln, was sonst", schaltete sich Michael wieder ein. „Niemand von euch will sehen, daß eine neue Zeit hereingebrochen ist. Es gibt nicht nur neue Maschinen, sondern auch einen neuen Glauben. Und was die von dir so hochgeschätzten Bauern angeht, Vater, deren gottwohlgefälligem Leben du beständig nachtrauerst: du mußt schon beide Ohren mit Pfropfen verschlossen halten, wenn du noch nichts davon gehört hast, daß sie wider die Fürsten aufstehen, sich ihnen bewaffnet mit Spießen und Dreschflegeln widersetzen. Das Kloster St. Peter haben sie schon niedergebrannt, mit allen Urkunden über ihre Abhängigkeit. Frei sind sie jetzt, frei wie wir."

Einen Augenblick lang war der Vater sprachlos. Die Mutter saß erstarrt da, bewegte nur lautlos die Lippen in unablässigem Gebet. Michael aber stand mit hochrotem Kopf, glühend, vor ihnen, schaute den Vater in trotzigem Triumph an.

„Ist das wahr?" fragte der Vater. „Gott steh uns bei, was sind das für Zeiten! Und der eigene Sohn, der eigene Sohn verführt von den Mächten der Hölle."

„Gehen wir zu Bett", murmelte Balthasar, verlegen zu Philipp hinüberblickend. „Morgen sieht vielleicht alles ganz anders aus."

208

Im Hinausgehen drehte der Vater sich noch einmal um und sah Michael mit Augen an, die mit Verachtung und Verzweiflung gefüllt waren. Der Junge, der dem Vater nachgestarrt hatte, in trotziger Haltung, aber mit bettelndem Blick, warf den Kopf auf den Tisch und begann laut zu schluchzen.

Philipp wußte nichts Tröstliches zu sagen. War das der Ablauf des Lebens? Er dachte an seinen eigenen Streit mit dem Vater, vor langer Zeit. Aber hier, zwischen Michael und seinem Vater, wurden die Stiche viel tiefer geführt, und keiner von beiden schien bereit, nachzugeben oder auch nur auszuweichen. Philipp folgte Balthasar ins Bett. Michael verließ kurz darauf das Haus und blieb die ganze Nacht aus.

Eines Morgens begannen alle Glocken zu läuten, obwohl die Frühschicht noch lange nicht zu Ende war. Im Laboratorium ließ jeder seine Arbeit liegen und rannte nach draußen. Stimmen brüllten über den Hof: „Ein Unglück ... die Stollendecke ... der Feldscher soll kommen!"

Philipp hatte seine Tasche bereits zusammengerafft und lief zum Schachteingang. Zwei Männer hoben ihn auf ein Brett, das an einem Seil befestigt war, und schon ließen ihn zwei andere, die eine Haspel drehten, langsam in die schier endlose Tiefe. Philipp sah noch einen Augenblick lang ihre vor Anstrengung verkniffenen Gesichter, dann umschlossen ihn die steinernen Schachtwände. Aus dem Berg hörte er dumpf Hammerschläge heraufhallen. Kurz bevor er den Grund des Schachtes erreicht hatte, bremsten die Haspeler die Bewegung, so daß Philipp absteigen konnte. Er landete auf einer Holzbohle, die verdächtig schwankte und unter der der morastige Boden blubberte. Philipp fühlte sich von beiden Seiten an den Armen gefaßt. „Bist du der Arzt?" fragte eine Stimme, und als er bejahte, fuhr sie fort: „Komm, wir führen dich zur Unfallstelle. Es eilt. Wir haben einen Schwerverletzten geborgen."

Der Stollen war eng. Philipp mußte gebückt laufen, er sah immer noch nichts außer dem matten Flackern des Grubenlämpchens auf dem Kopf des Bergmannes, der vor ihm herlief. Er stieß ein paarmal mit der Schulter, einmal sogar mit dem Kopf an die Stollenwand, von der Feuchtigkeit in seine Kleider rieselte. Heiß war es hier und stickig. Philipp begann zu keuchen und nach Luft zu ringen. Die Hammerschläge dröhnten ihm zunehmend lauter in den Ohren, sie hatten im Stollen keinen Platz zu verebben, sondern bündelten sich in dem schmalen Durchlaß. Endlich verbreiterte sich der Gang etwas, Philipp konnte sich aufrichten. Wie dicker Nebel stand eine Staubwolke in der Höhle, auch klangen die Hammerschläge jetzt ganz nah. Mit grauem Staub überzogene Männer standen wie leibhaftige Gespenster um eine am Boden liegende Gestalt herum. Im fahlen Schein ihrer Grubenlampen versuchte Philipp den Verletzten zu untersuchen. Er kniete sich auf den Boden, prüfte Puls und Atem. Dann schüttelte er den Kopf. Da war nichts mehr zu machen. Sie verluden die Leiche in einen der Karren und warteten, warteten darauf, daß die Rettungsmannschaft weitere Opfer fände. Hin und wieder tauchte ein heller Schatten aus dem Stollen auf, reichte seinen Schlägel an einen der

Wartenden, ließ sich die Wasserflasche geben, während der andere im Stollen verschwand, und sank erschöpft auf den Boden. Endlich hörten die Hammerschläge auf. Atemlose Spannung breitete sich aus. Alle saßen aufrecht und lauschten. Plötzlich Rufe, Schritte, schließlich wurden die Verunglückten nacheinander in die Höhle getragen. Einige stöhnten leise, zwei regten sich überhaupt nicht. Philipp verband rasch eine blutende Wunde und riet, die übrigen möglichst schnell an die frische Luft zu befördern. Er folgte dem Zug als letzter.

Am Schachtausgang blendete ihn das Sonnenlicht. Noch vor wenigen Augenblicken hatte ihn die Unterwelt so beklemmend umfaßt, daß ihm daneben kein anderes Leben möglich erschienen war. Jetzt fühlte er die Sonne wie eine zudringliche Schöne, die seine staubige Haut schamlos liebkoste. Er blinzelte. Endlich sah er, daß sich eine riesige Menschenmenge um den Schacht gesammelt hatte. Stumm, mit angstvoll aufgerissenen Augen, starrten die Menschen den Zug aus dem Berginnern an. Eine Gasse öffnete sich, in all den abgezehrten, grauen Gesichtern stand die gleiche Frage, die Philipp nicht beantworten konnte.

Vor dem Krankenzimmer wartete Michael neben einer Bahre. Aus seinem Gesicht war alles Jungenhafte verschwunden. Mit unendlich alten, traurigen Augen sah er Philipp an und flüsterte: „Es ist Balthasar, er sieht schlimm aus."

Philipp drückte fest Michaels Schulter, sagte aber nichts, sondern verschwand rasch im Haus, um mit der Versorgung der Kranken zu beginnen. Spät am Abend – die Glocke, die das Ende der Nachtschicht ankündigte, war gerade verklungen – kam Philipp heim und ließ sich erschöpft auf einen Stuhl fallen. Die Frau stellte einen Teller mit Suppe vor ihn und legte ein Stück Brot dazu. Dann saßen alle um ihn herum, schweigend, aber mit fragendem Blick. Philipp schob den Teller von sich weg. „Ich habe keinen Hunger", erklärte er. Nach einer Pause, in der die Stille im Zimmer bedrückend angeschwollen war, fuhr er fort: „Ich weiß nicht, ob Balthasar durchkommen wird. Es liegt in Gottes Hand. Nach Menschenermessen müßte er längst tot sein. Ein Balken hat sein Bein zerschmettert. Wenn sein Körper stark genug ist zu kämpfen, ist es vielleicht möglich. Aber wahrscheinlich ist es nicht."

Leises, mühselig unterdrücktes Schluchzen der Mutter, der Vater flüsterte ein Stoßgebet, während Michael einen Fluch zwischen den Zähnen hervorstieß. Einem inneren Zwang gehorchend, knieten die Eltern nieder, falteten die Hände, wobei der Mann die Frau mit seinen Armen umfaßte. Eng aneinandergedrückt beteten sie ein „Gegrüßest seist du Maria", ein „Vaterunser", ein weiteres „Gegrüßest seist du Maria". Ihre müden Stimmen leierten die Gebete in gleichmäßigem Ton; Philipp fühlte, daß von der Beterei eine Beruhigung ausging und eine Beschwörung. Das Zittern verschwand aus ihren Stimmen, die Tränen der Mutter trockneten ein. Philipp betrachtete die beiden Alten. Vom Leben verbraucht, ihre Körper zusammengefallen, war ihr Dasein von beständiger Sorge, Angst, Mangel und Arbeit bestimmt gewesen. Und doch war da etwas, was Philipp bei sich schmerzlich vermißte. Sie waren ein Paar, gehörten zusammen, auch und gerade jetzt in ihrem Schmerz. Die Mutter schaute auf, blickte zu Michael hinüber, der betont unbeteiligt am Tisch lehnte. Hart und unerbittlich zog ihr Blick Michael zu sich, in die Gebetsrunde. Der Junge folgte ihr widerwillig, konnte sich ihrem stummen Befehl aber nicht entziehen.

Welch eine Kraft liegt in den Augen einer Frau, dachte Philipp. Solche Macht hat kein Mann, wird er nie haben, denn sie allein ist die Gebärerin eines Kindes. Welch überwältigendes Gefühl mußte es sein, ein winziges Wesen, im eigenen Körper gewachsen, in den Armen zu halten, es zu wiegen und an der eigenen Brust zu nähren. Welches Glück . . . aber auch welche Versuchung hatte Gott den Frauen auferlegt. Wie groß diese Versuchung war, sah man an Michael, den die Augen der Mutter noch immer beherrschten und der so ungeheuer darunter litt. Das Donnergetöse des Vaters, dagegen konnte er sich zur Wehr setzen, schreien, es zu übertönen suchen. Aber die Augen der Mutter! Welche Waffen halfen schon gegen einen Blick, der aus den liebreichsten Augen kam, die man kannte und die einen doch dahin zwingen wollten, wohin der eigene Wille sich zu gehen weigerte.

Philipp hatte schon oft erfahren, wie sehr Michael von widerstreitenden Gefühlen umgetrieben wurde. Mal war er weich und freundlich, dann voller Trotz, machte sich über alles und jeden lustig, nahm nichts ernst. Wohin würde das führen?

Während er Michael betrachtete, tauchte vor ihm das Bild seiner eigenen Mutter auf, müde, mit herabhängenden Schultern, aber aufstrahlenden Augen, wann immer sie ihre Kinder sah. So strahlte Michaels

Mutter nicht, oder täuschte er sich? Was er in den Augen dieser alten Frau vergeblich gesucht hatte, was wohl schon lange darin erloschen war, hatte er in denen von Michael gefunden, und zwar schon bei ihrer allerersten Begegnung! Die Erkenntnis traf ihn. Jetzt wußte er, was ihn an dem Jungen von Anfang an fasziniert hatte, warum er sich so bereitwillig in diese Familie hatte aufnehmen lassen. Tränen stiegen in ihm hoch.

Er zuckte zusammen, weil ein Stuhl krachend umfiel. Michael war plötzlich aufgesprungen. Er schrie: „Dein Wille geschehe, daß ich nicht lache, das soll Gottes Wille sein? Schlecht gebaute Stollen, weil es dem Gewerke nicht schnell genug geht, weil wir schlecht bezahlt und schlecht ernährt sind. Menschenwerk, verfluchtes Menschenwerk!" Er rannte zur Tür, stürzte hinaus und schmetterte sie krachend hinter sich zu. Die Eltern hatten ihre Stellung am Boden nicht verändert. Aber sie hörten auf zu beten, schluchzten jetzt beide.

Balthasars Zustand änderte sich tagelang nicht. In der Familie herrschte bedrücktes Schweigen. Michael war kaum zu Hause, betrat nur zu den Mahlzeiten und zum Schlafen die Wohnung. Bei Tisch sagte niemand ein Wort. Philipp blieb häufig über Nacht im Krankenzimmer.

Bei seinen kurzen Gängen über die Grubenanlage sah Philipp, daß mit den Bergleuten eine Veränderung vor sich ging. Den Frauen im Pochwerk hockte die Angst wie große schwarze Krähen im Nacken, die Männer schauten zwar undurchdringlich, aber die Atmosphäre war aufgeladen. Philipp fühlte die Spannung, die alle ergriffen hatte und die sich jeden Augenblick entladen konnte. Brenzlig roch die Luft, nach sengender Wut und schwelendem Feuer. Gerüchte schwirrten herum und brausten in den Köpfen. Immer neue Nachrichten über die Bauern, die mit Dreschflegeln, Schaufeln und Beilen bewaffnet durchs Land zogen. Das Schloß des Grafen zu Meinberg war in Flammen aufgegangen, ebenso die Kirche von Friedrichsthal. Ein Flugblatt ging von Hand zu Hand: „Daß wir nicht mehr Steuern geben wollen, als man vor zweihundert Jahren getan hat . . . Wir sind nicht gesinnt, Botendienste für den Adel zu tun . . . Wollen wir Wasser, Weide, Wald und Jagd frei haben, einem jeglichen nach seiner Notdurft an seinem Wohnsitz zum Gebrauch."

Philipp las den Zettel voller Interesse. Die Artikel wollten nicht zu den Gerüchten von Brand und Zerstörung passen. Er nahm sich vor, am Sonntag in den Gottesdienst des evangelischen Predigers zu gehen. Bis jetzt hatte die Arbeit bei den Kranken ihm keine Zeit dazu gelassen.

Auch diesmal wurde es schwierig. Balthasar atmete noch schwächer als sonst. Erst nachdem Philipp seine Brust mit einer scharf riechenden Essenz eingerieben hatte, wurde es etwas besser, so daß er ihn einer der Bergknappenfrauen, die abwechselnd bei ihm Wache hielten, anvertrauen konnte.

Die Predigt hatte schon angefangen, als er die Kirche betrat. Eine kräftige Stimme hallte über die Köpfe der still lauschenden Bergknappen hin. Alle hatten den Blick zur Kanzel erhoben. Kein Laut störte die Worte des Predigers. Philipp schaute umher. Irgend etwas an dieser Kirche war anders, als es in Kirchen zu sein pflegte. Endlich fiel ihm auf, was es war. Der Raum war kahl, kein Schmuck, keine Bilder, kaum Kerzen, keine Blumen. Nichts lenkte von der Predigt ab. Der Mann auf der Kanzel hatte eine klare, volltönende Stimme, die die Kirche ganz ausfüllte. Trotzdem konnte Philipp sich nicht recht wohl fühlen. Kalt war es ihm hier, oder war es die Nacktheit der Wände, die ihn zusammenschauern ließ?

Er wandte sein Gesicht zur Kanzel. Bruno Rubernus war ein schöner Mann. Braune Locken wellten sich um seinen Kopf, ein dichter Bart umstand seinen Mund, die dunklen Augen leuchteten lebendig. Die Wärme, die von ihm ausging, stand in befremdlichem Gegensatz zu der Kahlheit des Raumes. Er sprach über Christus, der unter falsche Propheten gefallen sei, und die Freiheit des Menschen, die Gott einem jeden gegeben habe. „Dünkt euch nicht mehr zu sein als die Bauern. Zwar heißt ihr frei, aber was ist das für eine Freiheit, die euch zwingt, täglich tief in das Erdinnere hinabzusteigen, daß ihr fast nie die Sonne seht, und das alles nur, um euren Leib notdürftig zu erhalten! Gott aber hat alle Menschen gleich geschaffen, und er will, daß der Besitz allen gemeinsam ist und jedem nach seinem Bedürfnisse zugeteilt wird. Die Herren wollen aber die ganze Welt für sich haben und sie doch nur zu Pracht und Hoffart nutzen. So zerstören sie Gottes Werk."

Das Leuchten der Augen des Predigers war jetzt auch in den Augen der Zuhörer, er hatte sie ganz in seinen Bann gezogen. Es blieb ruhig, es herrschte ein inneres Einverständnis, auch als der Prediger den harten Köpfen der Knappen einiges zu arbeiten gab. Er argumentierte, stellte Fragen, nannte Gegenargumente, um die wiederum zu widerlegen. Und nachdem er sie so durch sein Geflecht von Gedanken gezogen hatte, entließ er sie mit der Bitte an Gott, ihr Werk mit seinem Segen zu bedenken, und einem heißen Aufruf, für eine neue Welt zu kämpfen: „Dran, dran, solange das Feuer heiß ist. Schmiedet pinkepanke auf den Ambossen der Fürsten und Herren, werft ihnen die Türme zu Boden. Es ist nicht euer, sondern des Herrn Streit. Ihr werdet sehen, die Hilfe des Herrn ist über euch. Amen."

Nun brauste die Orgel auf, füllte die Kirche mit lautem Klang. Die Gemeinde stand auf und sang. Schön klangen sie nicht, die rauhen Stimmen der Bergknappen, die mit aller Kraft schrien, weil ihnen das Stillsitzen und Zuhören schwergefallen war, besonders da ihre Hände dabei nichts zu schaffen gehabt hatten; ihren Köpfen hatte Bruno um so mehr Arbeit gegeben, doch dort kreisten all die Gedanken, die er hineinzupflanzen versucht hatte, noch ungeordnet herum.

Nach dem Gottesdienst strebten alle der Schenke zu, um den Durst zu löschen, den sie beim Nachdenken bekommen hatten. Auch wollten sie am Biertisch die neuesten Nachrichten über die Bauern besprechen. Vor dem Gasthaus „Zum Ochsen" waren gerade zwei Männer abgesessen. Sie banden ihre Pferde vor dem Haus fest, ebenso das Pferd eines dritten Mannes, der aber darauf sitzen geblieben war. Die beiden bewegten sich unsicher auf ihren Beinen, vom langen Reiten waren ihre Schritte ungelenk und steif.

Ihre üppige Bewaffnung erschwerte zusätzlich das Gehen: an einer Seite hing ihnen vom Gürtel ein riesiges Schwert herab, in der anderen Hand hielten sie einen Spieß. Umgehängt trugen sie außerdem eine Hakenbüchse.

Der dritte Mann hockte seltsam zusammengekrümmt auf dem Pferd. Als die Bergknappen näher kamen, hob er den Kopf und begann laut zu jammern: „Helft mir, habt Mitleid mit einem armen Unschuldigen, entreißt mich den Henkersknechten."

Schnell bildete sich ein Auflauf um ihn. Der Mann deutete auf die Ketten, mit denen seine Beine unter dem Pferd aneinandergebunden waren. Dadurch war er während des Rittes fest auf das Pferd gepreßt worden, auch jetzt stöhnte er und rieb sich die Schenkel.

„He, was ist denn mit dir? Wer hat dich so absonderlich festgezurrt, daß du mit deinem Roß zusammen wie ein Drachenwesen ausschaust? Fehlt nur, daß du Feuer spuckst, und es qualmt und dampft", rief einer aus der Menge. Die Umstehenden lachten.

„Hört auf. Verhöhnt den Gefangenen nicht." Plötzlich stand Bruno Rubernus neben dem Fremden. Freundlich sah er zu dem Mann hinauf. „Was ist dir geschehen?" fragte er.

Aus den Augen des Gebundenen verschwand das aufgeregte Flackern, das sie bis jetzt beherrscht hatte. Trotz seiner gestauchten Haltung gab er laut und klar Auskunft: „Ich bin Gefangener des Fürsten zu Meinberg. Ohne Gericht, ohne Urteil hat er mich zum Tode bestimmt, aus reiner Adelswillkür. Ich bin Priester und Anhänger der evangelischen Lehre. Die Bauern aus dem Meinberger Ried haben sich gegen ihren

Fürsten empört. Er hat auf ihre Beschwerde wegen der unerträglichen Erhöhung der Fronen durch den Herrn zu Lammshof die ganze Bauernschaft durch seine Kriegsknechte zusammenschlagen lassen und mich, als ihren Sprecher, dem Tod anheimgegeben. Ihr seid Bergknappen, aber der Fürst wird mit der gleichen Willkür auch in eure Rechte eingreifen. Helft mir als einem der euren."

„Du führst ein freies Wort", antwortete Bruno. „Auch wir haben das neue Evangelium angenommen und sind Verteidiger des Rechtes." Er wandte sich um. „Für Bergknappen sollte es eine Kleinigkeit sein, eine Kette aufzusprengen."

Die Bergleute lachten. Es gab ein wildes Gedränge um den Fremden, sein Pferd wurde unruhig und begann zu schnauben. Dann bildeten einige Riesenkerle einen festen Ring und drängten die übrigen zurück, und Hans, der Schmied vom Schmelzofen, stemmte die Kette auf. Der Gefangene rutschte mit einem schrillen Aufschrei vom Pferderücken, aber Bruno Rubernus fing ihn auf. Er legte ihn dem Schmied in den Arm. „Bring ihn in meine Wohnung. Ich muß mich erst noch um seine beiden Begleiter kümmern. Denen wollen wir einheizen, daß sie nicht so bald . . ."

Den Rest konnte Philipp nicht mehr hören, weil er neben dem Schmied der Wohnung Brunos zustrebte. Sie legten den Stöhnenden aufs Bett. Philipp versorgte die aufgescheuerten Schenkel, und als Bruno endlich die Wohnung betrat, schlief der Kranke schon fest. Philipp saß still neben ihm, mit gefalteten Händen.

„Du sitzt hier so ruhig, während draußen die Stürme des Lebens toben. Willst du nicht wenigstens wissen, was wir mit den beiden gemacht haben?" redete Bruno ihn an.

„Es wird wohl nichts Gutes sein, und den Zorn des Fürsten ziehen wir uns damit auch zu."

„Ach was! Ohne das Erz, das Gold und Silber, das die Bergknappen für ihn aus dem Berg holen, ist er ein Niemand. Er wird sich hüten, die Kuh zu schlachten, die er noch melken will."

„Die Bauern braucht er auch, und trotzdem hat er sie zusammenschlagen lassen." Philipp sah sein Gegenüber herausfordernd an. Der holte Gläser und einen Krug Wein aus dem Schrank und bot Philipp einen Trunk an. „Auf gute Zusammenarbeit! Wir können einander gebrauchen. Zwar nennt sich die Theologie die Königin der Wissenschaften, aber mit Königen wollen wir ja möglichst wenig zu tun haben, und die Medizin ist auch oft vonnöten." Er schmunzelte. „Es ist lange her, daß ich mit jemandem von der Hohen Schule zusammengesessen habe. Manchmal fehlen mir die Disputationen. So ein kräftiges Ringen mit Worten! Das würzt das Leben."

„Du wirst nicht lange Freude daran haben, wenn du gleich anfängst, die Medizin zu beleidigen."

„Nichts für ungut. Sei nicht empfindlicher als ein rohes Ei. Aber im Ernst. Die ärztliche Kunst ist oft lebenswichtig, und doch ist sie nur ein kleiner Teil. Gegen die großen Übel der Zeit hilft sie nicht."

Philipp spürte, wie er in Wut geriet. „Die ärztliche Kunst ist die höchste überhaupt."

Bruno lachte spöttisch. „Ärgerst du dich nicht

manchmal, wenn du einen Menschen mühselig zusammengeflickt hast, und dann kommt irgendeiner
daher und schlägt ihn in ein paar Augenblicken wieder zuschanden? Oder ein Schacht im Bergwerk
stürzt ein und begräbt ihn unter sich?"

Von ihren Stimmen war der Fremde aufgewacht.
Er hatte ihnen zugehört. Jetzt bat er leise: „Streitet
nicht. Wir müssen zusammenhalten. Es gibt so viele,
die auf unserer Seite stehen und denen es schlecht-
geht. Bauern, auch viele aus dem Adel und den Städten. Es ist der Reichtum, der diese Welt zerstört, diese
neue Krankheit, die wie eine Seuche um sich greift
und den, den sie an sich zieht, hartherzig und kalt für
das Unglück anderer macht." Er schwieg erschöpft.

Bruno nickte ihm zu. „Wir wollen die Bauern un-
terstützen. Wir werden die Arbeit niederlegen, die
Flugblätter mit unseren Forderungen sind schon gedruckt."

Der Fremde flüsterte: „Es geht um mehr. Ihr müßt
zu den Heeren der Bauern stoßen."

Philipp konnte beiden nicht zustimmen. „Es wird
nichts helfen und ist auch nicht richtig. Die Reichen
richten sich durch ihr Verhalten selbst. Aber die
Bergleute sollten fortgehen und sich andere Herren
und eine andere Arbeit suchen. Im Bergwerk sind sie
wie tot, nur noch Maschinen. Das Leben wird aufhö-
ren, in ihnen zu pulsieren, und ihre Seele wird ver-
kümmern. Sie sollten wirklich fortgehen."

Jetzt brauste Bruno auf. „Wo lebst du eigentlich?
Die Welt ist ein Scherbenhaufen. Nirgendwo findet
der Mensch sein Auskommen."

„Und du glaubst, durch einen Aufstand Ordnung

zu schaffen? Dann bricht das Chaos doch erst recht über die Menschen herein. Meinst du, die Bauern sind besser als die Fürsten? Sie rauben und morden genauso. Nein! Nur Gott kann eine Änderung herbeiführen. Wir brauchen einen neuen Papst und einen neuen Kaiser. Mit allem anderen säen wir nur Zwietracht."

Nun wurde Bruno ernst. Kein Spott und kein Vergnügen am Streiten waren mehr in seinem Gesicht zu lesen. „Ein neuer Papst und ein neuer Kaiser sind auch nicht besser als die alten. Gott ruft uns, jeden einzelnen. *Wir* sollen sein Werk ausführen.

Philipp sprang auf. Beschwörend hob er die Hände, streckte sie nach Bruno aus. „Du überschätzest dich maßlos. Bescheide dich. Gott schickt uns diese Leiden als Prüfung. Entferne das Gift aus deiner Seele. Wie soll aus Bösem je Gutes entstehen? Krieg aber ist böse, ist Vernichtung."

Nach einer Pause, in der die beiden sich lange angesehen hatten, in ihren Blicken miteinander ringend, sagte Philipp: „Ich muß wieder zur Krankenstube. Balthasar braucht meine Hilfe."

Im Hinausgehen drehte er sich noch einmal um: „Was sagt eigentlich dieser Reformator aus Wittenberg zu dem Aufstand?"

Bruno zuckte die Schultern: „Pah, der ist längst ein Fürstenknecht geworden. Verleumdet die Schrift, behauptet, das mit der Freiheit sei nur geistig gemeint."

„Vielleicht hat er seine Gründe", antwortete Philipp langsam, bevor er die Tür schloß.

Balthasar starb ein paar Tage später. Seine Eltern

nahmen die Nachricht reglos hin. Sie blieben tagelang am Tisch in der Stube sitzen; der Vater hatte die Arme aufgestützt und vergrub sein Gesicht in den Händen; die Mutter hielt die Hände auf dem Tisch gefaltet; sie redeten nicht, weinten nicht, keine Veränderung in ihren Gesichtern gab darüber Aufschluß, was in ihnen vorging. Wenn die Nachbarin ihnen eine Schüssel Haferbrei brachte, aßen sie mechanisch, wie brave Kinder, die alles essen, was man ihnen vorsetzt. Ein paarmal kam Michael, tränenüberströmt, versuchte die Eltern anzusprechen. Sie antworteten nicht.

Die Bergknappen trafen sich immer häufiger bei Bruno Rubernus, lauschten den Erzählungen des fremden Priesters über den Aufruhr im Land, in den Städten, über die Heerhaufen der Bauern. Immer wieder war von Arbeitsverweigerung die Rede.

Dann kamen zwei Boten des Fürsten mit einem Trupp bewaffneter Kriegsknechte in die Stadt. Sie riefen die Bergleute vor dem Rathaus zusammen und verkündeten ihnen die Befehle des Landesherrn. Der von ihnen befreite Priester solle ausgeliefert werden, ansonsten verfalle die ganze Stadt dem Zorn des Fürsten. Außerdem müsse die Stadt, da der Aufstand der Bauern große Kosten verursache, eine Kriegssteuer aufbringen, in Höhe von . . .

Weiter kamen sie mit ihrer Rede nicht. Die Nennung der Steuer entfesselte den Zorn der Bergleute. Wie sollten sie solche Gelder aufbringen, wo ihr Lohn kaum zum Lebensunterhalt reichte? Außerdem stand diese Forderung den verbrieften Rechten der Bergknappen entgegen! Die Menge wollte sich auf die Boten stürzen, aber da standen plötzlich die

Kriegsknechte, die Hakenbüchsen im Anschlag. Der Ansturm der Knappen geriet ins Stocken. Jetzt trat Bruno Rubernus vor und erklärte den Boten, daß freie Bergknappen solche Zumutungen nicht anerkennen könnten. Sollte der Fürst weiterhin darauf bestehen, würden die Bergknappen die Arbeit niederlegen und sich mit den Bauernheeren vereinigen. „Sagt eurem Herrn, freie Bergknappen lassen sich nicht von Fürstenwillkür bestimmen. Auch geben wir keinen Gefangenen heraus, der ohne Gerichtsspruch verurteilt worden ist. Sagt ihm das – und jetzt macht, daß ihr fortkommt."

Nun war es mit der Ruhe in der Stadt endgültig aus. Überall beredeten die Leute, was geschehen sollte, ob bei der Arbeit, im Wirtshaus oder zu Hause. Fast alle fürchteten die Rache des Fürsten. War es das beste, sich ruhig zu verhalten, oder sollte man sich doch den Bauern anschließen? Bruno Rubernus lief durch die Stadt und warb für den Aufstand.

Philipp kämpfte einen harten Kampf mit sich. Wie man die Sache auch drehte und wendete, für die Bergleute kam nichts Gutes dabei heraus. Sie konnten die Steuern, selbst wenn sie zahlen wollten, niemals aufbringen. Und wäre das überhaupt richtig? Sich dem Rechtsbruch des Landesherrn zu beugen? Man konnte sich leicht ausmalen, was die Stadt jetzt zu erwarten hatte. Sollten sie darauf warten, daß die Soldaten des Fürsten ihnen die Dächer über den Köpfen anzündeten? Das Recht war auf der Seite der Bergleute und Bauern. Aber ein Aufstand, ein Krieg? Der brachte Tod, Plünderung, unsägliches Leid. Die Heere der Fürsten waren gut geübt, erfahren im Kampf

224

und nicht zimperlich, ihre Herren kannten alle Schliche und jede Taktik des Kriegführens.

Auch konnte er sich nicht vorstellen, daß aus einem Krieg, dem mörderischen Aufeinanderschlagen von Menschen, irgend etwas Gutes entstehen sollte. Kämpfen würde er auf keinen Fall. Das verbot ihm seine Würde als Arzt. Trotzdem wollte er mit den Aufständischen ziehen. So vielen Heeren war er schon als Arzt gefolgt. Er hätte sich elend gefühlt, wenn er seine Brüder im Stich gelassen hätte; zum anderen würde das Heer ganz sicher einen Arzt brauchen.

Im Gegensatz zu Philipp, der von Tag zu Tag nachdenklicher wurde, geriet Michael bei den Vorbereitungen für den Feldzug wie viele der Männer in eine wilde Begeisterung. Unermüdlich lief er von Haus zu Haus, fragte nach Waffen, Ausrüstungen und Vorräten, spannte Tücher über Leiterwagen und packte sie hoch voll, half beim Gießen der Kugeln für die Hakenbüchsen, dem Schmieden von Morgensternen und Hellebarden. Die Bergleute würden eine kräftige, wohlgerüstete Truppe abgeben.

Die Bergbeamten hatten sich seit Tagen nicht aus ihren Häusern getraut. Jetzt wurden sie im Rathaus festgesetzt und zwei Männer mit ihrer Beaufsichtigung betraut. Als nach einer Woche die Rotte der Bergknappen aufbrach, blieben nur Frauen und Kinder und einige Bewacher sowie Alte und Kranke im Ort zurück. Außerdem einige Kundschafter, die bei einem Angriff des feindlichen Heeres die Frauen warnen und in die Gebirgswälder führen sollten. Dort hatte man einige Unterstände gebaut und Vorräte versteckt und auch die wenigen Wertsachen vergraben, die es bei den Bergknappen gab.

Als man sich schon zu sammeln begann, suchte Philipp Michael. Er fand ihn im Turm der Kirche, wo er die Glocke läuten durfte. Jedesmal, wenn er sich an das Seil hängte und es auf diese Weise herabzerrte, schrie er mit aller Kraft, obwohl er doch wußte, daß ihn niemand hören konnte: „Auf, Leute, zum Kampf! Hört ihr, die Glocke ruft euch zum Kampf, ich rufe zum Kampf." Seine Backen waren von der Anstrengung gerötet, seine Augen leuchteten.

Philipp nickte ihm zu und wartete in einer Ecke des Raumes, bis Michaels Kräfte erlahmten und er die Glocke ruhen ließ. Dann sprach er den Jungen an: „Michael, ich weiß, daß ich dich nicht hindern kann, mit den Bauern zu ziehen. Ich will es auch gar nicht. Aber ich bitte dich, mach aus der Sache nichts Schlechtes, indem du so gehst, im Unfrieden mit deinen Eltern. Es ist nicht recht."

Michael schob die Unterlippe vor, kniff dann die Lippen zusammen, zögerte einen Augenblick. Der Schweiß lief ihm noch immer in Strömen über das Gesicht. Dann stieß er heraus: „Ich weiß nicht, was du von mir willst. Nicht ich habe mich von meinen Eltern losgesagt, sondern sie sich von mir. Einen Teufelsbalg haben sie mich genannt, der Hölle verfallen. Was ist da noch zu machen?" Er schluckte schwer.

„Michael, es geht um dich. Deinen Eltern gegenüber konntest du nicht anders handeln, das ist ganz klar. Aber du mußt deinen inneren Frieden finden. Groll ist ein schlimmer Stachel, der zum Bleiklumpen werden kann. Du wirst ihn die ganze Zeit mit dir her-

226

umtragen. Im Krieg ist das besonders schlimm. Du mußt davon überzeugt sein, für das Recht zu kämpfen, und deinen eigenen Zorn überwunden haben. Nur dann liegt Gottes Segen über eurem Kampf." Philipp hielt einen Augenblick ein. Leise fuhr er fort: „Oder willst du Rache für Balthasar nehmen? Auch Rache ist kein guter Grund für einen Krieg."

„Pah, glaubst du etwa, daß sich die Bauern oder auch die Bergknappen solche Gedanken machen?" Der alte Trotz flammte in Michael wieder auf.

„Nein, das ist es ja, was ich gegen den Kampf einzuwenden habe. Es sind zu viele dabei, die nur einmal etwas erleben, ihrem ewig gleichen Trott entfliehen wollen oder heimlich von großer Beute träumen."

„Du bist eben doch ein Doktor. Bruno hat schon recht. Solche Leute haben zu viel über Büchern gesessen und kennen das Leben nicht."

Die letzte Bemerkung ärgerte Philipp, obwohl er fühlte, daß Michael ihn nur kränken wollte, weil er selbst so tief verletzt war. Dennoch erwiderte er merklich kühl: „Da ist Bruno ja genau der Richtige, um so was zu behaupten." Er machte eine Pause und fuhr etwas freundlicher fort: „So hat es keinen Sinn zu streiten. Tu, was du nicht lassen kannst, vielleicht geht dir noch auf, was ich meine."

Nun, als der Aufbruch näher rückte, kämpfte Michael doch mit den Tränen, und als Philipp ihn umarmte, schluchzte er plötzlich los: „Warum . . . warum magst nicht wenigstens du mich so, wie ich bin . . ." Er konnte nicht weiterreden, weil laute Schluchzer ihn schüttelten.

„Ich mag dich sehr, Michael", antwortete Philipp

mit ruhiger tröstender Stimme, „auch und gerade weil du so bist. Nur möchte ich, daß du später nicht etwas bereuen mußt, was du jetzt tust. Gott behüte dich."

Dann zog Michael zum Sammelplatz und reihte sich in die Menge ein, während Philipp dem Zug in einiger Entfernung folgte. Hatte er Michael noch mit fester Stimme getröstet, so war es jetzt mit seiner Beherrschung vorbei. Nur eine kurze Rast auf seiner endlosen Wanderung lag hinter ihm. Er blickte zurück auf den kleinen, grauen, schmucklosen Ort: ein paar Häuser, eine Straße, jetzt menschenleer und verlassen.

Einen Augenblick lang glaubte er sich von seinem Schmerz zerrissen, aber dann hatte er ihn überwunden. Es war wohl seine Bestimmung, heimatlos zu sein. Ihm war nur eine kurze Weile der Ruhe vergönnt; er mußte jetzt weiterziehen. Was wartete auf ihn in diesem Krieg? Kalt lief es ihm über den Rücken.

Bauernkrieg

Das Bauernheer: ein unüberschaubarer Haufen schlechtgekleideter Männer, Bundschuhe, derbe, enge Hosen und Wämse; manche im Panzerhemd, viele mit Eisenhüten. Jeder trug ein kurzes Messer, Spieße und Wurfhacken, einige sogar Armbrüste. Dazwischen vereinzelt Landsknechte. Einige waren zur Ausbildung der Bauern gedungen, etliche übergelaufen. Wie bunte Tupfer machten sie sich im graubraunen Heerhaufen aus, ihre bunten, vielfach gefälteten und zerschlitzten Röcke leuchteten weithin, mehr aber noch die prachtvollen Federn, die von ihren Hüten herabwehten. Sie waren alle mit Hakenbüchsen, Schwertern und Hellebarden ausgerüstet. Eine Reiterabteilung gab es nicht, die wenigen Pferde, die man besaß, zogen die Leiterwagen. Zuerst schien es, als stelle sich dem Heerhaufen niemand entgegen: sie überfielen und plünderten ein Kloster, aus dem die Mönche noch hatten fliehen können, die Vorräte aber zurückgeblieben waren. Sie holten das Korn aus den Scheunen, schlachteten etliche Hammel, wollten auch den Weinkeller plündern. Daran wurden sie aber von ihren Hauptleuten gehindert. Ein Glas Wein würde am Abend für jeden ausgegeben werden, auf mehr ließen sich die Anführer nicht ein. Also mußten die Bauern woanders ihr Mütchen kühlen, und sie fielen über alles her, was sich im Kloster befand. Sie zerschlugen in der Kirche das Chorgestühl, zerschnitten die Bilder des Hochaltars, zerrten Reliquien aus ihren Schreinen und zerrissen die pergamentenen Meßbücher. Sie zerhackten die Tische und Stühle im Refektorium, und erst als sie langsam ermüdeten, brachten die Hauptleute sie dazu, Kornsäcke auf die Wagen zu laden, Gänse in Körbe zu verpacken, Bierfässer aus dem Keller zu stemmen und Käselaibe über den Hof zu rollen. Gefäße mit Öl wurden zwischen Säcken verstaut, das Wasser des Klosterteiches abgelassen, damit man die Fische totschlagen und dann überm Feuer räuchern konnte. Alle Gebäude wurden nach Waffen durchsucht. Nachdem etliche Hammel und Rinder verzehrt waren, konnte man mit Vorräten für mindestens zwei Wochen weiterziehen.

Zur Schlacht kam es eine Woche später. Die Bauern hatten eine gute Stellung bezogen, denn ihre Wagenburg war auf einem Hügel postiert und schien somit unangreifbar. Dann nahte das fürstliche Heer. Rüstungen klirrten, Pferde schnaubten, Geschütze rasselten übers Feld. Bomm, bomm, bomm, bomm. Die Trommeln bestimmten den Takt der Füße. Schrill lockten die Töne der Pfeifer, ihre beschwörende Melodie beschleunigte die Schritte der Landsknechte. Dann Stille. Die Bauern erstarrten. Ein Bote ritt heran. Er brachte ein Friedensangebot des Fürsten. Aller Ungehorsam sollte vergeben sein, die Forderungen der Bauern und Knappen von einem Reichsgericht

230

entschieden, alle Gefangenen freigelassen werden.

Das Bauernheer zog sich zur Beratung zurück. Viele waren mit dem Angebot des Fürsten einverstanden. Mehr hatten sie nicht erhofft. Es half nichts, daß Bruno und einige andere sie immer wieder beschworen, dem Fürsten nicht zu trauen. „Sein Angebot ist aus der Angst geboren. Er sieht unsere Zahl und unsere Stärke. Wenn wir unser Heer auflösen, wird er sein gegebenes Wort vergessen. Hat er euch nicht schon oft durch seine ungerechten Forderungen bedrängt und willkürlich bedroht? So plötzlich ändert sich ein Mensch nicht."

Vergeblich, die große Mehrheit des Haufens nahm das Angebot an und zog ab. Was mit dem Rest geschah, ist schnell erzählt: Am Abend bedeckten Leichen den Hügel, hingen in jedem Baum Körper, die leise im Wind hin und her schwangen. Vom Acker stieg ein leises Stöhnen auf, und von Zeit zu Zeit zerriß der Schrei eines Sterbenden die gespenstische Stille.

Auch im Lager der Landsknechte blieb es ruhig, obwohl sie doch sonst jeden Sieg am Feuer mit dem Grölen ihrer Lieder feierten, mit Tanz und Musik, bei Braten und Wein. Sie hatten den Befehl bekommen, die heimwärts ziehenden Bauern zu überfallen und zu töten. Verwundert hörten diese das Klappern der Pferdehufe hinter sich, aber bevor sie recht begriffen hatten, was geschah, fühlten sie schon heiß den Spieß im Rücken oder hörten das Sausen der Schwertklinge, die auf sie niederging.

Philipp wurde festgenommen, während er sich auf dem Schlachtfeld nach Überlebenden umsah. Zuerst hatte er sich die Toten genau angeschaut und war bei jedem jungen Gesicht zusammengeschreckt, weil er befürchtete, daß es Michael sei. Irgendwo hier auf der riesigen Fläche mußte er liegen, zwischen den unzähligen Toten und Verwundeten. Vielleicht konnte er ihn finden und retten. Retten? Wovon, wozu? Würde sich seine junge Seele jemals erholen können? Plötzlich fielen Philipp die Worte von Bruno Rubernus ein: „Ärgerst du dich nicht manchmal, wenn du einen Menschen mühselig zusammengeflickt hast, und dann kommt irgendeiner daher und schlägt ihn in ein paar Augenblicken wieder zuschanden?" Da hatten einige Leute ein paar Träume geträumt, ein bißchen auf Gerechtigkeit gehofft, und übrig blieb dieser Leichenberg.

Mechanisch schloß er den Toten die Augen und sprach ein kurzes Gebet für sie, gab dieses Tun aber schnell auf, als jemand neben ihm zu stöhnen begann. Philipp betastete seine Wunden, schleppte ihn an den Rand des Schlachtfeldes und begann, die Stiche zu reinigen und zu verbinden. Der Mann sah schlimm aus: ein Schwertstreich hatte seinen Körper vom Hals bis zum Bauch aufgeschlitzt. Nicht sehr tief, denn sonst wäre dieser Schnitt tödlich gewesen. Trotzdem sah der Mann aus wie ein einziger Klumpen Blut. Selbst Philipp mußte zweimal schlucken, bis er den Anblick ertragen konnte. Den Mond, den er für seine Arbeit dringend brauchte, verwünschte er, als hätte der die Not geschaffen. Doch wie zum Trotz leuchtete er Philipp hell bei seinem Tun. Die Sterne funkelten. Einige weiße Wolken blähten sich am Himmel und sandten silbriges Licht über das Schlachtfeld.

232

Philipp begann zu zittern, seine Hände wurden feucht und unsicher. Er wollte schreien, weinen; aber der Anblick der unendlichen Fläche verdrehter und verzerrt liegender Körper, die in metallischen Glanz getaucht waren, ließ jedes Gefühl gefrieren. Hier noch heilen zu wollen, war das nicht ähnlich vermessen, wie ein paar Tropfen Wasser zu schöpfen, um das Meer zu leeren? Noch nie war ihm seine ärztliche Tätigkeit so sinnlos, ja lästerlich erschienen gegenüber dem Strom der Zeit, der alles niederwälzte und zerstörte. Reglos stand er da, in Trance, bis ihn ein wimmernder Schmerzenslaut wieder ins Leben riß.

Im Morgengrauen nahmen ihn die Kriegsknechte des Fürsten fest, die in der Hoffnung auf Beute auf das Schlachtfeld strömten, und um ihr mörderisches Handwerk zu Ende zu führen. Als er die Soldaten auf sich zukommen sah, blieb er ruhig stehen und sah ihnen entgegen, in Erwartung des tödlichen Streiches. Der erste hatte das Schwert schon erhoben, als sein Kamerad ihn in die Seite stieß. „Sieh mal, was der dort macht." – „Na, was schon, auf unsere Beute ist er aus. Nun stör mich nicht dauernd, machen wir ihn endlich kalt." – „Nein, bist du verrückt? Der ist unsere kostbarste Beute. Da, an dem Kerl dort hat er herumgedoktert." – „Und wenn schon, was geht es mich an?" – „Du Narr, nun kapier doch endlich, der Mensch ist ein Feldscher." – „Und was soll das? Ich bin nicht krank." – „Hast du nicht heute morgen gehört, wie der Hauptmann getobt hat, weil ihn irgendeine Seuche erwischt hat? Wenn wir ihm nun den Feldscher präsentieren?"

Der andere schwieg verblüfft. Dann holte er einen

Strick hervor, band Philipp die Arme auf dem Rükken zusammen und zerrte ihn an dem Band hinter
sich her. Als Philipp anfing, die beiden wegen ihres
unchristlichen Tuns zu beschimpfen, riß sich der eine
einen Fetzen Stoff vom Rock und band ihm den
Mund damit zu. Nun mußte er sie auf ihrem Beute-
gang begleiten. Sicherlich hätten sie den sich sträu-
benden Philipp irgendwann erschlagen, wäre bei den
Bauern etwas zu holen gewesen. Aber so gaben sie
den Beutezug nach kurzer Zeit wieder auf. Trotzdem
waren die Minuten, in denen er über das Feld stolperte, für Philipp die schlimmsten der ganzen
Schlacht. Jeder Tote wurde mit geübtem Griff von
den Soldaten durchsucht, allen, die er im Laufe der
Nacht verbunden hatte, der Kopf abgeschlagen. Die
Blicke der Sterbenden durchbohrten ihn; der Anblick
des aufspritzenden Blutes bereitete ihm Schwindel,
vor seinen Augen verzerrte sich das Bild, plötzlich
sah er nur Köpfe und Gesichter, die ihn voller Hohn
angrinsten.

Philipp zerrte an dem Strick, den ihm die Knechte
um den Hals gebunden hatten, aber der zog sich nur
noch enger fest. Er würgte und fühlte, wie er schwitzte, sein Körper vor Schweiß triefte, ihm der Urin an
den Beinen entlanglief. Er wollte sterben, hier, jetzt,
bei den anderen. Was hatte es für einen Sinn zu überleben?

Aber dann wurde er still und trottete ohne Widerstand hinter den beiden her. Der Entschluß zu leben
ging nicht von seinem Kopf aus, dort herrschten immer noch das Entsetzen und die Verzweiflung. Einzelne Körperteile machten sich selbständig, die Fin-

ger, die Arme, die Füße, der Bauch, der Hals. Sie hielten sich ruhig, kämpften nicht mit dem Strick, sondern paßten auf, daß das Blut weiter durch die Adern fließen konnte.

An einem Baum angebunden, mußte Philipp auf die Rückkehr des Hauptmannes warten. Er fror in seinen nassen Kleidern, aber nicht nur deswegen. Eine Frau aus dem Troß brachte ihm schließlich einen Teller Suppe. Warm rann sie ihm durch die Kehle, füllte den Magen, und von da strahlte die Wärme durch den Körper. Er streckte sich auf der Wiese aus und fiel in Schlaf, tief und traumlos.

Die Feldtrompeter kündigten den Hauptmann an. Als Philipp endlich zu ihm gerufen wurde, war er ausgeschlafen. Er hatte sich waschen dürfen und ein trockenes Wams bekommen. Der Kranke lag halb aufgerichtet auf einer Pritsche in seinem Zelt. Vor ihm stand ein großer, derber Bursche, in der Hand eine Flasche, die mit einer gelben Flüssigkeit gefüllt war. Er starrte auf das Gefäß, schüttelte es ein bißchen hin und her, dann legte er seine Hände um die Flasche. „Sehr warm ist der Harn nicht", murmelte er, „aber dafür recht dunkel, vielleicht ist es doch die Pest." Es war ganz offensichtlich, daß er mit dem Harn nichts anzufangen wußte. „Ich glaube, es ist das beste, wenn ich Euch zur Ader lasse."

„Das wirst du nicht tun", fuhr Philipp dazwischen. „Ein Chirurg sollte sich nicht zum Arzt aufspielen. Bleib bei deinen Knochenbrüchen und Stichwunden, und überlaß diese Krankheit einem erfahrenen Arzt."

In das Gesicht des Riesenkerls schoß ein gefährli-

ches Rot. Er machte Anstalten, sich auf seinen Kon-
kurrenten zu stürzen, aber die Stimme des Hauptmanns fuhr schneidend dazwischen. „Reiß dich zusammen, Chirurgus. Auch mir ist nicht entgangen,
daß du von meiner Krankheit nichts verstehst. Aber
laß diesen Arzt, der vorgibt, auf der Hohen Schule
studiert zu haben, sein Glück versuchen. Wenn seine
Behandlung zu nichts führt, kannst du dein Mütchen
noch früh genug an ihm kühlen." Er stöhnte auf.
„Nun mach schon, Gefangener. Zeig, was du
kannst."

Philipp näherte sich der Pritsche des Hauptmanns,
besah sich die Bläschen auf seiner Lippe und fragte,
ob der Ausschlag sich auch auf seinem Geschlecht
zeige. Der Mann nickte. Nun tastete Philipp seine
Achseln und Lenden ab. Die Schwellungen waren
eindeutig. „Hast du Kopfschmerzen? Und zieht es
dir in den Knochen?"

Erstaunt nickte der Patient bei jeder der Fragen.

„Die Bestimmung der Krankheit ist klar: die Lust-
seuche hat dich erwischt. Aber keine Angst, ich werde dir helfen. Nur mußt du dich an meine Rezepte
genau halten, denn das Geheimnis ihrer Wirkung
liegt in der exakten Dosierung."

Hatte der Hauptmann ihn im ersten Augenblick
entsetzt angesehen, als habe Philipp das Todesurteil
über ihn gesprochen, so wurde sein Gesicht ent-
spannter, je länger Philipp sprach. In Philipps Augen
stand Zuversicht, ja Wissen über seine Heilung. Als
der Chirurgus, der wütend, aber stumm stehengeblieben war, in das Gesicht seines Hauptmanns sah,
stellte er eine auffallende Veränderung fest: der hoch-

mütige Ausdruck war daraus verschwunden, er hätte jederzeit geschworen, daß es ein Knabengesicht sei, das Gesicht eines Kindes, das gläubig zu seiner Mutter aufschaut, von der es weiß, daß sie alles wieder gutmachen kann. Einige Tage später, als Philipp ihm davongelaufen war, war der Feldscher sich seiner Sache dann sicher, und seine Oberen glaubten ihm, daß hier ein Hexer seine übernatürlichen Kräfte benutzt hatte.

Philipp kochte für den Kranken einen Trank, in den er ein Pulver schüttete, das er in einem Döschen an seinem Körper verborgen trug. Die Nacht über blieb er am Bett seines schlafenden Patienten sitzen.

Als der auch am nächsten Morgen noch fest schlief, sogar laut schnarchte, befahl man Philipp, dem Feldscher zur Hand zu gehen. Schon bei der Behandlung des ersten Patienten gab es Streit. Der Chirurgus wollte die große Stichwunde eines Landsknechtes mit einem glühenden Eisen ordentlich ausbrennen, aber Philipp verwies es ihm scharf: „Du ruinierst durch solche Belastung die Heilungskräfte seines Körpers. Die Wunde braucht Ruhe."

Fast wäre der Feldscher mit der glühenden Zange auf Philipp losgegangen, doch irgend etwas hinderte ihn daran. Er ließ den Stahl sinken und murmelte etwas von „letzte Warnung". Dann durfte Philipp nur noch Wunden verbinden, die der Feldscher ausgebrannt hatte. Er mußte sich so mit dem Rücken zu dem Chirurgus stellen, daß der Blick Philipps den seinen nicht treffen konnte. Nachdem Philipp etliche vor Schmerzen ohnmächtig gewordene Soldaten verbunden hatte und auch noch mit ansehen mußte, wie ein völlig vom Blutverlust geschwächter Kranker zur Ader gelassen wurde, stand sein Entschluß fest: hier wollte er weg.

In der folgenden Nacht gelang es ihm, unbemerkt durch das Lager zu entweichen. Alle Wachen schworen, daß nur ein Geist an ihnen hätte vorbeikommen können.

Am Ziel?

Ein warmer, heller Herbsttag. In der Frühe hatte er die Burg verlassen. War über reifbedeckte Wiesen gestapft, über denen noch kalter Nebel lag. Doch ist der allmählich von den Sonnenstrahlen aufgesogen worden und ein strahlender Herbsttag daraus hervorgetreten. Die Wälder leuchteten in allen Farben, wie in Gold getaucht lagen die Rebhänge vor ihm.

Frisch und jung fühlte er sich, als er zurückkehrte, voller Energie. Nach dem Morgenbrei, den ihm die Köchin am großen Tisch in der Schloßküche vorsetzte, stieg er in sein Turmzimmer hinauf, nahm sich seine Papiere vor, tauchte die Feder ins Faß und schrieb, schrieb, schrieb. Nichts störte ihn in seiner Arbeit, die Zurufe der Knechte auf dem Hof nicht, die hinter den mit großen Wäschekörben beladenen Mägden herlachten, und auch nicht die laut grunzenden Schweine, die der Hütejunge vom Schloßhof trieb.

Erst nachdem er Seite um Seite gefüllt, den Artikel zu Ende gebracht hatte, wendeten sich seine Gedanken von seiner Arbeit ab. Endlich hatte er Ruhe und Zeit, einmal über all das nachzudenken, was er in den vergangenen Jahren als Arzt herausgefunden und gelernt hat. Viel zu lange haben sich die Gedanken in ihm gestaut.

Seit er aus dem Lager des Hauptmanns entwichen ist, scheint sich sein persönliches Glück gewendet zu haben. Die Heilung des Markgrafen macht gute Fortschritte. Und der Markgraf Philipp von Baden ist nicht der einzige gewesen, dem er in den letzten Monaten hat helfen können. Sein Ruf eilt ihm voraus, man verlangt nach ihm, ständig folgen ihm Scholaren; über den Schwarzwald ist er gezogen, hat viele Heilwässer geprüft, auch hier in Baden. Und nun bringt er die Ergebnisse seiner Analysen zu Papier.

Wieder tauchte er die Feder in die Tinte, doch dann zögerte er, sein Blick schweifte in die Weite der Rheinebene, die wie der Garten Eden sich vor ihm ausbreitet; Rebhänge, Wiesen, Obstbäume, deren Äste sich neigen von der Last praller Äpfel und Birnen, darüber ein leuchtend blauer Himmel und dahinter im Dunst die Umrisse eines Gebirges. Ja, dies könnte der Garten Eden sein, wenn nicht ...

In der Ferne tauchten zwei Reiter auf, die sich dem Schlosse näherten. Zwei winzige schwarze Punkte, die in raschem Galopp näher kamen, wachsend zu scharfen Schattenrissen wurden, die den samtigen Schleier über der Landschaft zerrissen. Ob sie mit neuen Schreckensmeldungen unterwegs sind? Philipp seufzte tief auf. Der Anblick der beiden Reiter ließ ihn plötzlich erkennen, daß seine Ruhe, die Harmonie dieser Landschaft trügerisch waren, daß er sich etwas vormachte. Mag im letzten Jahr *sein* Stern aufgegangen sein, dem Land hat es keine reiche Ernte gebracht, nur dem Schnitter Tod.

Die Burg Hohen-Baden

Wie konnte Gott nur zulassen, was da Unfaßliches geschehen ist, daß die Menschen diese herrliche Erde zu einem Leichenfeld gemacht haben? Überall im Deutschen Reich sind die Bauern wie die Bergknappen gegen ihre Herren aufgestanden, haben riesige Heere formiert, sind mit Psalmen auf den Lippen gegen ihre Bedrücker gezogen. Und was ist dabei herausgekommen? Das Blutgericht der Fürsten hat keinen geschont, zu Tausenden sind die Bauern hingemäht worden, gefoltert, zerstückelt, verbrannt. Die Henker kamen mit ihrer Arbeit kaum noch nach. An vielen Stadttoren wurden die Köpfe der Aufständischen auf Pfähle gespießt dargeboten.

Gewalt erntet Gewalt, das Aufbegehren gegen das Unrecht gebiert nur neues Unrecht. Was soll ein Arzt da heilen? Der Riß, der durch die Welt geht, läßt sich nicht zunähen. Er hat hier Unterschlupf gesucht beim Markgrafen, dessen Bauern dem Strafgericht entgangen sind. Der Fürst hat die Forderungen der Bauern anerkannt, nun blüht sein Land, während rundherum die Erde Blut getrunken hat. Doch ewig wird er sich hier nicht verstecken können.

Wenn seine Gedanken seinem Gewissen folgen, muß er sich gestehen, daß dies nicht der richtige Platz für einen Arzt ist. Diese Insel ist gut zum Ausruhen, Luftholen, solange der Markgraf noch krank ist. Aber dann...

Die Gesunden sind nicht sein Arbeitsfeld; Gott hat ihm seine Talente nicht gegeben, damit er sie hier vergräbt. Er wird weiterziehen müssen, wieder in das Getriebe dieser Welt eintauchen, in das Getümmel sich bedrohender, schlagender, sich zerfetzender

Menschen, die er dann mit Eifer, Liebe und viel Geduld zu heilen hat. Wie leid ihm dies alles ist. Aber er muß.

Nachdem die Unruhe Philipp wieder erfaßt hatte, wartete er ungeduldig auf die Gesundung des Markgrafen; wurde unleidlich, grantig, gab sich kurz angebunden, herrschte den Genesenden auch an. Die beschauliche, verspielte Atmosphäre des Badeortes zerrte jetzt unerträglich an seinen Nerven; die adligen Gäste, die in den Thermen Linderung ihrer Leiden suchten, ungeachtet des Elends im Lande stundenlang im warmen Wasser saßen, mit heiligem Ernst sich ihrer auf schwimmenden Brettern aufgestellten Spiele hingaben, tranken, tafelten, der Musik von Spielleuten lauschten oder sich sonstwie amüsieren ließen, ekelten ihn nun an. Er zeigte ihnen seine Verachtung und wurde dafür von ihnen mit Verachtung gestraft. Wie hatte er es hier nur so lange aushalten können? Es wurde wirklich höchste Zeit aufzubrechen.

Er faßte den Plan, sich in Straßburg niederzulassen. Es würde ja nicht in jeder Stadt so ausgehen müssen wie in Salzburg. Jetzt war er ein berühmter Arzt. Auch würde er es geschickter anstellen und die Konkurrenz der eingesessenen Kapazitäten meiden.

Und so trug er sich am 5. Dezember 1526 ins Straßburger Bürgerbuch ein, als Mitglied der Lutzerne, der Chirurgenzunft. An Patienten fehlte es ihm nicht. Die Erneuerer der Theologie in der Stadt schätzten die Behandlung durch einen Erneuerer der Medizin. Er wurde herumgereicht, zu Hochzeiten eingeladen.

Doch trotz dieses vielversprechenden Anfangs, sollte auch Straßburg nur eine Durchgangsstation auf seinem Weg werden. Eines Tages erzählte ihm sein Patient Nikolaus Gerbelius, daß er wieder einmal in Basel zu tun gehabt habe, da er mit dem Reformator Ökolampadius das Neue Testament neu herausgebe. Er machte sich Sorgen um seinen Verleger, mit dem das Projekt stehe und falle. Der sei sehr krank, ein Fuß fast schwarz, die Mediziner der Universität wüßten keinen Rat. Ob das nicht ein Fall für Theophrastus sei? Wenn er Interesse habe, könne er in der Sache vielleicht vermitteln ...

Und ob ihn das reizte. Hier bot sich endlich eine Gelegenheit, sich mit den Galenus-Sklaven zu messen, ihnen zu zeigen, was ein rechter Arzt war, einer, der in Italien nicht nur die theoretische Heilkunde, sondern auch die praktische erlernt hatte, sich deswegen stolz Doktor beider Arzneien nennen durfte. Und außerdem ... Noch ein anderer Gedanke blitzte in seinem Kopf auf. Frobenius war Verleger, ein bedeutender Verleger. Wenn der ihm verpflichtet wäre ...

Anfang Januar kam Gerbelius mit der Nachricht, Froben gehe es sehr schlecht, man befürchte das Schlimmste. Er habe nach Theophrastus von Hohenheim verlangt, bestehe auf der Behandlung durch ihn. Darauf hatte Philipp nur gewartet. Er überließ seine Wohnung der Obhut seines Famulus, ließ sich ein Pferd satteln und ritt noch am gleichen Tag auf sein neues Ziel los: die Heilung des Verlegers Frobenius in Basel.

Vor dem Haus zum Sessel im Totengäßlein sprang

IOHANNES FROBENIUS
TYPOGRAPHORUM OMNIUM AEVI SUI PRINCEPS
Den: Basilea 1527.

Ad Archetypum Ioh. Holbenii in Pinacotheca a Merehel Basil:

I.H. Holbein pinx:

Basileæ apud Chr: a Merchel Chalcogr:

B: Hübner sculps: 1725.

Johannes Froben, Basler Verleger um 1460–1527

Philipp vom Pferd, schnallte seine Arzneitasche ab und reichte einem Knecht die Zügel. Dann war er im Haus verschwunden. Er stürmte die Treppe hoch, fragte einen Bediensteten nach dem Krankenzimmer, und als dieser den fremden, kotbespritzten Mann nur verschreckt anstarrte, brüllte er ihn an: „Ich habe nicht ewig Zeit! Das Krankenzimmer!"

Eine Tür öffnete sich. Jemand flüsterte: „Pscht. Ihr erschreckt unseren Herrn."

Philipp schob sich an der Person vorbei in das Zimmer. Ein großes Bett mit einem mächtigen Baldachin beherrschte den Raum. Die Vorhänge an dem Bett waren aufgezogen und gaben den Blick frei auf den älteren Mann, der darin lag bzw. halb aufgerichtet saß. Sein Gesicht war bleich, dunkle Ringe lagen unter den Augen, die starr auf die Tür gerichtet waren. Hinter dem Krankenbett standen drei Herren in schweren, pelzverbrämten Mänteln vor den Fenstern. Man konnte ihre Gesichter nicht erkennen, weil ihre Gestalten das bißchen Licht, das durch die kleinen, matten, in Blei gefaßten Scheiben fiel, abfingen. Man sah nur ihre Umrisse, hörte ihre Stimmen, die von irgendwoher im oberen Teil der massigen Figuren kamen. Im Kamin glomm schwach ein Feuer, hin und wieder flackerte es kurz auf und erhellte die Gesichter. Wohlgenährt waren sie, voller weicher Rundungen, zu denen die verkniffenen Münder in scharfem Gegensatz standen. Schwere, stickige Luft erfüllte den Raum.

Der Arzt blieb vor dem Bett stehen, so daß ihn der Kranke gut erkennen konnte. „Ich bin Theophrastus Bombastus Aureolus Philippus von Hohenheim. Du hast mich rufen lassen, und ich bin gekommen. Wenn du geheilt werden willst, werde ich dir helfen."

Plötzlich kam Bewegung in die kompakte Masse auf der Fensterseite des Bettes. Alle drei Figuren hoben gleichzeitig die Arme und streckten sie abwehrend von sich. Die mittlere Gestalt verkündete mit lauter, manchmal aus ihrer dunklen Tonlage nach oben kippender Stimme: „Wir haben Euch erklärt, Meister Frobenius, daß nur eine Amputation Euch retten kann. Der Chirurgus ist schon bestellt; er wird die Operation nach unseren Anweisungen durchführen. Ihr wißt, daß wir die größten Kapazitäten in dieser Stadt sind. Niemand weiß besser als wir", er hüstelte und fuhr, als seine Stimme ihre Tonlage wiedergefunden hatte, fort, „was gut für Euch ist."

Einen Augenblick lang hörte man nur das Knakken der Scheite im Kamin. Dann öffnete der Kranke den Mund. „Schweigt und geht", flüsterte er. „Ich will hören, was dieser hier zu sagen hat."

„Aber –", setzte einer der drei noch einmal an, doch sein Kollege schnitt ihm das Wort ab: „Meint Ihr vielleicht, wir wollen unseren guten Ruf aufs Spiel setzen, indem wir bleiben, wenn dieser Scharlatan sich ans Werk macht? Er oder wir, etwas anderes gibt es nicht. Werdet doch endlich vernünftig. Es gibt keine Wunderheilung. Seht Euch diesen schmutzigen Zigeuner an, von so einem könnt Ihr doch nicht im Ernst etwas erhoffen. Ihr, ein Mann des Geistes! Schon bei seinem Anblick muß sich der Mensch ekeln!"

Der Kranke schüttelte leicht den Kopf. „Geht. Er wird mich heilen."

Der erste der drei machte den anderen ein Zeichen,

und alle drei verließen wortlos das Zimmer, nicht ohne noch einen haßerfüllten Blick auf Philipp geworfen zu haben. Der näherte sich dem Kranken. „Ich muß mich erst waschen, bevor ich dich anfasse. Ruhe solange. Versuche deine Gedanken auf etwas Schönes zu richten. Decke dich gut zu, ich werde das Fenster öffnen, es riecht nach Schnee, die Luft ist frisch und kalt." Er winkte dem Diener, der an der Tür stehengeblieben war, ihm zu folgen. Draußen schloß er leise die Tür. „Ein Zimmer ist für Euch gerichtet und ein Bad eingelassen", verkündete der Diener.

Philipp rekelte sich nur kurz wohlig im warmen Wasser, dann streckte er sich und verlangte eine Kanne mit kaltem Brunnenwasser. Der Diener folgte seiner Anweisung wie selbstverständlich, an diesem Tag würde ihn nur noch wenig in Erstaunen versetzen können. Philipp schnaubte und schüttelte sich wie ein Walroß, als er sich das eiskalte Wasser über den Kopf goß.

„Schnell, ein Tuch!" rief er und sprang aus der Wanne. „So ein kalter Guß weckt die Lebensgeister und schüttelt die Müdigkeit ab."

Kurze Zeit darauf betrat er wieder das Krankenzimmer. Er setzte sich ans Bett und erkundigte sich nach dem Befinden des Patienten. Er hörte ruhig zu, auch als Johannes Froben anfing, von seinen Sorgen im Geschäft zu reden. Er beklagte sich bitter, daß so viele Drucker den Buchmarkt mit billigen Machwerken überschwemmten, wie schwer es sei, gute Drucker und Kupferstecher zu finden, da jeder nur darauf hoffe, in kurzer Zeit möglichst viel Geld zu verdienen. „Die Qualität nimmt beständig ab, nur noch die Menge zählt, und das schlimmste ist, wir Verleger sind nicht zuletzt Schuld daran. Wir haben doch die Massenproduktion erfunden und versuchen überall, das zünftige Handwerk auszuschalten. Wohin das führen wird . . .! So einen aufwendigen Druck wie den, den Gutenberg geschaffen hat mit seiner Bibel, kann sich niemand mehr leisten. Wofür auch? Die Moden wechseln wie das Wetter, was gestern wertvoll war, zählt heute schon nicht mehr." Er verstummte.

Die Worte blieben im Raum stehen, Philipp machte keine Anstalten, ihre Gewichtigkeit aufzuheben. Er wartete, bis sie sich gesetzt hatten, dann fragte er nach der Lebensweise des Druckherrn, stellte knappe, genaue Fragen, ließ keine ausweichenden Antworten zu, sondern zwang den Kranken, sich über seine Lebensweise Rechenschaft zu geben. Dem fiel es schwer, all das auszusprechen, was einerseits alltäglich geworden war – nicht nur bei ihm, sondern bei den meisten Leuten seiner Zeit, die es sich leisten konnten. Obwohl Philipp noch vor einiger Zeit beim Markgrafen gewesen war, gelang es seinem Patienten, ihn mit der Schilderung seines alltäglichen Lebens in Erstaunen zu versetzen. In sichtlicher Erregung fuhr er den Kranken an:

„Du überlastest deinen Magen ständig und damit natürlich – was viel schlimmer ist – Herz und Gemüt. Denn selbst wenn du nicht daran denken willst, weißt du von dem Elend in dieser Welt, weißt du genau, wie viele Menschen nicht genug zum Leben haben, während Leute deines Schlages sich beständig überfressen. Warum müssen es Gewürze aus Indien sein, die du in dich hineinschüttest, obwohl du gar nicht weißt, ob sie sich nicht auf die Dauer als Gift für dich herausstellen. Jeder auch noch so gesunde Stoff wird irgendwann zum Gift, wenn man zu viel davon zu sich nimmt. Und was bringt dir solche Völlerei? Du verrohst doch nur deinen Geschmack. Willst du so deine Gedanken ersticken? Du kannst das Elend, auch dein eigenes Elend, nicht erdrücken. Du siehst, wie es dich jetzt im Bein kneift und dich ins Bett zwingt, so daß deine Befürchtungen als nächtliche Schatten über dich herfallen können. Wenn du gesund werden willst, wirst du dein Leben gewaltig ändern müssen. Als erstes wirst du ein paar Tage hungern, damit dein Körper sich seines Giftes entledigen kann. Keine Widerrede, die Amputation würde dich weit mehr schwächen. So, und jetzt zeig dein Bein."

Der Kranke, zurückhaltende und respektvolle Behandlung gewohnt, starrte den Arzt verblüfft an. So hatte noch niemand zu ihm gesprochen. Philipp schien das nicht zu bemerken. Er schlug die schwere Decke auf dem Bett zurück und betastete das dunkel verfärbte Fleisch. Dann zog er ein einfaches Salbendöschen hervor, das er in seiner Kutte bei sich trug. Damit bestrich er das Bein vorsichtig. Das war schon alles. Er ging in die Küche hinab und bereitete dort einen Kräuteraufguß, den er selbst zu dem Kranken hinauftrug und ihm zu trinken gab. Dann wünschte er einen erholsamen Schlaf. Das Fenster blieb offen.

Nachdem er das Krankenzimmer verlassen hatte, rief er einen der Diener zu sich: „Ich brauche etliche Gerätschaften. Auch fehlen mir einige Zutaten zu Arzneien."

Der Diener bot sich an, die Dinge in einer Apotheke zu besorgen. Aber Philipp wehrte ab. „Du
kannst mich begleiten und mir den Weg zeigen. Aus-
wählen muß ich selbst."

Zusammen machten sie sich auf den Weg. Die
Apotheke lag in einem Kellergewölbe. Von der Straße
aus führten ein paar Stufen in den Verkaufsraum hinab. Die Augen mußten sich erst an das Dämmerlicht
des Raumes gewöhnen, aber Philipps Nase erkannte
sofort viele wohlvertraute Gerüche. Der Apotheker
verfügte über ein großes Sortiment an Waren, die auf
Tischen ausgebreitet lagen oder in Regalen aufbe-
wahrt wurden. Gewürze aus aller Welt fügten sich zu
einem starken, die Nase reizenden Parfüm zusammen; eine der Räucherkerzen, die zum Verkauf angeboten wurden, war angezündet und verbreitete ihren
süßlichen Duft; mild und samtig lag der Geruch von
Honig im Raum, stieg aus Sirupfässern hoch und
durchzog alle anderen Düfte.

Der Apothecarius stand selbst im Laden, begrüßte
den Diener des Verlegers zuvorkommend, musterte
aber dessen ärmlich und abgerissen aussehenden Begleiter abschätzig. Auch als der Diener Philipp als
den berühmten Arzt Theophrastus von Hohenheim
vorstellte, der den Druckherrn behandelte und Arzneien und Gerätschaften brauche, holte er das Gewünschte zwar eilfertig hervor, musterte den Mann
in der abgetragenen Kutte aber weiterhin mißtrauisch.

Die Geräte hatte Philipp bald ausgewählt, denn
der Apothecarius hatte ein großes Sortiment ver-
schiedenster Werkzeuge am Eingang neben einem

Regal mit Weinflaschen ausgelegt. Tiegel, Töpfe, einen Kolben, einen Mörser mit Stößel, Flaschen, mehrere Löffel unterschiedlicher Größe, eine Waage. Philipps Frage nach einer Retorte, einem Alembik und Phiolen erschreckte sein Gegenüber sichtlich. Wozu brauchte ein Arzt das? Sicher war der Mann ein Alchimist, der mit zauberischen Kräften umging. Der Apothecarius bekam feuchte Handflächen, nur mühsam konnte er seine Gesichtszüge so glätten, daß man ihm von außen seinen Schrecken nicht ansah. Beflissen stellte er die gewünschten Geräte in einer Kiste zusammen.

Der Kauf der Drogen gestaltete sich schwieriger. Philipp wollte nur unvermischte, getrocknete Kräuter, und er bestand darauf, sich jedes Gefäß, aus dem sie genommen wurden, genau anzusehen. Der Apotheker war ein braver, biederer Mann und Familienvater, der sich zu den wohlangesehenen Männern in der Stadt zählen konnte. Das Verhalten dieses Mannes kränkte ihn nicht nur, sondern griff ihn in seiner Standesehre an. Dann begann der Fremde auch noch, penetrant nach Fundort und Fundzeit der Kräuter zu fragen, so daß Paul Mäder sich geschulmeistert fühlen mußte. „Was ist?" fuhr Philipp ihn an, als er mit der Antwort zögerte. „Ihr wißt doch genauso gut wie ich, wie wichtig die Zeit der Ernte ist. Wie soll eine Pflanze, die nie die Sonne erblickt hat, die Kraft der Sonne entfalten?"

Die Wut wuchs ganz langsam, aber unaufhaltsam in Paul Mäder heran. Was bildete sich dieser Kerl ein? Überflüssig, ihm das alles zu erzählen. Natürlich wußte er das. Aber mußte man im Eifer der täglichen

252

Arbeit nicht über so manches hinwegsehen, damit ein reibungsloser Ablauf der Krankenbehandlung gewährleistet war? Und im Gegensatz zu diesem hergelaufenen Zauberer vertrauten die angesehenen Ärzte der Stadt seiner Arbeit, trugen ihre Rezepte in sein Arzneibuch ein und überließen alles weitere ihm. Das ruhige Atmen wurde Paul Mäder schwer, in heftigen Stößen ließ er die Luft aus sich heraus. Da erst sah Philipp von den Töpfen und Büchsen auf und bemerkte den Unwillen des Mannes. Die Wut, die er in den Augen Paul Mäders erkannte, war ihm schon oft begegnet. Manchmal amüsierte sie ihn, aber häufiger brachte sie ihn auf. Dieser Mann hielt sich offensichtlich nur noch zurück, weil er sich ein gutes Geschäft und die regelmäßigen Einkünfte durch den Verleger nicht verderben wollte. Beim Abwiegen zitterten seine Hände leicht. Hatte er auch Angst? Hatte die Frage nach der Retorte und dem Alembik wieder einen abergläubischen Menschen irritiert?

Philipp spürte, wie sein Ärger sich in Lust verwandelte, den anderen zu reizen. Wie lange würde er seine Wut und Angst herunterschlucken, um seiner Habsucht willen? Philipp schmunzelte innerlich, als er fortfuhr, dem Apotheker auf den Zahn zu fühlen. Dessen Durchhaltevermögen war erstaunlich. Philipps Kampfeslust war schon einiger Langeweile gewichen, Paul Mäders Zorn schon zäh geworden, und immer noch preßte er seine Antworten aus sich heraus. Brüsk brach Philipp die Fragerei ab, raffte seine Sachen zusammen und ließ den Diener bezahlen. Im Hinausgehen wandte er sich noch einmal um und sagte freundlich lächelnd: „Paßt auf, daß Ihr Euch an

Eurem Zorn nicht verschluckt, sonst helfen Euch auch die Tränklein gegen das Magengrummen nicht mehr." Der Apotheker schien erstaunt den Kopf zu heben, doch was Philipp nun in diesem Gesicht zu lesen bekam, ließ sein Lächeln gefrieren. Rasch folgte er dem Diener, der die Szene ohne erkennbare Gemütsbewegung beobachtet hatte.

In seinem Zimmer setzte Philipp den Dreifuß in das Kaminfeuer und einen Topf mit Öl darauf, in das er verschiedene Pulver, sorgsam auf einer Waage abgewogen, gab. Das Gebräu erfüllte den Raum mit einem säuerlichen Geruch, der den Diener, welcher das Nachtessen hereinbrachte, in Verwirrung setzte. Als er das Zimmer verlassen hatte, brauchte er einige Zeit, bis er seinen gewohnten Schritt wiedergefunden hatte.

Philipp starrte an dem reichgefüllten Tablett vorbei ins Feuer. Das Gesicht des Apothekers bildete sich vor seinen Augen. Warum hatte er den harmlosen Mann so gereizt? Er hatte ihn sich zum Feind gemacht und mit ihm vermutlich seine ganze Zunft. War es Hochmut oder nur die Last der immer gleichen Erfahrung, daß solche Leute, die ihm das Wasser nicht reichen konnten, ihn zu verachten pflegten, wo er auch hinkam, weil er nicht seßhaft war wie sie, kein Amt innehatte und seine Größe nicht durch reiche Kleidung und wohlklingende Titel zum Ausdruck brachte? Wäre dieser Apotheker die erste Ausnahme geworden? Wenig sprach dafür, also, was quälte er sich? Er vergrub seinen Kopf in die Hände und fühlte sich plötzlich alt und einsam, sehr einsam ... Asafetida ...

Schluchzen schüttelte ihn, er hob das Glas, das der Diener mit schwerem Wein gefüllt hatte, und leerte es in einem Zug. Er wußte, es würde nichts helfen, aber es ließ sein Elend für einige Stunden weniger groß erscheinen.

Er erwachte, weil von der Straße der Lärm vieler Stimmen zu ihm heraufdrang. Er öffnete das Fenster. Als sich sein Kopf in der Öffnung zeigte, ging ein erwartungsvolles „Ah" durch die Menge, die sich vor dem Haus gesammelt hatte. „Dort ist er, der berühmte Arzt, da oben im ersten Stock." – „Wann haltet Ihr Sprechstunde, wir warten schon seit Stunden." – „Mein Mann ist gelähmt, seit ihn der Schlag getroffen hat. Kommt und heilt ihn oder laßt mich wenigstens Euer Gewand küssen." Hände reckten sich zu ihm, die schmale Straße war, so weit das Auge reichte, mit Menschen gefüllt.

Es drängte Philipp, das Fenster zu schließen, die Menge auszusperren, zu seinen Träumen zurückzukehren. Aber dann besann er sich. „Wer krank ist, kann am Nachmittag kommen", rief er hinunter. „Jetzt muß ich mich um den Hausherrn kümmern." Rasch schloß er das Fenster, um nach dem Kranken zu sehen.

Frobens Zustand besserte sich rasch. Bald konnte er sein Bein wieder benutzen und in den Gärten vor der Stadt spazierengehen.

Ganz in der Nähe des Verlegers wohnte in einem Haus am Nadelberg der weltberühmte gelehrte Erasmus von Rotterdam. Gerbelius hatte viel von ihm erzählt, und gleich am ersten Tag seines Aufenthaltes hatte Philipp diesen Mann bei einem Besuch am Krankenbett Frobens kennengelernt. Nun lud der Gelehrte Philipp zu sich und bat um eine Untersuchung. So bald wie möglich folgte dieser der Einladung.

Der Mann, der da vor Philipp stand, war von kleiner Statur und hatte sehr feingeschnittene Züge. Das Gesicht wirkte durchgeistigt, sein Blick war ruhig, aber durchdringend, er hatte schmale blasse Lippen, insgesamt eine pergamentene bleiche Haut. Seine Stimme war von gleichmäßigem Wohlklang. Dieser Mann war das genaue Gegenstück zu Philipp, zwar auch ein unermüdlicher Arbeiter und Forscher, aber sein Feld war der Schreibtisch. Dort saß er jeden Tag, vergraben in Büchern, die Feder über das Papier ziehend oder in gelehrte Dispute verstrickt. Er war immer ganz bei der Sache, aber er blieb dabei ruhig, von überlegenem Vestand. Das war seine Stärke, die Philipp zutiefst bewunderte. Doch er sah auch, daß darin gleichzeitig seine Schwäche lag.

Philipp sah lange prüfend in Erasmus' Augen, betrachtete die Linie des Gesichtes, die Hände. Ein Glas mit Urin trug er in sein Laboratorium, um es dort verschiedenen Prüfungen zu unterziehen.

Am Abend saßen die beiden Männer zusammen am Tisch vor einem Glas Wein. Philipp fühlte, daß er innerlich zitterte. Wann hatte er das letzte Mal solche Erschütterung verspürt? Vielleicht ... Es war so lange her.

Erasmus lächelte ihm durch das Glas zu. „Ich habe schon lange den Wunsch, dich kennenzulernen", sagte er. „Unserer sind nicht viele."

„Das sagst du so einfach", lächelte Philipp. „Mich hält man hier für einen ungebildeten Rüpel."

Erasmus von Rotterdam

„Mach dir nichts draus. Die Dummheit tritt immer dreist auf und versucht, den Wissenden zu verunglimpfen. Anderes kann sie nicht. Unsereiner arbeitet sich durch die alten Schriften und stößt dabei auf ihre Fehler. Ich höre, du willst einiges von dir bei Frobenius drucken, unter deinem neuen Namen Paracelsus?" – „Ja, im letzten Jahr habe ich etliches zu Papier gebracht." Philipp begann zu erzählen, von seinen Untersuchungen, seinen Erfahrungen und Erlebnissen. Das Interesse des anderen war sichtbar, und so redete Philipp sich langsam in Begeisterung. Da hakte Erasmus ein: „Du bist mit den Fahrenden durchs Land gezogen, hast in ihren schmutzigen Karren gelebt?" Seine Stimme war plötzlich kühl.

Die Begeisterung erstarb in Philipps Gesicht. „Ja, natürlich", antwortete er ruhig. „Was ist daran so auffallend?"

„Ich könnte das nie. Schmutz ist etwas Entsetzliches, Verunstaltendes." In das Gesicht des Gelehrten trat eine Panik, die den anderen vollkommen befremdete. Beide schwiegen. Nach einiger Zeit griff Philipp nach dem Weinkrug und füllte sein Glas wieder auf. Während Philipp sich schon zum zweiten Male einschenkte, hatte Erasmus nur einmal mit ihm angestoßen und Farbe und Geruch des alten Tropfens gelobt. „Warum trinkst du nicht?" fragte Philipp, der nun auch die Abstinenz des Gelehrten wie einen stummen Vorwurf empfand. Schon beim Essen hatte die vornehme Ruhe seines Gastes Beklemmung in ihm erzeugt. Auf dessen Teller hatte sich der Braten in etwas Körperloses aufgelöst. Erasmus hatte ihn nicht gegessen, sondern eine weihevolle Handlung vollzogen: ein winziges Bratenstück zum Mund erhoben, nur mit der Zungenspitze aufgenommen und ganz langsam gekaut. Dabei hatte sein Gesicht große Konzentration gezeigt; Zunge, Mund und Zähne hatten gründlich geprüft, bevor Erasmus ein Urteil über die Qualität des Bratens abgegeben hatte.

Philipp schob unwillig sein Glas von sich. „Du willst meinen ärztlichen Rat. Aber ich weiß nicht, ob ich dir helfen kann. Deine Krankheit liegt offen zutage, man kann sie dir ansehen, und die Untersuchung deines Urins bestätigt mein Urteil. In deinem Körper finden sich Ablagerungen von Stoffen, die eigentlich ausgeschieden werden müßten. Natürlich kann ich dir eine Diät verschreiben. Aber sie wird nicht allzuviel nützen, wenn du dieses Leiden nicht als einen Teil von deiner Person sehen lernst. Dein Problem ist grundlegender Natur: du hast vergessen, daß du nicht nur ein Geistwesen bist, sondern auch einen Körper hast. Wenn du ißt, bist du nicht bei der Sache, das heißt, du erlebst nicht das Essen, genausowenig wie du das Leben erlebst. Für dich ist Essen eine harte Arbeit, du unterziehst die Nahrungsmittel im Mund einer strengen Prüfung und suchst die Ergebnisse in Worte zu kleiden. Dabei kontrollierst du dich beständig und bist immer angespannt." Er lachte laut los, als er Erasmus ansah. „Du merkst das nicht einmal mehr, so sehr ist dir die Askese zur Selbstverständlichkeit geworden. Du verlangst immerzu äußerste Beherrschung von dir, kein Wunder, daß du diese Strenge nicht mehr erträgst. Außerdem nagt dein Ehrgeiz beständig an dir, auch wenn du ihn dir überhaupt nicht anmerken läßt, oder gerade deswegen. Deine Krankheit ist nichts anderes als die Auflehnung deines Körpers gegen diese Überforderung." Philipp hielt inne. Wartete. Als keinerlei Reaktion erfolgte, setzte er hitzig hinzu: „Ein Mensch muß manchmal seinem Zorn durch einen sauderben Fluch Ausdruck geben, seinen Becher in Erregung auf den Tisch krachen lassen, den Braten schmatzend in sich hineinschlürfen, seine Fürze knallend aus sich herausschicken, seine Blicke wollüstig auf einer prallen Brust ruhen lassen; aber nicht nur ansehen, auch anfassen muß man eine Weibsperson und vor Vergnügen laut brüllen. Wie oft bewegst du dich so schnell, daß du in Hitze gerätst? Deine Organe müssen kräftige Arbeit tun, doch woher sollen sie die Kraft nehmen, wenn du das Blut nie in deinen Adern pochen läßt? Du bist kein Mensch, sondern ein Stockfisch. Wozu, glaubst du, hat Gott dir einen Körper geschenkt? Komm", die Erregung riß Philipp mit sich fort, so daß er aufsprang, „In einer Schöchelboß auf dem Kohlenberg sollst du die erste Lektion erhalten. Dort wirst du genügend zu hören und zu sehen bekommen."

Erasmus hatte zuerst verständnislos zugehört, dann hatte sich Betroffenheit in seinem Gesicht gezeigt, die sich sehr schnell in Hochmut verwandelt hatte, aber bei Philipps letzten Worten einem schmalen Lächeln gewichen war. „Eine höchst kuriose Idee. Aber nicht neu. Warum verlangst du nicht gleich von mir, daß ich wie der hündische Diogenes aus der Tonne krieche und öffentlich auf dem Marktplatz Selbstbefriedigung darbiete? Wie sehr ich auch seinen Einfall, am hellichten Tag mit der Laterne Menschen zu suchen, zu schätzen weiß, nein, solch verfehlte Verleugnung kultureller Verfeinerung und höherer Menschwerdung verabscheue ich zutiefst. Dazu wirst du mich nicht bewegen können. Ich, in einer Schöchelboß, um das Fluchen zu üben ... Aber im Ernst: An deiner Diagnose ist sicher etwas dran, doch wenn das der Preis der Kultur sein sollte, muß ich ihn eben zahlen und mich mit meinem Leiden abfinden. Es wird gehen. – Aber wenn ich dir einen Rat geben darf, dann verkünde solche Dinge nicht öffentlich und erst recht nicht in solch derber Sprache. Die Universität ist stolz auf ihr Niveau, und gutes Benehmen wird in dieser Stadt mehr als hochgeschätzt."

Philipp machte nur eine wegwerfende Handbewegung. „Du lenkst ab. Wenn du meinen Rat nicht willst, nun gut, das ist deine Sache. Du hast mich konsultiert, ich habe meine Diagnose gestellt. Aber wenigstens in einem Punkt wirst du mir folgen müssen: du mußt sehr viel mehr trinken, um deine Nieren zu spülen. Sonst wirst du dich sehr schnell vergiften. Natürlich muß es kein Bier sein, aber Wasser und Säfte solltest du zu dir nehmen."

Erasmus' Gesicht blieb skeptisch. „Du bist sehr hartnäckig."

Philipp lachte bitter. „Wenn ich das nicht wäre, müßte ich den Arztberuf aufgeben. Du bist nicht der einzige störrische Patient. Du glaubst gar nicht, was die Menschen alles vorbringen, weil sie ihre Krankheit gar nicht loswerden wollen. Offensichtlich können sie sie oft recht gut gebrauchen. Da ist alle ärztliche Kunst umsonst."

Der Abschied fiel etwas frostiger aus als die Begrüßung. Man gab sich die Hand, wünschte sich alles Gute. „Es wird kein gutes Ende nehmen mit dir und dieser Stadt", sagte Erasmus im Hinausgehen. „Jedenfalls nicht, wenn du dich nicht änderst."

Doch danach sah es erstmals nicht aus. Es hatte ihn im Hause zum Sessel nicht sehr lange gehalten, obwohl der Verleger ihm seine Gastfreundschaft immer wieder angeboten hatte. Aber im Hause Froben gab es einmal durch die Offizin viel Umtrieb, und zum anderen schien die Atmosphäre seiner ärztlichen Kunst geradezu entgegenzustehen. Seit Hieronymus, der Sohn Frobens aus erster Ehe, Anna Lachner, die Schwester seiner Stiefmutter, geheiratet hatte, fiel zwischen Vater und Sohn nur noch selten ein gutes Wort. Ein paarmal hatte Philipp den Sohn darauf anzusprechen versucht, daß diese dunkle Wolke sich dem Vater auf die Seele legt und sicher auch seiner eigenen Person schade; immer wieder hatte er Johann Froben selbst darauf hingewiesen, daß er in solcher Bedrängnis nicht wirklich gesunden werde. Doch vergeblich: Mit zäher Energie klebten die beiden Männer an ihrem Streit, rückte keiner ein wenig von seinem Stand, und die beiden Frauen fügten dem Konzert noch zwei schrille Oberstimmen hinzu. So hatte Philipp vorerst die Einladung Ökolampads angenommen, zu ihm an den Rheinsprung zu ziehen. Doch auch das war keine Lösung, für seine Patienten, seine Besucher, für seine chemischen Forschungen, Aufzeichnungen und Bücher, für all dies brauchte er Platz, viel Platz.

In der Stadt wurde über nichts anderes mehr gesprochen als über die Erfolge des fremden Arztes. An der Universität allerdings zerriß man sich fast die Zunge, so wurde über den hergelaufenen Habenichts geschimpft. Auf der anderen Seite freute sich so mancher gute Bürger, daß den eingebildeten Professoren endlich jemand die Stirn bot.

Der Vorschlag des Johannes Ökolompadius schlug wie ein Geschoß auf einer Ratssitzung ein. Niemand hatte mit so etwas gerechnet. Erstaunen, danach befreiendes Gelächter. Bei näherer Betrachtung schien der Einfall gar nicht einmal so schlecht. Ja, das wäre eine Gelegenheit für den Rat, der vorwiegend aus Männern bestand, die der neuen Lehre anhingen, seine Stellung gegenüber den alteingesessenen Professoren der Universität zu festigen. Die Sache schien sogar durchführbar. Manche der Ratsherren jedoch, besonders jene, denen Paul Mäder von seinem Ärger erzählt hatte, befürchteten Unruhe in der Bürgerschaft. Etliche Bürger und Professoren, die der Stadt Ansehen und Geld einbrachten, hatten wegen der Pest die Stadt verlassen und waren noch nicht zurückgekehrt.

Es gebe doch nun wahrlich genug Zank und Streit in der Stadt um die alte und die neue Lehre. Müßte man das Feuer unbedingt noch schüren? Die Pest habe große Lücken gerissen, es sei dringend erforderlich, daß endlich wieder Ruhe eintrete und Handel und Wandel sich geordnet abwickelten.

Aber es war doch zu verlockend. Die Mehrzahl der Ratsherren stimmte dafür: Theophrastus von Hohenheim wurde Stadtarzt, von der Stadt angestellt und mit einem fürstlichen Gehalt bedacht. Mit dieser

Stellung war auch das Vorrecht verbunden, Vorlesungen abzuhalten, ohne ordentliches Mitglied der Universität zu sein.

Philipp glaubte zu träumen. Er war am Ziel. Endlich konnte er sein Wissen zu Papier bringen und weitergeben. Aber eine eigene Wohnung brauchte er dazu, in der für dies alles Platz war. Geld spielte ja jetzt keine Rolle mehr. Er besprach die Sache mit Johannes Ökolampadius. Der wußte Rat. Ursula von Eptingen, eine Frau, die der evangelischen Lehre zugetan sei, wolle ihr Anwesen gegenüber dem Kloster St. Leonhard verpachten. Das Haus sei ein schönes großes Gebäude, und zu dem Anwesen gehöre der größte Garten in der Stadt. Da es auf dem Kohlenberg liege, der ja nun wirklich die verrufenste Gegend Basels sei, habe sie allerdings Schwierigkeiten, einen Interessenten zu finden.

„Aber für dich ist es doch geradezu ideal. Die Stadt liegt ein paar Schritte vor deiner Tür, du kannst von dort alles überblicken, und in dem großen Garten kannst du alle Pflanzen ziehen, die du brauchst, sogar deinen eigenen Wein. Und auf dem Kohlenberg begegnest du ganz sicher keinem der biederen Bürger, die dir doch so zuwider sind, sondern", fügte er schmunzelnd hinzu, „einer erstklassigen Auswahl an Bettlern, Pilgern, Deserteuren, Zigeunern und Landfahrern. Du wohnst sogar neben dem Henker. Wenn das nicht die ideale Wohnung für dich ist! Von den Scholaren, die dir seit Monaten an den Fersen kleben, wird dir dort keiner fehlen." Philipp grinste vergnügt zurück. Das hörte sich wirklich verheißungsvoll an. Der Freund kannte ihn inzwischen gut.

Er einigte sich mit Ursula von Eptingen ohne Schwierigkeiten. Schon ein paar Tage später konnte er einziehen. Sein Diener sollte sich um die Einrichtung und sein Famulus um den Garten kümmern; er brauchte nur einen Tisch und einen Stuhl, Tinte, Feder und Papier und Ruhe, um sein Wissen zu rekapitulieren und Vorlesungen zu skizzieren. An den Nachmittagen machte er Krankenbesuche, doch den ganzen Morgen über füllte er Bogen auf Bogen, die Feder flog über das Papier, alles, was sich seit Jahren in ihm gesammelt hatte, floß jetzt aus ihm heraus: ein breiter Strom, der durch nichts mehr aufhaltbar zu sein schien.

Er schrieb über Arzneimittelzubereitung, offene Geschwüre und ihre Behandlung, Tumore, die Diagnose des Pulses und des Harns, Stoffwechselkrankheiten und ein Wundarzneibuch: über Themen also, die zumindest an einer deutschen Universität nicht gelehrt wurden, sondern zur handwerklichen Ausbildung der Chirurgen gehörten.

Am 5. Juni war es dann so weit; obwohl das Semester sich schon dem Ende zuneigte, kündigte Theophrastus Bombastus Aureolus Philippus von Hohenheim aus Einsiedeln, beider Arzneien Doktor und Professor, auf einem in lateinischer Sprache gehaltenen Flugblatt den Professoren der altehrwürdigen Universität Basel seine Vorlesungen und damit den Kampf an.

Friedrich, der Lehrling aus der Apotheke des Paul Mäder, rannte den Hauptmarkt hinunter bis vor das Geschäft seines Lehrherrn. Laut schepperte die

Glocke, als er die Ladentür aufriß. „Meister, Meister", schrie er. „Habt Ihr schon gehört, der neue Stadtarzt . . ."

Der Stößel, mit dem Paul Mäder gerade einer Mischung im Mörser zu Leibe rücken wollte, schlug dumpf auf das harte Holz der Arbeitsplatte. Was war mit dem Fremden schon wieder? Seit er in der Stadt war, gab es ständig Aufregungen.

„Der fremde Arzt läßt Zettel verteilen, auf denen er behauptet, völlig neue Dinge lehren zu wollen. Seine Studenten brauchten nicht einmal Lehrbücher. Sein Wissen wäre nicht aus Büchern, seine Lehrmeisterin wäre die Natur. Ihr hätte er alles abgelauscht. Was soll das heißen, Meister?"

„Ach, Unsinn, du wirst nicht richtig verstanden haben. Solch hirnverbrannten Quatsch kann nicht einmal ein Theophrastus von Hohenheim von sich geben."

„Nein, nein, Meister, ich habe richtig gelesen. Ich habe lange genug daran übersetzt, und der Christoph, der Scholar aus der Burse in der Augustinergasse, hat dasselbe herausbekommen."

Die Stimmung des Meistes schlug jäh um. „So verbringst du deine Zeit, auf meine Kosten", tobte er. „Warte, ich will dir helfen, Maulaffen feilzuhalten. Verschwinde in den Hof, aber ein bißchen plötzlich, und bis zum Abendläuten will ich alle Zutaten zu den Rezepten, die heute gebracht worden sind, genau abgewogen vor mir sehen. Was stehst du noch herum, wird's bald?"

Friedrich hatte den Mund schon zu einem Einwand geöffnet, doch es war zu deutlich, daß mit dem

Meister heute nicht gut Kirschen essen war. Er hatte gedacht, die Neuigkeiten würden sein langes Ausbleiben entschuldigen. Nun, jetzt hieß es sich sputen und genau abwiegen, sonst würde er am Abend mit geschwollenem Hinterteil am Tisch sitzen oder gar auf das Nachtessen verzichen müssen.

Paul Mäder drückte seinen Zorn in den Mörser. Was würde das noch geben? Er hatte den Rat gewarnt, aber auf ihn wollte ja niemand hören. Und plötzlich wurde ihm siedendheiß, weil ihm einfiel, daß ein Stadtarzt auch die Apotheken kontrollieren konnte. Bis jetzt war das halt so eine Bestimmung gewesen, in Vergessenheit geraten. Dem neuen Stadtarzt war jedoch alles zuzutrauen. Im Chaos würde die Stadt versinken, die Stadt, in der Handel und Gewerbe so wohlgeordnet durch Gesetze und altes Herkommen war und deren pharmazeutischer Handel weltweiten Ruf genoß, wo jeder seinen Platz kannte und akzeptierte. Auch wenn die Reformation Unruhe in die Köpfe setzte, seine Geschäfte hatte man noch immer tätigen können, Störenfriede und Quergänger hatten sich nie festsetzen können. Und nun dies!

Obwohl Friedrich sich wirklich beeilte, hatte er an diesem Tag kein Glück. Der Rohrstock hinterließ breite Striemen auf seinem Hintern, und vom Nachtessen bekam er nur den Geruch, während er schon in seinem Bett auf dem Flur im untersten Schrankfach lag.

Mit Spannung wurde in der Stadt die nächste Vorlesung erwartet. Wesentlich mehr Studenten als sonst waren auf den Beinen. Aus mehreren Universitätsstädten, aus Freiburg und Zürich hatte das Flugblatt des Theophrastus die jungen Leute angelockt. In großen Gruppen oder auch einzeln waren sie frühmorgens an das Großbasler Rheinufer gezogen. Vor der Universität herrschte Gedränge. Der Raum, der Philipp zum Lesen zugeteilt worden war – ohnehin nicht der größte –, quoll über. Dicht gedrängt standen die Zuhörer im Flur. Mit sauren Mienen betraten die ordentlichen Professoren durch den Hintereingang das untere Kollegiengebäude, um dann vor leeren Bänken zu stehen. Da gab man sich seit Jahren redlich Mühe, an die Studenten das eigene Wissen weiterzugeben, wie man es von seinen Lehrern eifrig übernommen hatte, und dann lockte irgendein hergelaufener Rattenfänger die Leute an, indem er ihnen Sensationen versprach.

Als Philipp, von schmaler Statur und unscheinbar gekleidet, das Pult betrat, wurde es zuerst still im Saal, dann erhob sich enttäuschtes Gemurmel. Das sollte der berühmte Erneuerer der Wissenschaft sein? Der Mann dort vorn sah eher aus wie ein einfacher Chirurgus, nein, nicht einmal das, jene Leute pflegten sich viel schmuckvoller zu kleiden, um ihr Gewerbe zu empfehlen. Dieser Mann machte gar nichts her.

Doch plötzlich war der Eindruck weggewischt. Sowie Philipp den Mund aufmachte, um seine Zuhörer zu begrüßen, zog er sie in seinen Bann. Er hatte keine wohltönende Stimme, verhaspelte sich sogar öfters, doch schwang in ihr eine Kraft, die den Raum füllte und jeden festhielt. Er versprach ihnen eine völlig neue Medizin, die durch eigene Arbeit entwickelt sei, wobei er die tiefste Kenntnis der Naturdinge be-

Basel, Ansicht, 1655

kommen habe und in ihre Geheimnisse eingedrungen sei.

„Wer weiß es denn nicht, daß die meisten Ärzte heutiger Zeit zum größten Schaden der Kranken in übelster Weise danebengegriffen haben, da sie allzu sklavisch am Wort des Hippokrates, Galenos und Avicenna und anderer geklebt haben, als ob diese wie Orakel aus dem Dreifuß des Apoll herausklängen, von deren Wortlaut man auch nicht um Fingers Breite abweichen dürfte. Wenn's Gott gefällt, kann man auf diesem Weg wohl zu blendenden Doktortiteln gelangen, wird aber niemals ein wahrer Arzt. Nicht Titel und Beredsamkeit ... sind Erfordernisse eines Arztes, sondern die tiefste Kenntnis der Naturdinge und Naturgeheimnisse, welche einzig und allein alles andere aufwiegen ... Aufgabe des Arztes ist es, die verschiedenen Krankheitsformen zu kennen, ihre Ursachen und Symptome zu durchschauen und obendrein mit Scharfsinn und Beharrlichkeit ihnen Arzneimittel zu verordnen und nach Umständen und Besonderheiten tunlichst allen Heilhilfe zu bringen."

Dann erklärte er ihnen, was er alles aus dem Pulsschlag und dem Harn eines Menschen herauslesen zu können glaubte.

In Windeseile verbreitete sich diese Kampfansage in der Stadt, denn ein Kampf war nun zu erwarten, so etwas konnte die medizinische Fakultät nicht ruhig hinnehmen. Aber die Herzen hatte Philipp zuerst einmal für sich gewonnen.

Und Philipp triumphierte. Jetzt war seine Zeit angebrochen. Das Alte hatte sich überlebt. Die Studenten hatten ihm nach der Vorlesung zugejubelt, sie waren auf die Bänke gesprungen: sie standen auf seiner Seite. Er würde der neuen Wissenschaft zum Sieg verhelfen. All sein Forschen, sein nicht endenwollender Kampf gegen Starrsinn und Dummheit würden doch nicht vergeblich gewesen sein. Die Kraft der Vernunft würde Habsucht und Eitelkeit überwinden.

Das Triumphgefühl überfiel ihn mit solcher Gewalt, daß er sich selbst unheimlich wurde. Gleichzeitig schien es ihm, als wäre alles nicht wahr, er träumte und müßte gleich aufwachen. Eine Welt, in der man der Vernunft folgte, konnte nur eine Luftblase sein, die zerplatzte, sobald man nach ihr griff.

Sein Hochgefühl trug ihn so weit davon, daß er am Abend des 24. Juni das große Medizinkompendium, das traditionelle Lehrbuch aller Medizinprofessoren und Studenten, unter den Hochrufen seiner Anhänger, die ihm nun in Scharen folgten, in das Johannisfeuer warf.

Am Abend saß er – wie so oft – in einer Schenke auf dem Kohlenberg, umlagert von Feldschern und Badern, unter die sich jetzt auch Studenten mischten. Er erklärte hier regelmäßig seine Rezepte, gab systematischen Unterricht in der Heilkunde und fand fast immer ein interessiertes Publikum.

An einem dieser Abende warnte er seine Zuhörer eindringlich vor dem Gebrauch zu vieler Drogen. Er legte seinen staunenden Zuhörern dar, daß in jedem Kraut, in jeder Pflanze nur eine bestimmte Substanz sei, die heilend wirke. Diese gelte es herauszufiltern, nicht ihre Wirkung durch Dutzende von anderen Stoffen zu behindern.

„Du hast gut reden", entgegnete einer seiner Tischgenossen. „Du bekommst in der Apotheke, was du verlangst. Aber wir sind auf das angewiesen, was die Ärzte verschreiben und die Apotheker uns geben. Entweder sie sagen, das Gewünschte hätten sie gerade nicht, aber etwas Ähnliches täte es auch, oder aber sie geben uns gleich etwas, das üblich ist. Sie lassen sich da auf gar nichts ein und verkaufen fast nur Komposita, die ein Gran hiervon und ein Quentlein davon enthalten sollen, aber niemand weiß, wieviel das nun genau ist."

Philipps Zornesader schwoll an. „Ja, ja, ich weiß, ich kenne das durchaus", rief er ihm zu. „Wir müssen unbedingt etwas dagegen tun. Es ist eine einzige Bescheißerei. Verdienen wollen die Apotheker, nur deswegen mischen sie so viel verschiedenes Zeug zusammen. Über sechzig verschiedene Dinge werden zu Theriak durcheinandergemengt! Man riecht nicht mal mehr etwas Bestimmtes heraus, nicht einmal die Meerzwiebel, geschweige etwas anderes. Und ausgerechnet die Aspisvipern aus den Euganeischen Hügeln bei Venedig sollen die wichtigste Zutat sein. Was unterscheidet die von anderen Schlangen? Doch wohl nur die Tatsache, daß sie den venezianischen Kaufleuten viel Geld einbringen." Philipp hatte sich in Hitze geredet.

Einer der Studenten am Nebentisch sprang auf. Er hatte traurige, aber wach dreinblickende Augen, die er ruhig auf Philipp heftete. Wie erregt er war, konnte man nur an dem Zucken in seinen Mundwinkeln erkennen. Seine Stimme klang fest und sicher. „Du bist doch Stadtarzt. Warum kontrollierst du nicht die

Apotheken? Das gehört doch sogar zu deinen Aufgaben."

Ein zweiter Student schob sich vor seinen Kameraden. Diesem jungen Mann, einem kleinen, runden Kerl, blitzte der Schalk aus den Augen. „Das wäre ein Mordsspaß. Das Gesicht von Paul Mäder möchte ich sehen, wenn du in seinen Schränken wühlst."

Seine Worte hellten auch die anderen Gesichter in der Runde auf. „Wie wird erst Oswald Bär, der Rektor der Universität, schauen, wenn du die Apotheke seiner Frau kontrollierst. Darüber wird sogar so ein Griesgram wie der Mäder lachen müssen. Der ärgert sich über jene Familie, in deren Händen sich die meisten Rezepte sammeln, sicher grün und blau und darf das nicht einmal nach außen zeigen", rief der Bader Tobias hintergründig grinsend.

Es war schön, endlich einmal auf der Seite zu stehen, der der Erfolg gehörte, wenigstens solange es dauerte. Die Warnung des Erasmus war erst einmal vergessen.

Er war wie im Rausch. Man prostete ihm zu, er erhob das Glas, dozierte, war der geschätzte und geehrte Mittelpunkt der Runde. Er wollte nicht daran denken, wie dünn der Ast war, auf dem er saß. Und so leerte er ein Glas, noch eins, bestellte eine Runde für alle und mußte auf dem Weg nach Hause von zwei Studenten gestützt werden. Das Aufwachen aus dem Rausch würde unangenehm sein, alle Glieder schmerzen, aber das war er gewohnt.

An einem der nächsten Tage begann er mit der Visitation der Apotheken.

Im Laden teilte ein mächtiger Tisch den Bereich

der Kunden vom Arbeitsplatz des Apothekers ab. Dunkles hartes Holz, dessen wuchtiger Eindruck durch zarte Einlegearbeit gemildert wurde. Die Wände waren mit braunrötlich glänzenden Regalen bedeckt; sie sahen schlicht aus, waren aber solide Arbeit. Die buntgefüllten Fächer der Regale lenkten den Blick des Eintretenden erst recht auf die verhaltene Schönheit des Ladentisches.

Beim Läuten der Türglocke sprangen die beiden Apothekenknechte hinter der Waage auf dem Ladentisch eilfertig auf und fragten höflich nach den Wünschen des Kunden. Als sie erkannten, wen sie vor sich hatten, wurden sie noch beflissener, doch da Philipp sagte, daß er die Apotheke zu visitieren gedenke, erbleichten sie. „Dddie Meisterin", brachte der eine mühsam heraus, „wir müssen die Meisterin holen."

Er stürzte aus dem Laden nach hinten, und dann hörte man ihn die Treppe hinaufpoltern. Oben erklangen Stimmen, die aufgeregte des jungen Mannes und eine ruhige, beherrschte Frauenstimme. Stille. Wieder Schritte auf der Treppe, diesmal langsam, gemessen, fest. Frau Bärin trat hochaufgerichtet hinter den Ladentisch, mit blütenweißer Schürze und gestärkter Haube, eine Frau, die sich ihrer Bedeutung sicher war. „Ihr wünscht?" fragte sie freundlich, aber Philipp entging der drohende Unterton in der Stimme nicht.

„Ich bin vom Rat der Stadt zum Stadtarzt bestellt. Zu meinem Aufgabenbereich gehört die Visitation der Apotheken. Ich möchte meinen Pflichten nachkommen und fordere Euch auf, mir Einblick in Eure

Vorräte und Bücher zu gewähren." Philipp gab sich ganz offiziell.

Die Frau ließ sich keinerlei Regung anmerken. Kühl erkundigte sie sich: „Hat der Rat Euch geschickt? Dann hat er Euch sicher ein Schreiben mitgegeben, mit dem Ihr Euch legitimieren könnt."

In Philipp begann es gefährlich zu brodeln. Was bildete diese Person sich ein? Behandelte ihn wie einen Dienstboten oder sogar noch schlimmer. Sein Blick fiel auf das auf einem Schreibpult ausliegende Rezeptbuch. Rasch griff er danach und blätterte darin herum. Fast nur die uralten Rezepte des Antidotariums, die oft 60 verschiedene Drogen erforderten! Unendlich viele Wirkstoffe durcheinandergemischt! Er blickte auf. Die Meisterin stand vor ihm, fragte ruhig: „Nun, ist etwas nicht in Ordnung mit den Rezepten?" – „Ja, das kann man wohl sagen. Fast all diese Mixturen sind eine Katastrophe. Und wenn sie zufällig nichts Schlimmes in einem Körper anrichten, gegen irgendeine Krankheit helfen sie jedenfalls nicht."

Ein kleines spöttisches Lächeln entstand in den Mundwinkeln der Frau. „Die Rezepte sind alle ordnungsgemäß eingetragen. Ich habe sie nur auszuführen, über die Zusammenstellung entscheiden die Ärzte. Da müßt Ihr Euch schon bei denen beschweren." – „Zum Beispiel bei Eurem Mann, dem Rektor der Universität? Fast jedes Rezept ist von ihm unterzeichnet. Personelle Verflechtungen zwischen Arzt und Apotheker sind verboten. Nun, was sagt Ihr jetzt?"

Die Frau antwortete zuerst nicht. Endlich legte sie

ihre von mehreren Ringen blitzende Hand auf das Buch. „Ich habe Euch doch gesagt, die Rezepturen fallen nicht in meinen Zuständigkeitsbereich", wiederholte sie fest.

Die Sicherheit der Frau irritierte Philipp. Woher nahm sie diese Gelassenheit? Er blickte an ihr vorbei auf ein Regal, das von oben bis unten mit Gefäßen vollstand. Auf jedes Gefäß war ein buntes Wappen gemalt – die Sprache der Apotheker –, damit nicht jeder Fremde feststellen konnte, was hier alles gehortet wurde. Philipp prüfte lange und genau, ob die Mörser je nach Gebrauch aus Eisen, Blei oder Holz waren, wie es der Vorschrift entsprach, sich aromatische Stoffe gut verschlossen in Metallgefäßen befanden, Kräuter in Holzdosen, nichts schimmelig war, die Salben nicht ranzig rochen. Während Philipp roch, schmeckte und schaute, behielt die Frau ihre gleichmütige Ruhe und ließ ihn gewähren, obwohl er doch wußte, daß sie sich über sein Erscheinen geärgert hatte. Hatte sie wirklich nichts zu verbergen? Endlich fand Philipp in einer silbernen Dose eine bizarr geformte Wurzel. „Ihr verkauft Alraunen als Amulette mit angeblicher Zauberkraft?"

„Ich behaupte nicht, daß die Wurzel irgendwelche Kraft besitzt", gab sie zurück. „Aber einige Kunden verlangen ausdrücklich danach. Kaufleute müssen den Wünschen ihrer Kunden nachkommen, ob es ihnen paßt oder nicht. Das gleiche gilt für den Drachenstein aus Luzern. Wenn jemand unbedingt so einen will, muß ich ihn zufriedenstellen, sonst kommt er nie wieder in mein Geschäft. Wenn er ihn als Pestamulett benutzt, ist das seine Sache."

Es schien hier wirklich nichts zu geben, was man hätte beanstanden können, jedenfalls nichts, was den Gesetzen der Zunft zuwiderlief. Die Taxvorschriften wurden eingehalten, sogar die Waage schien zu stimmen. Daß er andere Vorstellungen von einer gut geführten Apotheke hatte, würde den Rat kaum interessieren und erst recht nicht als Beschwerdegrund akzeptiert werden. Darüber war er sich im klaren. Und die Verflechtung von Apotheke und medizinischer Fakultät war ja allgemein bekannt, ohne daß je dagegen vorgegangen worden wäre.

Philipp sah der Frau fest in die Augen und spürte, daß sie doch irgend etwas fürchtete, das bei dieser Visitation ans Tageslicht kommen könnte. Aber was? Er überließ sich seinem Gespür, warf leicht ein: „Ich werde eine Flasche des von Euch gemischten Digestivums mitnehmen und in meinem Laboratorium nachprüfen, ob der Saft die von Euch angegebenen Mengen der Drogen enthält." In ihren Augen blitzte ein winziger Funke auf, der aber, kaum entstanden, von einem satten Lächeln in ihrem Gesicht überdeckt wurde. Was dieser Aufschneider da vorhatte, genau das war im nachhinein nicht mehr möglich. Die einzelnen Bestandteile des Saftes hatten sich aufgelöst und waren eine innige Verbindung miteinander eingegangen. Wie sollte die rückgängig gemacht werden?

Philipp wußte jetzt, daß er an der richtigen Stelle zugegriffen hatte. Er grüßte und verließ den Laden, begleitet von dem siegessicheren Blick der Meisterin. Sie ahnte nicht im mindesten, daß Philipp schon wenige Stunden später wußte, woraus das Abführmittel bestand: zu großen Teilen aus Sirup, Wasser und billigen heimischen Würzkräutern, von der teuren indischen Droge, die auf der Flasche angepriesen wurde, hatte sich auch nicht die kleinste Spur gefunden. Und trotzdem siegte die Frau am Ende, denn der Rat verlegte Philipps Bericht erst einmal für einige Wochen, und da waren seine Förderer längst in die Minderzahl geraten, da der lebendige Beweis seiner ärztlichen Kunst, Froben, plötzlich verstorben war. Die Mehrheit fürchtete seine Eingriffe in die inneren Angelegenheiten der Stadt, die unabsehbare Folgen nach sich zogen; fürchtete die Unruhe, die überall wegen seiner in deutscher Sprache gehaltenen Vorlesungen entstand, seine Unbeugsamkeit, die allen Angst machte. Als Philipp sich beim Rat beklagte, weil die Universität ihm den Vorlesungssaal verwehrte, unternahm der Rat nichts. Und so blieb auch die Visitation der Apotheke folgenlos.

Erneut mußte er sich an den Magistrat wenden; diesmal wegen Beleidigung seiner Person. An der Tür der Studentenburse in der Augustinergasse am Münster, an der Tür von St. Martin und St. Peter fanden sich an einem Sonntagmorgen Schandverse angeschlagen, die eindeutig auf seine Person zielten:

Die Manen Galens gegen Theophrastus
oder vielmehr Kakophrastus

Höre, der du der Verkündung unseres Ruhmes
zuwiderhandelst,
und dir bin ich ein Rhetor, nur ein Schwachkopf,
und verstehe angeblich nichts von Machaons Künsten.

Wenigstens hätte mir dazu das handwerkliche
Können gefehlt.
Wer könnte so etwas hinnehmen?
Zwar haben wir uns niemals mit gemeinen Kräutern
wie Knoblauch und Zwiebeln befaßt.
Doch ist uns die Nieswurz bekannt;
diese Nieswurz schicke ich deinem kranken Kopfe zur
Heilung . . .
Mich soll der Schlag treffen, wenn du wert bist,
Hippokrates den Nachttopf zu tragen
oder meine Schweine zu hüten, du Taugenichts.
Was schmückst du dich, törichte Krähe, mit
gestohlenen Federn?
. . .
Unser Rat: einen Strick um deinen Hals . . .

Aus der Unterwelt

Flucht und Ende

Philipp kämpfte verbissen, obwohl er ahnte, daß er verlieren würde. Doch dann schien sich das Blatt noch einmal zu wenden.

Eines Abends saß er in dem großen Garten hinter dem Haus, das er seit einiger Zeit gemietet hatte und von dem er sich überlegte, ob er es kaufen solle. Ein eigenes Haus, ein Heim, sich niederlassen, die Wanderschaft aufgeben! Kaum vorstellbar. Das wichtigste würde allerdings immer noch darin fehlen: eine Frau ... Kinder; aber so weit wagte Philipp gar nicht zu denken. Er war schon froh über die Aussicht auf eine Heimstatt, einen Ruhepunkt in seinem unsteten Dasein.

Philipps Blick schweifte über den Garten hin. Es war der größte Garten weit und breit, ein Kleinod, angefüllt mit Kräutern, grünen Pflanzen und Blumen, die in scheinbar völligem Durcheinander überall wucherten und deren Duft unzählige Tiere anzog. Nicht all diese Gäste waren Philipp genehm, aber er akzeptierte sie schulterzuckend, wenn er auch seinem Diener und Gehilfen manchmal den Auftrag gab, bestimmte Raupen, die sich zu rasch vermehrten, zu sammeln und zu beseitigen. Er lebte von der

Natur, was war selbstverständlicher, als mit ihr zu teilen?

Die Nachbarn und selbst seine evangelischen Freunde, Ökolampad oder die Auerbachs, schüttelten ob dieser Unordnung die Köpfe, ließen den Sonderling aber gewähren. Kaum jemand erkannte, daß hier mit großem Wissen ein Schatz gehütet wurde und die Pflanzen nach Herkunftsland und Lebensweise wohlgeordnet einer sorgfältigen Pflege teilhaftig wurden.

Im Keller des Hauses hatte Philipp sich ein Laboratorium eingerichtet; der Maurer war gekommen und hatte eine Esse mit Hürde und einen Kapellenherd eingebaut, ein Blasebalg war installiert und der Kamin bis in den Keller verlängert worden. Retorten, Kolben, Phiolen und Kessel füllten den Raum. Im ersten Stock war ein Trockenraum entstanden, in dem die Pflanzen aufgehängt oder auf Sieben ausgebreitet wurden.

An diesem Abend saß Philipp vor sich hin träumend in seinem Garten. Er hatte am Morgen Vorlesung gehalten, am Nachmittag Kranke behandelt. Die Ruhe und Begrenztheit seines Gartens waren ihm jetzt gerade recht. Er wandte seinen Blick einer kleinen Pflanze zu, die er bis vor wenigen Tagen in einem Topf am Fenster im Haus gehütet und jetzt doch dem Leben im Garten ausgesetzt hatte. Ein schmaler Stiel, ein paar eingezackte grüne Blätter; von außen sah man diesem Pflänzchen seine Kraft nicht an. Welcher Stoff unterschied es von anderen grünen Kräutern, die ihm ähnlich sahen, aber eine ganz andere Wirkung hatten? Sie tranken das gleiche

Regenwasser, ließen ihre Wurzeln in der gleichen Erde wachsen, wurden von derselben Sonne beschienen und vom selben Wind gezaust, und doch gab die eine tiefen Schlaf, während die andere die Verdauung beeinflußte? Welche Kraft wirkte in ihnen?

Der Klang der Türglocke und der rasche Schritt seines Famulus ließen ihn aufmerken. Etwas unwillig über die Störung schaute er dem jungen Mann entgegen. Oporinus entschuldigte sich, weil er wußte, wie dringend Philipp die Abendruhe brauchte, erklärte, daß sich etwas ungeheuer Wichtiges ereignet habe. In seiner Simme schwang ein Ton, der anzeigte, daß etwas ihn über seinen alltäglichen Kleinkram hinausgehoben hatte: „Der Domherr Cornelius von Lichtenfels bittet um deinen Besuch. Er erwartet dich in seinem Adelshof. Er ist krank."

„Da sagst du mir nichts Neues", erwiderte Theophrastus von Hohenheim. „Ganz Basel weiß, daß ihn sein Magenleiden unerträglich drückt und ständig ins Bett zwingt. Aber es muß ihm wirklich schlechtgehen, wenn sich so ein Domherr an diesen hergelaufenen Kakophrastus wendet . . ."

Philipp schmunzelte in sich hinein. Vielleicht bot sich ihm da eine Gelegenheit . . . Wer weiß . . . Er hatte den Domherrn ein paarmal im Vorübergehen gesehen. Der Herr wäre ihm in jedem Fall aufgefallen, selbst wenn er weniger prunkvoll gekleidet gewesen wäre. Ein seltsamer Widerspruch in seinem Erscheinungsbild hatte die Aufmerksamkeit des Arztes erregt: Gang, Bewegung, Kopfhaltung, das alles zeigte den befehlsgewohnten Adeligen, der sich seiner Herkunft und seiner Macht bewußt war; der wache, forschende Blick und der Mund, gequält fragend, zeigten einen gebildeten Menschen, für den die Welt nicht selbstverständlich so war, wie sie war. Seit die Reformation in Basel Einzug gehalten hatte, hatte er sich zurückgezogen, versuchte er sich aus den Auseinandersetzungen herauszuhalten. Aber was mochte wohl in seinem Inneren vorgehen?

Philipp überlegte genau, was er dem Herrn mitteilen ließ. Er ahnte, daß er niemals Einfluß auf diesen Mann gewinnen würde, wenn er sich zu sehr von ihm bestimmen ließe. Also setzte er seinen Besuch für den nächsten Tag an, da er für den heutigen Abend schon Dispositionen getroffen habe. Er hoffe, pünktlich um elf Uhr von dem Wagen des Herrn abgeholt zu werden.

Den folgenden Vormittag verbrachte er äußerlich ruhig mit seiner Arbeit im Laboratorium beschäftigt, innerlich fühlte er sich zum Zerreißen gespannt. Wenn er diesem Domherrn helfen konnte, war sein Ansehen in dieser Stadt erneut gefestigt, war die Front eingebrochen, die ihn von der alten Führung, den Verfechtern der alten Ordnung fernhielt.

Ein Diener empfing ihn an der Tür und führte ihn in den Adelspalast, eine breite, steinerne Treppe hoch in ein geräumiges, fast leeres Zimmer. Vor dem Kamin in einem Lehnstuhl saß der Domherr mit zusammengekniffenem Mund. Der Schmerz bestimmte das bleiche Gesicht, durch das sich tiefe Falten von der Nase zum Kinn zogen. Die dicken, schwarzen, langen Locken bildeten einen seltsamen weichen Kontrast zu der Härte des Gesichtes. Wiederum von der Feinheit des Kopfschnittes her hätte man die Person für eine Frau halten können, aber die breiten Schultern und der massige Körperbau widersprachen diesem Eindruck. Offensichtlich ein Mensch, für den es schwer sein mußte, mit sich selbst auszukommen.

Cornelius von Lichtenfels bedeutete Philipp mit einer knappen Handbewegung, auf dem Stuhl neben ihm Platz zu nehmen. Schweigend setzte sich Philipp. Er wartete. Endlich stieß der Mann heraus: „Dieses Leiden peinigt mich seit meiner frühesten Jugend. Niemand hat mir bisher helfen können, obwohl mein Vater die teuersten Ärzte hat kommen lassen."

„Was erwartet Ihr von mir?" Philipp blieb unbeeindruckt.

„Daß Ihr mir helft!" Heftig brachte der Domherr das vor. Selbst noch in seiner Pein drückte sich sein forderndes Wesen aus. „Ich halte es nicht mehr aus."

„Ihr haltet viel Schlimmeres aus als diese Schmerzen", widersprach Philipp. „Doch ich werde Euch helfen. Aber unter einer Bedingung. Da Ihr nur den zu schätzen wißt, der teuer ist, so verlange ich 100 Gulden, zahlbar, sobald Ihr geheilt seid. Und von Euch persönlich mir zu geben."

Dieses sagte von Lichtenfels ihm ohne weiteres zu. Philipp begann mit der Untersuchung, indem er den Leib seines Patienten abtastete, die Füße ebenso wie den Bauch und den Kopf. Der ließ es willig, nur ein wenig erstaunt geschehen. Dann zog Philipp ein unscheinbares hölzernes Pillendöschen hervor. „Daraus nehmt Ihr täglich eine Pille. Das ist alles, was an Medizin einzunehmen ist. Es ist ein starkes Mittel. Doch ist an die Einnahme eine Bedingung geknüpft, wenn es wirken soll: Ihr müßt es unter freiem Himmel schlucken, genau in der Mitte eines sechsstündigen Fußmarsches, wenn Ihr zur Mittagszeit rastet. Sechs Tage sollt Ihr unterwegs sein, während dieser Zeit nur Wasser trinken, langsam, Schluck für Schluck und trockenes Haferbrot sowie einen Apfel dazu essen, des Nachts in Heuschobern schlafen. Außerdem während der Wanderung keinerlei Schmuck tragen, noch irgendwelche farbige Kleidung. Euer einziges Gepäck auf der Wanderung soll die Schrift Martin Luthers sein ‚Von der Freiheit eines Christenmenschen‘. Darin müßt Ihr jeden Tag eine Stunde lesen. Und denkt gut darüber nach."

Der Domherr starrte den Arzt an, als stünde der Leibhaftige vor ihm. Sein Mund stand offen, er zitterte, in seinen umherblickenden Augen stand groß die Angst.

„Wenn Ihr tut, wie ich Euch gesagt habe, seid Ihr geheilt", ließ Philipp sich erneut mit fester, eindringlicher Stimme vernehmen. „Anders kann ich Euch nicht helfen."

Cornelius war in seinem Stuhl zusammengesunken. Plötzlich verzog sich sein Gesicht zu einer Grimasse, er schrie, heulte, trampelte mit den Beinen, brach endlich in leises, wimmerndes Schluchzen aus. „Nur das nicht, nur das nicht", stöhnte er auf. „Es geht nicht, ich kann es nicht."

„Doch, Ihr müßt. Es muß sein. Ihr werdet an Eurem Leiden sonst zugrunde gehen. In jeder Hinsicht."

Der Patient schluchzte weiter in sich hinein, während Philipp still, ungerührt im Stuhl neben ihm saß und den Weinenden betrachtete. Irgendwann versiegten die Tränen. Der Herr gab sich einen Ruck, versuchte sich aufzurichten und flüsterte: „Ich werde es tun. Ich habe keine Wahl mehr."

Philipp verließ das Haus, nachdem der Domherr Anordnungen für die Reise gegeben hatte; ein Diener mußte einen Lederschlauch für Wasser besorgen, ebenso das Brot und die Äpfel. Früh am nächsten Morgen begleitete Philipp seinen Patienten in der Kutsche ein paar Dörfer weit die Landstraße entlang, durch Weinberge und kleinere Waldstücke, dann setzte er ihn mit seinem Schnappsack ab, ermahnte ihn noch einmal, sich genauestens an seine Anweisungen zu halten, da sonst die Kur nicht anschlage. Ob er nicht doch ein paar Gulden bei sich trage, nur für den Notfall, natürlich, vorsorglich mitgenommen, aber eben doch in seiner Tasche? Cornelius von Lichtenfels errötete, eine Ausrede wollte ihm nicht einfallen, also zog er den Beutel hervor und reichte ihn schweigend Philipp. Der steckte ihn ohne weiteren Kommentar ein und rief dem Kutscher zu, nicht länger zu verweilen, sondern endlich in die Stadt zurückzukehren.

Etliche Tage vergingen. Dann tauchte überraschend ein Diener des Domherrn bei Philipp auf. Verlegen stand er im Zimmer, wand sich, erklärte schließlich: „Mein Herr ist zurückgekehrt. Gestern schon. Er läßt Euch ausrichten, daß die Kur angeschlagen habe. Er sei geheilt. Er habe wieder einen klaren Kopf und wolle sich deshalb nicht von Euch übers Ohr hauen lassen. Ihr habt ihn nur ein einziges Mal untersucht, also will er Euch, wie es die Taxordnung vorsieht, auch nur 6 Gulden bezahlen. Hier sind sie." Umständlich nestelte er in einem Geldbeutel, zählte darauf langsam sechs Geldstücke auf den Tisch. Der Klang jedes einzelnen setzte sich noch eine Zeitlang auf dem Holz des Tisches fort.

Zuerst hatte Philipp nur die Stirn gerunzelt, jetzt antwortete er dem Diener hochmütig lächelnd: „Nimm das Geld nur wieder mit, und sag deinem Herrn, daß unsere Vereinbarung mehrere Punkt enthielt, auf deren Einhaltung ich bestehe. So ist es üblich. Sollte er sich nicht daran halten, werde ich mein Recht einklagen. Und nun geh!"

Er wies den Diener zur Tür. Rief ihn aus dem Flur noch einmal zurück, weil er die Gulden nicht wieder mitgenommen hatte.

Der Fall endete vor Gericht. Philipp war sich seiner Sache sicher, auch als seine Freunde an seinem Erfolg zu zweifeln begannen, nachdem sie den Domherrn auf dem Gericht gesehen hatten. In ihm war eine erstaunliche Veränderung vorgegangen: alle nachdenklichen, grüblerischen Züge waren aus seinem Gesicht wie fortgewischt, der kalte, erfolgreiche Machtmensch hatte die Oberhand gewonnen; sein Auftreten war sicher, fordernd, eindeutig.

Das Urteil traf Philipp wie ein Keulenschlag. Er fühlte sich tief beleidigt, verwundet. Das schlug jedem Recht ins Gesicht! Der Domherr hatte jahrelang alle möglichen Ärzte konsultiert, Tausende von Gulden ausgegeben, sich in letzter Hoffnung an ihn gewandt, ihm die 100 Gulden für den Fall der Heilung ohne Einschränkung fest zugesagt. Und jetzt das! Mußte man sich als Arzt davor hüten, seine Patienten

zu schnell und zu gut zu heilen? Über Jahre hätte Philipp sich von diesem Patienten nähren können. Doch
daran hatte ihm nichts gelegen.

Es gab noch einen weiteren Grund, aus dem Philipp dieses Geld haben wollte. Ein einfacher, alltägli-
cher: er brauchte es. Zu viele Patienten hatte er umsonst behandelt, viel Geld für seine Experimente ausgegeben.

Er sperrte sich in seiner Wohnung ein, schloß alle
aus, verriegelte die Tür. Er stampfte die Treppen hoch,
warf seine Phiolen und Gläser krachend an die Wand.
Sie zersplitterten in tausend Stücke. Er zerstampfte
den Glasteppich, trampelte und schrie. Keiner in der
Stadt konnte ihm das Wasser reichen. Dieses Lum-
pengesindel, diese Geldschneider! Hoch stand er über
allen mit seinem Wissen und Können. Woher nahmen
sie die Unverschämtheit, ihn um seinen gerechten
Lohn zu betrügen? Dann legte sich der Sturm. Er saß
stumm am Tisch, dumpf vor sich hin stierend. Aus
dem Keller holte er sich einen Krug Wein, stürzte ihn
herunter, holte noch einen. Alles war umsonst, alle
Mühe, alles Suchen, alles Kämpfen. Die anderen wußten immer schon, und sie besaßen die Welt.

Am nächsten Tag verlangte er erneut den Richter
zu sprechen. Als der den immer noch angetrunkenen,
unrasierten Mann kurz abfertigte, verlor Philipp jeg-
liche Beherrschung und schleuderte dem Mann alles
ins Gesicht, was ihm Beleidigendes einfiel.

Früh am nächsten Morgen klopfte es an Hohenheims Tür. Der Besucher, als er keinen Einlaß erhielt,
wandte sich zur Rückseite des Hauses, stieg in den
Garten ein und fand Philipp dort schlafend. Kein

Rütteln half. Er begoß ihn mit kaltem Wasser und beschwor den noch halb Schlafenden: „Du mußt die Stadt verlassen, auf der Stelle. Auf Beleidigung des Gerichts steht schwere Strafe. Ich habe ein Boot am Fluß, damit werden wir es schaffen."

Philipp glotzte ihn bloß verständnislos an, so schleppte der Mann zusammen mit Johannes Oporinus, dem Famulus, den Willenlosen mit sich; sie zerrten ihn durch menschenleere Gäßchen, eine Tür tat sich auf, es ging durch einen langen Flur; ein Garten, hinter Büschen eine Treppe; schmal und steil führte sie zum Fluß hinunter, wo ein Boot von den Zweigen einer Weide versteckt gehalten wurde. Der Mann bettete Philipp ins Boot, bedeckte ihn mit einer alten Pferdedecke und stieß ab. Das Boot kam in Bewegung, drehte sich, von der Strömung erfaßt, bewegte es sich bald rasch vorwärts. Sie kamen unter einer Brücke durch, wo das Rauschen des Wassers zu einem Tosen anschwoll und der Fährmann seine ganze Geschicklichkeit brauchte, um in dem strudelvollen, vorwärtsschießenden Wasser die Spur des Bootes zu halten, daß es nicht an einem der Brückenpfeiler zerschellte. Nur einen Augenblick, schon lag die Brücke hinter ihnen, das Wasser glättete sich ein wenig, und der Lärm verebbte. Da drang über das Wasser her zu den beiden vom Ufer ein seltsamer Klang: eine schrille, gleichförmige Melodie, trotz des hohen Tons der Flöte fast dumpf durch die beständig sich wiederholende Folge weniger Töne. Uralte Klagelaute, bedrohlich und gleichzeitig beruhigend, zeitlos, endlos, einfach und doch pompös.

Es war eine Frau, die da spielte, offensichtlich eine

junge Bäuerin vom Lande. Ihr Tragekorb mit Eiern und Hühnern lag neben ihr. Sie stand sehr aufrecht, blickte starr dem Kahn nach. Spielte sie für Philipp? Der lag im Boot unter seiner Decke, kaum seiner Sinne mächtig, und doch berührte diese Melodie ihn in tiefen Schichten seines Bewußtseins. Asafetida . . . Niemals mehr gingen ihm diese Töne aus dem Kopf, noch nach Wochen summte er das Lied, sich wundernd, woher diese eigenwillig versetzte Tonfolge wohl stammen mochte. Er fand keine Antwort, aber die Melodie blieb bei ihm, als sei sie ein Teil von ihm auf seiner Reise.

Er findet ein Unterkommen bei dem Arzt Lorenz Fries in Kolmar, bleibt dort ein paar Monate, schreibt in fieberhafter Arbeit über die Franzosenkrankheit, die Syphilis; legt die Psalmen Davids neu aus. Über Schwaben reist er dann nach Nürnberg, hofft in der weltoffenen, aufgeklärten Hauptstadt der Künste und des Geistes einen Platz zu finden. Doch wieder legt er sich mit jedem an, verlacht die ansässigen Ärzte als Nichtskönner, veröffentlicht unter dem Namen *Paracelsus* ein Buch über seine Syphilistherapie und Schriften zur Politik. Doch damit zieht er die Feindschaft der reichen Fugger und Welser auf sich. Das Guajak-Holz, das sie aus der Neuen Welt importieren, wird im Volk als Wundermittel gegen die Syphilis gehandelt und füllt die Kassen der Bankhäuser. Als Paracelsus die Einfältigkeit dieses Glaubens und die „Bescheißerei" der Kaufleute und Krämer anprangert, hat auch die Großzügigkeit der Bankiers ein Ende gefunden. Weitere Veröffentlichungen zur

Syphilis werden in Nürnberg verboten. Also wandert er wieder fort; taucht in St. Gallen, Innsbruck, Ulm, München, Eferding, Mährisch-Kroman, Klagenfurt auf, weilt eine Zeitlang auf dem Schloß des Freiherrn von Stauff; untersucht die Heilkraft der Thermalquellen von Bad Pfäffers; macht Halt, wo immer die Pest wütet; heilt, schreibt, wird bewundert ob seiner Heilerfolge, von Fürsten geehrt, selbst von Ferdinand I. in Wien empfangen; bekommt Streit, man distanziert sich, vertreibt ihn.

Immer wieder kämpft er mit tiefen Zweifeln an seinem Beruf. Was nützt ein Arzt, der heilt, wenn die Welt unheil ist? Wenn niemand die Wahrheit wissen will? So zieht er als Wanderprediger durchs Land, predigt Umkehr, das einfache Leben ohne Luxus, fühlt sich oft abgekämpft, ausgelaugt. Er bleibt der alten Lehre treu, fordert einen neuen Papst und Umkehr der Kirche, wettert gegen alle Umstürzler.

Paracelsus' unstetes Leben fand früh ein Ende. Die letzte Station seiner Reise war 1541 Salzburg, das er schon einmal hatte verlassen müssen. Diesmal hatte ihn der Erzbischof selbst berufen.

Die Kunde von seiner Ankunft war sogleich durch die Stadt geeilt, kaum eine Stunde später stand eine Menschenschlange vor dem Gasthof, in dem er abgestiegen war. Bis spät in die Nacht hielt er Sprechstunde. Er fühlte sich schwach, elend. Diktierte sein Testament einem Notar. Klagte über Schwäche. Dann trank er einen Schoppen Wein in der Wirtsstube, um die Bilder des Leidens der Kranken in sich zu verwischen, denn sie bereiteten ihm täglich mehr Pein. Als das Gasthaus geschlossen wurde, ging er auf einen kurzen Gang auf die Straße hinaus.

An anderen Tag fand man den Schwerverletzten, der eine große Kopfwunde aufwies. Man trug den Bewußtlosen ins Gasthaus zurück, ließ einen Arzt kommen. Drei Tage später, am 24. September 1541, starb Theophrastus Bombastus Aureolus Philippus von Hohenheim.

Man stellte Nachforschungen an. Man untersuchte sein Gepäck, um möglicherweise Aufschluß über seinen Tod zu bekommen. Doch die genauen Umstände sollten ungeklärt bleiben. Als Besitz des hochberühmten, weltgereisten Doktors wurde u. a. zu Protokoll genommen:

Ein paar Münzen

Ein silberner Joachimstaler

Sechs deutsche silberne Ehrpfennig

Zwei goldene Ringe mit einem blauen Topas

Eine kleine silberne Kugel

Ein Trinkgeschirr mit neun Bechern

Ein silberner Kessel, mehrere Löffel, zwei Tiegel

Zwei silberne Arzneibüchsen

Ein Stück Koralle

Verschiedene Steine

Verschiedene Büchsen aus Holz, Döschen aus
    Metall, gefüllt mit Pulvern und Kräutern

Ein aschenfarbener Leibrock ohne Ärmel

Ein paar Hosen

Eine Kappe

Ein schwarzer Mantel aus gutem Tuch

Vier Hemden

Zwei Messer

Der ältere Paracelsus

Eine Kiste mit Büchern
Ein Testament, in dem er seinen Besitz den Armen
  vermachte.

Schlußbemerkung

Beim Lesen eines historischen Romans stellt sich immer die Frage nach der historischen Wahrheit, besonders in einem Fall wie dem vorliegenden, in dem die Hauptperson zwar zahlreiche Schriften hinterlassen hat, über ihre Lebensgeschichte aber außer einem dürren Gerippe von Daten kaum etwas bekannt ist.

Nicht einmal das Geburtsjahr des Philippus Aureolus Theophrastus Bombastus von Hohenheim ist eindeutig geklärt, über den Verlauf seiner Kindheit weiß man konkret so gut wie nichts. Aus wenigen Äußerungen Hohenheims schließt man, daß er in Klosterschulen in Kärnten erzogen wurde. So muß sich die Darstellung seiner Kindheit, Erziehung und Wanderzeit in erster Linie an allgemeinen geschichtlichen Darstellungen jener Zeit orientieren. Die Gestalt der Schwester ist von mir frei erfunden worden. Paracelsus hat in Basel einen Eid darauf geleistet, in Ferrara Medizin studiert zu haben und zum Doktor promoviert worden zu sein. Unterlagen gab und gibt es darüber nicht. Die Blendung des Giulio d'Este hat zwar in Ferrara im Jahre 1505 in ähnlicher Weise wie im Buch beschrieben stattgefunden; zu der Zeit hat Paracelsus dort aber noch nicht studiert. Der Vorfall eignet sich jedoch sehr gut, um die Atmosphäre der Epoche zu illustrieren. Genauer dokumentiert ist erst die Basler Zeit. Man weiß, daß Paracelsus und Erasmus sich gekannt haben: es gibt einen Brief, in dem Erasmus auf die Diagnose des Paracelsus antwortet. Dieser Brief ist recht sachlich und nüchtern gehalten, liegt aber dennoch der Buchszene zugrunde. Weiterhin hat Paracelsus zwar die Kontrolle der Apotheken gefordert; es ist aber nichts darüber bekannt, daß sie jemals durchgeführt worden ist.

Auswahlbibliographie

Literatur zu Paracelsus

PARACELSUS: Von der Bergsucht oder Bergkrankheiten. Dilingen 1567

PARACELSUS: Arzt und Philosoph. Auswahl aus seinen Schriften. Auswahl und Einleitung von Charles Waldemar. München 1959

PARACELSUS: Sozialethische und Sozialpolitische Schriften. Hrsg. v. Kurt Goldammer. Tübingen 1952

PARACELSUS: Der andere Arzt. Das Buch Paragranum. Eingeleitet und übertragen von Gunhild Pörksen. Frankfurt 1990

BRAUN, LUCIEN: Paracelsus – Alchimist, Chemiker, Erneuerer der Heilkunde. Zürich 1988

KAISER, ERNST: Paracelsus, rowohlts bildmonographie 149. Reinbek b. Hamburg 1969

PAGEL, WALTER: Das medizinische Weltbild des Paracelsus. Wiesbaden 1962

PARACELSUS in Basel. Festschrift für Prof. Dr. Robert-Henri Blaser. Basel 1979

SUDHOFF, KARL: Paracelsus. Ein deutsches Lebensbild aus den Tagen der Reformation. Leipzig 1936

Literatur zur Geschichte des 16. Jahrhunderts

AGRICOLA, GEORG: Zwölf Bücher vom Berg- und Hüttenwesen. München 1977

ARIÈS, PHILIPPE: Geschichte der Kindheit. München/Wien 1975

BELLONCI, MARIA: Lucrezia Borgia. München 1979

BOTT, GERHARD, u. MOELLER, BERND (Hrsg.): Martin Luther und die Reformation in Deutschland. Ausstellung zum 500. Geburtstag Martin Luthers. Frankfurt 1983

BRANT, SEBASTIAN: Das Narrenschiff. Frankfurt 1980

DÜLMEN, RICHARD VON, und SCHINDLER, NORBERT (Hrsg.): Volkskultur. Frankfurt 1984

ENGEL, FRITZ-MARTIN: Die Pflanzenwelt der Alpen. München 1983

GARIN, EUGENIO: Geschichte und Dokumente der abendländischen Pädagogik, I, Mittelalter. Hamburg 1964

GNÄDIGER, LOUISE: 6000 Jahre Goldbergbau, in: Das Buch vom Gold. Luzern u. Frankfurt 1975

GOETHE, JOHANN WOLFGANG VON: Josef Bossi über Leonardo da Vincis Abendmahl zu Mailand. Weimarer Ausgabe 1918, Bd. 48, I

GRIEP, HANS-GÜNTHER: Das Bürgerhaus der Oberharzer Bergstädte. Tübingen 1975

HAMMES, MANFRED: Hexenwahn und Hexenprozesse. Frankfurt 1977

HEIDELBERGER, M., und THIESSEN, S. (Hrsg.): Natur und Erfahrung. Von der mittelalterlichen zur neuzeitlichen Naturwissenschaft. Hamburg 1981

JENS, WALTER: Eine deutsche Universität. München 1977

LAUBE, ADOLF: Studien über den erzgebirgischen Silberbergbau von 1470–1546. Berlin 1974

MEYER, CHRISTIAN (Hrsg.): Ausgewählte Selbstbiographien aus dem 15.–18. Jahrhundert. Leipzig 1897

NETTESHEIM, H. C. AGRIPPA VON: Die magischen Werke. Wien 1982

SEIDLER, EDUARD: Die Heilkunde des ausgehenden Mittelalters in Paris. Studien zur Struktur der spätscholastischen Medizin. Wiesbaden 1967

VOLK, FRANZ: Hexen in der Ortenau. Offenburg 1978

ZIMMERMANN, WILHELM: Der große deutsche Bauernkrieg. Berlin 1982

Zeittafel

1493	Ende 1493 oder Anfang 1494 wird Philippus Aureolus Theophrastus Bombastus von Hohenheim in Einsiedeln geboren. Vater ist der Arzt Wilhelm von Hohenheim. Die Mutter stammt aus einer dem Kloster Einsiedeln dienstpflichtigen Familie.
1502	Der Junge übersiedelt nach Villach in Kärnten, wo der Vater Stadtarzt wird. Die Mutter wird in den Quellen nicht mehr erwähnt. Vermutlich besucht der junge Hohenheim die Lateinschule in Villach und Klosterschulen in Kärnten.
1508/09 bis etwa 1516	Er studiert vermutlich zuerst an deutschen Universitäten, später nach eigenen Angaben Medizin in Ferrara. Ebenfalls nach eigenen Angaben wandert er jahrelang durch Europa, wobei er als Feldarzt an mehreren Kriegszügen
bis etwa	teilnimmt.
1524	Er kehrt nach Villach zurück und läßt sich in Salzburg als Arzt nieder, muß die Stadt aber nach kurzer Zeit wieder verlassen.

1481– 1486	In Hexenprozessen in Brixen (7 Frei-sprüche) und Konstanz (47 Verbren-nungen) werden sehr unterschiedliche Urteile gesprochen.
1487	Der „Hexenhammer" erscheint.
1492	Christoph Kolumbus entdeckt eine neue Welt. Ferdinand II. vertreibt die Mauren aus Spanien.
1497	Leonardo da Vinci vollendet *Das Abendmahl* im Kloster Santa Maria delle Grazie.
1499	Die Eidgenossenschaft löst sich nach dem Schwabenkrieg vom Reich.
1510– 1512	Ferrara steht unter päpstlichem Bann.
1516	Ende der zehnjährigen Auseinanderset-zung zwischen Kaiser Maximilian (Ti-rol) und Venedig.
1517	Luther veröffentlicht seine Thesen ge-gen den Ablaßhandel.
1519	Karl V wird Kaiser.
1520	Dänischer Krieg gegen Schweden
1521– 1526	Erster franz.-habsb. Krieg

1526	Nach erneuter Wanderung behandelt er im Herbst 1526 den Markgrafen Philipp I. in Baden und erhält im Dezember das Straßburger Bürgerrecht.
1527	Anfang des Jahres heilt er den Basler Verleger Froben, wird Stadtarzt und hält Vorlesungen.
1528	Paracelsus, wie er sich jetzt nennt, muß Basel verlassen, zieht nach Kolmar.
1529	In Nürnberg veröffentlicht er Schriften zur Syphilis. Weitere Publikationen werden von den Fuggern, die ihre Geschäftsinteressen gefährdet sehen, verhindert.
1531	In St. Gallen entstehen verschiedene Schriften.
1533	Paracelsus tritt als Wanderprediger im Appenzeller Land auf.
1534	Paracelsus hält sich in Innsbruck und Südtirol auf.
1535	Er untersucht die Quellen von Bad Pfäffers.
1537	Seine Spur findet sich in München und Eferding. Er behandelt den Erbmarschall von der Leipnik in Mährisch-Kromau. Vermutlich wird er von Kaiser Ferdinand I. in Wien empfangen.
1541	Paracelsus stirbt am 24. September unter ungeklärten Umständen in Salzburg.

1524/25	Bauernkrieg
1526	Der zweite franz.-habsb. Krieg endet.
1528	Basel wird reformatorisch.
1529	Die Türken belagern Wien.
1531–1534	Das Inkareich wird unterworfen.
1546–47	Schmalkaldischer Krieg: der Kaiser besiegt die lutherischen Reichsstände.

Bildernachweis